W0108385

Münchhausen
Die vier Säulen der Lebensbalance

Marco von Münchhausen

Die vier Säulen der Lebensbalance

Ein Konzept zur Meisterung des beruflichen und privaten Alltags

Econ

Hinweis

Das vorliegende Buch ist sorgfältig erarbeitet worden. Dennoch erfolgen alle Angaben ohne Gewähr. Weder Autor noch Verlag können für eventuelle Nachteile, die aus den im Buch gegebenen praktischen Hinweisen resultieren, eine Haftung übernehmen.

Econ Verlag
Econ ist ein Verlag des Verlagshauses Ullstein Heyne List GmbH & Co. KG

1. Auflage 2003

ISBN 3-430-16934-8

Inhalt

Vorwort 9
Einleitung 11

Teil 1 Lebensbalance 15
Die sieben balancegefährdenden Mythen 17
Die vier Säulen der Lebensbalance 24
Das Lebensbalance-Modell nach
Dr. Nossrat Peseschkian 26
Was heißt nun eigentlich Balance? 27
Lebensbalance und Lebensphasen 29
Gefahren einseitiger Vernachlässigung 33
Ihr persönlicher Lebensbalance-Check 35

Teil 2 Beruf und Finanzen 41
Sieben unprofessionelle und unwirtschaftliche Mythen 43
Die vier Säulen von Beruf und Finanzen 48
1. Motivation und Erfüllung bei der Arbeit 48
2. Konzentration und Regeneration 56
3. Ständige Weiterbildung 71
4. Finanzmanagement 74

Teil 3 Familie und Kontakte 89
Sieben einsam machende Mythen 91
Die vier Säulen von Familie und Kontakten 95
1. Beziehung – Partnerschaft – Ehe 96
2. Kinder – Eltern – Verwandte 105
3. Freunde – Bekannte & Co. 112
4. Soziales und politisches Engagement 115

Teil 4 Gesundheit und Fitness 119
Sieben ungesunde Mythen 121
Die vier Säulen von Gesundheit und Fitness 127
1. Vorsorgewissen und lebenserhaltende
   Gesundheits-Checks 128
2. Ernährung ist (fast) alles 134
3. Mensch, beweg dich! 140
4. Stressmanagement und Entspannung 146

Teil 5 Sinn und Kultur 153
Sieben unsinnige Mythen 155
Die vier Säulen von Sinn und Kultur 160
1. Lebenssinn und Lebensvision 161
2. Werte als Navigationsinstrumente 170
3. Innerlich auftanken 178
4. Kultur und Persönlichkeitsentwicklung 187

**Teil 6 Die Umsetzung –
Von der Vision zur Wirklichkeit** 193
Sieben umsetzungshindernde Mythen 196
Die vier Säulen der Umsetzung 200
1. Das nötige Umsetzungs-Know-how 201
2. Analyse und Auswahl 208
3. Die richtige Planung 209
4. Ausführung und Kontrolle 223

Ein Jahr, das Ihr Leben verändern kann 226
Was Unternehmen für die Work-Life-Balance
ihrer Mitarbeiter tun können 228

Zum Schluss:
99 + 1 Tipp für Ihre persönliche Lebensbalance 233

Danksagung 247

Anhang 249
Nützliche Adressen und Hinweise 249
Literaturempfehlungen 250
Stichwortverzeichnis 253

Vorwort

Viele Patienten kommen mit Beschwerden in meine Praxis, die es so vor zehn, fünfzehn Jahren kaum gab. Sie fühlen sich ausgelaugt, gar ausgebrannt, auf jeden Fall schlapp, irgendwie krank. Manche sind gut bezahlte Manager, andere hoch spezialisierte Fachkräfte und Sachbearbeiter, wieder andere Sekretärinnen oder Journalisten. Sie wollen durchgecheckt werden und suchen den Hebel, von dem sie denken, man müsse ihn nur umlegen, um die Energie wieder zum Fließen zu bringen.

Natürlich kommt es vor, dass der eine unter Mineralmangel leidet, was schnell zu beheben ist. Oder ein anderer hat lediglich die Grippe verschleppt. Bei vielen allerdings liegen die Dinge anders: Sie sind buchstäblich aus dem Lebensgleichgewicht geraten. Da genügt es nicht, einen Knopf zu drücken, vielmehr müssen die Patienten lernen, sich selbst und ihr Leben als Ganzes zu sehen.

Nicht jeder geht gleich zum Arzt, wenn er sich schlecht, matt oder niedergeschlagen fühlt. Und er muss das auch nicht, denn wir können lernen zu verstehen, woran es liegt, wenn es uns – vermeintlich nur körperlich – nicht gut geht. Wir können lernen, uns wieder ganzheitlich zu sehen und unsere Balance wiederzufinden.

Marco von Münchhausen, den ich seit Jahren kenne und schätze, beschreibt in seinem Buch, wie wir erkennen, ob wir aus dem Lebensgleichgewicht geraten sind – gerade dies hindert uns oft, die wirklich wichtigen und richtigen Dinge in unserem Leben zu tun. Vor allem aber gibt er konkrete, im Alltag schnell umsetzbare Tipps, wie wir uns wieder ins Gleichgewicht bringen können. »Die vier Säulen der Lebensbalance« sind einfach zu verstehen. Erste Säule: Finden Sie beruflich und finanziell Ihren Weg. Zweite Säule: Nehmen Sie sich Zeit für Ihr privates Umfeld, für Freunde, Partner und Familie. Dritte Säule: Pflegen

Sie Ihren Körper, achten Sie auf Gesundheit und Ernährung. Vierte Säule: Machen Sie sich bewusst, in welche Richtung sich Ihr Leben entwickeln soll, finden Sie ein Sinn stiftendes Ziel, eine Vision.

Das hört sich einleuchtend an und ist es auch. Das Problem dabei: Viele von uns haben vergessen, dass das Leben mehr ist als nur arbeiten und Geld verdienen und dass das Privatleben gepflegt werden will, damit es nicht verschwindet. Andere vernachlässigen ihren Körper, wieder andere fühlen sich sinnentleert, ohne nach den Ursachen oder Auswirkungen zu fragen. Die zu starke Überbetonung der einen Säule zulasten einer oder gar aller drei anderen führt zu jenen körperlichen Beschwerden, die ich eingangs beschrieben habe und deren rechtzeitige Bekämpfung jeder selbst in der Hand hat.

Dabei muss jeder auf seine innere Stimme vertrauen, denn Lebensbalance ist immer individuell, jeder muss den für ihn geeigneten Weg finden, um leistungsfähig und gesund, erfolgreich und glücklich zu sein. Und genau das wollen wir doch.

Marco von Münchhausen sagt nicht nur das Richtige, er sagt es auch zur rechten Zeit, denn der Druck nimmt gerade im Berufsleben immer mehr zu – mit den entsprechenden Folgen für Körper, Geist und Seele. Auch deswegen wünsche ich dem Buch eine große Verbreitung – selbst wenn das bedeuten würde, dass weniger Patienten in meine Praxis kämen.

Lauf, im Februar 2003   *Dr. med. Michael Spitzbart,*
                                                          Arzt und Gesundheitstrainer

Einleitung

Immer mehr Menschen wollen nicht mehr nur für ihren Beruf leben. Ob Arbeitnehmer, Manager oder Unternehmer: Viele beklagen gesundheitliche Probleme, Burnout-Symptome, Überforderung, Sinnkrisen, Zerrüttung von Partnerschaft und Ehe. Lebenserfüllung erfordert dagegen Lebensbalance. Das Buch soll Ihnen Wege zeigen, wie Sie Ihre Balance wiederfinden und erhalten können. Es bietet Ihnen ein umfassendes und praktisch umsetzbares Konzept zur Meisterung des beruflichen und privaten Alltags.

Die meisten Menschen, die etwas für ihre Work-Life-Balance tun wollen oder merken, dass sie dringend etwas dafür tun sollten, stehen ohnehin schon unter erhöhtem Druck und leiden unter Zeitmangel. Allzu nahe liegend scheint dann der Einwand: *»Und jetzt auch noch ein Buch lesen. Wie soll ich dafür die Zeit finden?«* – Das ist auf den ersten Blick mehr als verständlich. Allerdings gibt es eine einfache Möglichkeit, wie Sie »Die vier Säulen der Lebensbalance« neben Ihrem normalen, vielleicht schon »randvollen« Alltagsleben lesen und für sich nutzbringend umsetzen können, ohne eine *wahrnehmbare Mehrbelastung* zu erzeugen! – Sie brauchen zunächst nur folgende Rechnung anzustellen: Wenn Sie sich für das Buch mit seinen 256 Seiten einen Monat Zeit lassen, dann sind pro Tag etwa acht Seiten zu lesen. Da etliche Tabellen und Grafiken vorkommen, reduziert sich das Pensum auf zirka sechs Seiten, die je nach Lesegeschwindigkeit in fünfzehn bis zwanzig Minuten zu schaffen sind.

Es kann aber auch genauso gut ausreichen, das Buch in zwei Monaten zu lesen. Dann wären es nur noch drei bis vier Seiten pro Tag, also etwa fünf bis zehn Minuten und die finden sich in den so genannten Leerlaufzeiten fast immer, wie zum Beispiel in der Bahn oder bei unvorhergesehenen Wartezeiten.

Oder Sie sparen beim Zeitunglesen: Reduzieren Sie doch mal einen Monat lang die ausgiebige Zeitungslektüre. Tauschen Sie das oft gar nicht so notwendige (und eher belastende) Wissen über fremde Ereignisse ein gegen (möglicherweise) für Sie und Ihr Leben absolut notwendiges Wissen.

Noch besser wäre es, Sie könnten sich für Ihr persönliches Work-Life-Balance-Thema eine *Auszeit* gönnen, von drei bis optimalerweise sieben Tagen. Einen Urlaub für sich selbst – allerdings ohne Entertainment oder sonstige Ablenkungen. Zeit für sich:

- in der Natur
- in einem Kloster
- oder in einem Wellnesshotel …

Am besten allein oder mit einer vertrauten Person, die Ihnen genügend Raum lässt, um sich mit sich und Ihrem Leben beschäftigen zu können. Sehr hilfreich sind eine neue Umgebung und der räumliche Abstand zu Ihrem gewohnten Lebensort. Das hilft, vieles aus der Distanz zu betrachten, klarer zu sehen und neue Lösungsansätze zu finden. Versuchen Sie es; die Chancen, bereichernde Impulse für ein Leben in Balance zu bekommen, sind groß!

»Die vier Säulen der Lebensbalance« ist *modulhaft* aufgebaut. Es empfiehlt sich, mit Teil 1 zu beginnen, der Ihnen das Lebensbalance-Modell vorstellt. Danach lesen Sie in der Reihenfolge weiter, die Ihren Bedürfnissen am ehesten entspricht. Wenn Sie Gesundheit und Fitness als besonders wichtig ansehen, fahren Sie mit Teil 4 fort. Wenn Sie hingegen der Bereich Beruf und Finanzen am meisten interessiert, machen Sie bei Teil 2 weiter. Sie können aber auch bei Teil 3, Familie und soziale Kontakte, oder bei Teil 5, Sinn und Kultur, die Lektüre fortsetzen. Sie bestimmen, was Sie in welcher Reihenfolge lesen. Besonders ans Herz legen möchte ich Ihnen Teil 6, der ihnen hilft, die für Sie relevanten Tipps umzusetzen und in den

Alltag zu integrieren. Für die schnelle Wiederholung schließlich – unmittelbar nach der Lektüre oder auch später – empfiehlt es sich, die 99 Tipps am Ende des Buches durchzugehen.

Ich wünsche Ihnen viel Freude und Nutzen mit den »Vier Säulen der Lebensbalance«. Sie werden sehen: Wenn Sie einige wenige, aber die wichtigen und richtigen Dinge in Ihrem Leben ändern, werden Sie glücklicher leben, erfolgreicher arbeiten und mehr Zeit für spontane und unmittelbare Begegnungen haben – mit interessanten Menschen und sich selbst.

Teil 1

Lebensbalance

*Lebenskünstler sind Menschen,
die nicht nur Zeit für das Notwendige,
sondern auch für das scheinbar
Überflüssige haben.* Friedel Beutelrock

Die sieben balancegefährdenden Mythen

Lebenserfüllung erfordert Lebensbalance. Wie ein kleines Kind beim Laufenlernen die Balance finden muss, so ist für uns Erwachsene die Balance zwischen Berufs- und Privatleben erforderlich, um Glück und Erfüllung zu erfahren. Diese Balance zu finden, wird aufgrund der äußeren Umstände immer schwieriger, oft scheitern wir jedoch schon an unserer Einstellung.

Die folgenden sieben »Mythen« sind als Grundmuster westlicher Denkungsart weit verbreitet und gefährden bereits im Ansatz den Versuch, die Balance im Leben zu gewinnen.

MYTHOS 1 »BERUFSERFOLG IST LEBENSERFOLG«

Viele Menschen, vor allem Männer, definieren ihren Selbstwert und die Frage, ob sie ihr Leben erfolgreich meistern, allein über ihren beruflichen Erfolg. Mit den Worten von Günter F. Gross (Autor des Buches »Beruflich Profi, privat Amateur«) betrachten die meisten heute den Beruf als »Front«, das Privatleben dagegen nur als »Etappe«. Letzteres habe demnach allenfalls die Funktion, die berufliche Aktivität zu unterstützen, zumindest aber solle es keine Probleme bereiten. Damit sind viele schon zufrieden.

Kein Wunder, wenn mit dieser Einstellung das Privatleben früher oder später vor die Hunde geht! Spätestens beim Auftreten einer schweren Krankheit, bei der Trennung vom Partner, bei ernsten Schwierigkeiten mit den Kindern oder in einer Sinnkrise kommt das böse Erwachen: Der berufliche Erfolg ist nur die »halbe Miete«, wie groß er auch sein mag! Er kann zu einer gewissen (Selbst-)Zufriedenheit beitragen, doch volle Lebenserfüllung ist ohne Investitionen in Familie und Freunde, in Gesundheit und ohne »Tankstationen« für die Seele kaum realisierbar. – Lebenserfolg ist eben nicht allein Berufserfolg!

MYTHOS 2 »OHNE SCHWEISS KEIN PREIS«

Wie oft bekommt man heute zu hören: »Stress, Krankheit und fehlende Zeit *sind nun mal der Preis* der Karriere!« – *Das Leben sei eben kein Zuckerlecken.* Und wer nach oben kommen wolle, müsse investieren: Zeit, Einsatz und notfalls auch seine Gesundheit. Wenn's wirklich zum Magengeschwür kommt, kann man ja schnell unter's Messer, das gehört eben dazu – und wie sagt doch der Bayer: *»A Guader hoits aus – und um an Schlechtn is ned schod!«* – Wie früher die Ehre des Soldaten an der Zahl seiner Verwundungen gemessen wurde, so brüstet sich heute mancher Chef mit seinen Managerkrankheiten. Die (krankhafte) Weiterentwicklung dieses Mythos lautet dann: *»Ein kranker Manager ist ein guter Manager«* (so zu lesen bei Johanna Joppe, Christian und Franz Josef Ganowski in »Chefsache Privatleben«). – Welch tragische Illusion! Wer diese Prämissen akzeptiert und glaubt, *da könne man nichts machen, das sei schon immer so gewesen, das gehöre eben dazu*, der braucht sich nicht zu wundern, wenn er mit seiner Gesundheit bezahlt. Dass aber dieser Denkansatz völliger Unsinn ist, beweist die zum Glück wachsende Zahl derer, die in ihrem Leben für Gesundheit, Entspannung und Ausgleich sorgen und gerade dadurch beruflich noch größere Leistungsqualität erreichen.

MYTHOS 3
»MEHR GELD – MEHR GLÜCK« (ODER »MEHR IST MEHR!«)

»Je mehr Erfolg ich im Beruf habe und *je mehr Geld* ich verdiene, *umso mehr Glück und Erfüllung* werde ich auch im Leben haben!« – ein weit verbreiteter Trugschluss, der unser Wirtschaftsleben und unser Leistungsstreben maßgeblich prägt. Nicht wenige, die sich für ihren Beruf aufopfern und schinden, glauben, all ihr Stress werde zumindest durch Status, Macht und Geld kompensiert. Doch ein kaputtes Herz kann mit noch so viel Geld oder gesellschaftlicher Anerkennung nicht aufge-

wogen werden. Man muss sich doch nur umschauen, um überall wahrzunehmen, dass Glück und Zufriedenheit eben nicht mit dem Einkommen steigen – im Gegenteil, bei den meisten ist das Verhältnis sogar reziprok: Je weiter die Gehaltskurve nach oben geht, umso mehr gehen die Mundwinkel nach unten. Als würde das Lächeln dann für die Szene und die Presse aufbewahrt (oder sollte man besser sagen: »eingefroren«?). »Die große Geld-Lüge« nennt es Sabine Asgodom in ihrem Buch »Leben macht die Arbeit süß«. – »Muss man genug Geld haben, um sich mit Frustkäufen zu trösten?«, lässt sie zu Recht den objektiven Betrachter fragen. Geld mag die Glückswährung der vergangenen fünfzig Jahre gewesen sein, doch immer häufiger wird sie vom Luxus der Zeit abgelöst. Und so gesehen »lebt die Elite in Armut. Sie ist arm an Zeit, Muße und Ruhe. Die Elite lebt zeitlich unterhalb des Existenzminimums. Für ihr persönliches Leben kann sie nur Zeitreste zusammenkratzen und hat ständig Zeitschulden« (Günter F. Gross).

Und warum macht Geld nicht glücklich? Warum lässt Glück sich nicht kaufen? Abgesehen davon, dass Zeit, menschliche Zuneigung, Gesundheit (allenfalls deren Reparatur) und Seelenfrieden eben nicht käuflich zu erwerben sind, wird von vielen ein ganz einfacher Grundsatz verkannt. Es ist der ökonomische (!) »Grundsatz vom geringeren Mehrwert des zweiten Stücks Kuchen«. Im Verhältnis zum Genuss des ersten Stücks Apfelkuchen nehmen die subjektiv empfundenen Genusseinheiten beim zweiten Stück ab. Lebensfreude lässt sich durch Wiederholung nicht einfach addieren. Das Gesetz der Gewöhnung sorgt dafür, dass der erworbene Lebensstandard mit fortschreitender Zeit als Quelle für Glück und Erfüllung ausscheidet. Das Mehr wird verhältnismäßig immer weniger. Und auch wenn es ohne Geld nicht geht – das Lebensglück gilt es auf anderen Wegen zu suchen.

MYTHOS 4
»WENN'S ALLE TUN, KANN'S NICHT SO FALSCH SEIN«

Nehmen wir einmal an, Sie sitzen im Zug, um nach Berlin zu fahren. Plötzlich werden Sie unsicher, ob Sie in den richtigen Zug eingestiegen sind. Da Sie weder Schilder noch Zugpläne finden, fragen Sie einige Mitreisende in verschiedenen Abteilen. Alle bestätigen Ihnen, sie führen nach Berlin. Beruhigt lehnen Sie sich in Ihrem Sitz zurück, mit dem Gefühl, wohl tatsächlich im richtigen Zug zu sitzen. – Eine kleine Geschichte, die wir so – oder ähnlich – vermutlich alle schon einmal erlebt haben. Geht es uns nicht beinahe täglich mit etlichen Phänomenen unseres Alltags genauso? Wenn sich alle um mich herum für ihren Job aufreiben, wenn die meisten anderen Väter ebenfalls zu wenig Zeit für Frau und Kinder haben, wenn es überall Fastfood und Cola gibt und neunzig Prozent der Bundesbürger die Abende vor dem Fernseher verbringen, dann kann all das doch so schlimm nicht sein!

Doch die Wahrheit ist: Die Häufigkeit einer menschlichen Gewohnheit besagt nichts, aber auch gar nichts über deren Harmlosigkeit, Nützlichkeit oder Schädlichkeit. *Es nützt mir nichts, wenn Millionen von Menschen denselben Fehler machen und sich schaden.* Egal was andere machen, egal was gerade »in«, »anerkannt« oder »im Trend« ist, nur *ich* kann prüfen und entscheiden, ob es mir persönlich schadet oder nützt! Was selbstverständlich auch für alle Empfehlungen dieses Buches gilt: Folgen Sie nur denjenigen, die zu Ihrem Leben passen und Sie in Ihrer persönlichen Situation wirklich fördern. Denn: Für Ihr Leben sind ganz allein Sie verantwortlich!

MYTHOS 5 »DAS HOLE ICH SPÄTER NACH!«

Erst vor kurzem hörte ich wieder die Geschichte eines sehr erfolgreichen Geschäftsmannes, der sich »mit Leib und Seele« seinem Beruf verschrieben hatte. Für Privates hatte er nicht die geringste Zeit, doch er vertröstete sich und andere, einschließlich seiner Familie, *auf später – wenn er es erst geschafft habe –, dann sei noch genügend Zeit.* Dann werde er große Reisen mit der Familie unternehmen, für seine Gesundheit sorgen, Tennis spielen, Bücher lesen und endlich mal richtig entspannen. Ja, *all das wollte er später nachholen ...* Dann aber hat das Leben ihn geschafft, der Herzinfarkt kam ihm zuvor und allen, die auf das lang ersehnte »SPÄTER« warteten. Auf seiner Beerdigung sagte seine zwanzigjährige Tochter (mit den Worten der amerikanischen Sängerin Reba McIntire): »Er war der tollste Mann, den ich nie kannte.« Auch sie hatte immer auf später gehofft. – Doch nun war es zu spät!

Leider ist diese Geschichte kein Einzelfall. Wie häufig ist zu hören: »*Dafür ist jetzt keine Zeit!*« – »*Die Arbeit hat nun mal Vorrang, leben kann ich später immer noch!*« Das Tragische ist, dass all diese Sprüche ernst gemeint sind und sowohl von den »Arbeitstieren«, die sie aussprechen, als auch von deren Angehörigen und Freunden geglaubt werden. Doch in den meisten Fällen kommt »SPÄTER« entweder nie oder viel zu spät – das Privatleben kann dann nicht mehr so nachgeholt werden, wie es versäumt wurde. So mancher mag mit fünfundsechzig nochmals ein neues Leben anfangen, doch wie fit er oder sie auch sei, vieles, was mit dreißig, vierzig oder fünfzig geht, geht jetzt nicht mehr – und auch die goldigsten Enkelkinder können die eigenen nicht ersetzen. Menschen in Lebensbalance leben ihr Privatleben jetzt – nicht erst irgendwann später.

MYTHOS 6
»TRÄUME UND REALITÄT SIND ZWEI PAAR STIEFEL«
Wünsche solle man sich für Weihnachten oder die gute Fee aufheben, denken viele, die Realität lasse für Träume wenig Raum. »Wer kann schon tun, was er will?«, tönt es von denen, die frustriert einer Arbeit nachgehen, die ihnen keinen Spaß macht.

Doch wer nicht mehr träumt, der wird keine Visionen entwickeln und sich keine neuen Ziele setzen. Die unausweichliche Folge: Sein Leben von morgen wird kaum besser sein, als das von gestern. Ein erfülltes Leben wird nur der haben, der immer wieder neue Träume und Wünsche für sein Berufs- und Privatleben entstehen lässt und versucht, diese dann auch umzusetzen. Die stärkste Motivationskraft entfaltet nun mal die Arbeit an der Verwirklichung der eigenen Träume.

MYTHOS 7 »PRIVATLEBEN LÄSST SICH NICHT PLANEN«

Wie kommt es, dass sich so viele im Beruf als Profi und im Privatleben als Dilettant erweisen? Versorgt mit dem besten strategischen Rüstzeug, bewegen sie am Arbeitsplatz jede Menge, doch mit dem Durchschreiten ihrer Haustür scheinen sie ihr professionelles Know-how zu vergessen. »Planung und Strategie gehören in den Beruf, im Privatleben haben sie nichts zu suchen«, lautet die überzeugte Antwort. Falsch! Grundfalsch! Wer nicht damit beginnt, auch für sein Familien- und Freundesleben, seine Gesundheit und Persönlichkeitsentwicklung Pläne zu machen und diese strategisch umzusetzen, wird nie ein Leben in Balance erreichen. Wie ein sinnvoller Transfer strategischer Planung möglich ist, erfahren Sie in den folgenden Kapiteln.

Und wie ist Ihre persönliche Einstellung dazu? Kommen Ihnen diese Gedankenmuster ganz fremd oder sehr vertraut vor? Erlauben Sie sich doch einen kurzen »Mythen-Check«, um zu erkennen, wie sehr die eine oder andere Denkungsart Ihr Leben beherrscht. Mag sein, dass es zunächst etwas unangenehm ist, sich dies einzugestehen. Doch Sie haben ja die Möglichkeit, in Zukunft Ihre Perspektive zu verändern und die Weichen anders zu stellen – und Erkenntnis ist der erste Schritt dahin. Denn erst wenn wir wissen, was wir tun, können wir anfangen, etwas zu verändern.

Mythos	Das denke ich ...				
	nie	ganz selten	manch- mal	häufig	sehr häufig
1. »Berufserfolg ist Lebenserfolg«					
2. »Ohne Schweiß kein Preis«					
3. »Mehr Geld – mehr Glück«					
4. »Wenn's alle tun, kann's nicht so falsch sein«					
5. »Das hole ich später nach!«					
6. »Träume und Realität sind zwei Paar Stiefel«					
7. »Privatleben lässt sich nicht planen«					

Soweit zu den häufigsten balancegefährdenden Einstellungen. Doch wie sieht denn ein Leben in Balance aus? Jeder Mensch wird hierzu seine eigene Vorstellung haben, und jedes Modell der Lebensbalance bleibt eben nur ein Modell, so überzeugend es auch erscheinen mag. Dennoch können Modelle helfen, bestimmte Dinge klarer zu sehen, und Orientierungshilfen zur Gestaltung des eigenen Lebens sein. Das nun folgende Lebensbalance-Modell kann Ihnen als Grundlage zur Erstellung Ihres persönlichen Konzepts zur Meisterung von Berufs- und Privatleben dienen.

Die vier Säulen der Lebensbalance

Arbeit ist das halbe Leben«, gaben schon unsere Eltern und Großeltern gelegentlich zum Besten. Arbeit – das war für sie zumeist eine verdrießliche Plackerei zum Broterwerb, wenngleich in der Kalenderblattweisheit nicht selten ein gewisser Stolz mitklang – immerhin: das halbe Leben.

Vorbei, könnte man denken. Schließlich befinden wir uns geradewegs auf dem Weg in die Freizeitgesellschaft. Die Arbeitszeiten sind deutlich kürzer geworden, die Urlaube länger. Statistisch betrachtet erfreuen wir uns eines längeren Lebens bei besserer Gesundheit, und wir können dank größerer Mobilität die Segnungen der Freizeit richtig genießen.

Aber gelingt es uns, die erkämpften Freiräume auch zu nutzen? Sind wir noch fähig, zu erleben und zu genießen? Oder kommt es uns nicht gelegentlich so vor, als säßen wir in einem rasenden Schnellzug und das Leben rausche an uns vorbei? »Wo ist nur diese Woche geblieben?« Freunde getroffen? Fehlanzeige, keine Zeit! Im Theater gewesen, im Rockkonzert? Auch nicht, dazu fühle ich mich abends einfach zu schlapp, es langt bestenfalls noch für zwei Stunden Glotze. Mit der Tochter über die Schule und den neuen Freund gesprochen? Oder endlich wieder einmal eine Runde durch den Wald gelaufen oder ein paar Bahnen geschwommen? Auch nicht, keine Zeit, ich habe es mir aber fest für die nächste Woche vorgenommen.

Ein typischer Vorsatz: Zum Jetzt fehlt uns Zeit und Muße und wir verschieben das, was wir durchaus als angenehm, als erstrebenswert und notwendig erachten, auf später, in die Zukunft. Und die ist, was für eine Zukunft nun einmal kennzeichnend ist: ungewiss!

Zweifellos: Der Arbeitsdruck ist in den vergangenen Jahren zum Teil enorm gewachsen. Die Anforderungen steigen, zudem haben sich die Strukturen unserer Arbeitswelt nachhaltig verändert: Berufe, die wir nach unserer Ausbildung ein ganzes Leben ausüben können, werden immer seltener, und immer unschärfer werden die Grenzen zwischen Arbeit und Freizeit. Der Wandel um uns herum verläuft offensichtlich immer rasanter, Autoren wie der Kommunikationswissenschaftler Peter Glotz schreiben zu Recht von der »beschleunigten Gesellschaft«.

Was aber tun? Raus aus der Arbeit und mit einer Kiste voller Bücher ab auf eine ruhige und sonnige Insel? Einmal abgesehen davon, dass den meisten dieser Weg versperrt sein dürfte, weil Arbeit nach wie vor der Einkommenssicherung dient: Die unbegrenzte Freizeit wäre am Ende vermutlich ebenso monoton und langweilig wie ein eintöniger Job. Es kommt also vielmehr darauf an, einen Ausgleich zu finden, beispielsweise dem Stress der Arbeit die Entspannung der Freizeit und des privaten Lebens entgegenzusetzen. Anders ausgedrückt: Um zu innerer Stärke und Zufriedenheit zu gelangen, gilt es, die Pole des Lebens – die Lebensnotwendigkeiten und die Lebensinhalte – auszubalancieren.

Doch »Work-Life-Balance« ist weit mehr als nur der stimmige, zeitliche Ab- und Ausgleich zwischen beruflichem und privatem Leben. Die Frage ist: Welche Lebensbereiche gehören dazu und auf welche Weise können wir in unserem Alltag Balance herstellen? Das wohl hilfreichste Grundmodell hierzu entdeckte ich vor über zehn Jahren in den Schriften von Nossrat Peseschkian, einem iranischen Arzt, der sich in seinen Forschungen in sechzehn verschiedenen Kulturkreisen intensiv mit der Frage beschäftigt hat, welche Bereiche im menschlichen Leben wichtig sind, um Glück und Zufriedenheit zu finden und ein erfülltes Leben zu führen. Das Ergebnis seiner Untersuchungen sind die *vier Säulen, die den persönlichen Lebenserfolg tragen und prägen*: 1) Beruf & Finanzen, 2) Gesundheit & Fitness, 3) Familie & soziale Kontakte und 4) Sinn & Kultur. Es ist das Modell, das auch vom Zeitmanagementexperten Lothar Seiwert in seinen Büchern und Seminaren empfohlen wird.

Das Lebensbalance-Modell nach Dr. Nossrat Peseschkian

Natürlich wird jeder Mensch die Inhalte dieser vier Lebensbereiche ganz individuell definieren. Da mag beispielsweise der Cellist in einem Orchester einen ganz anderen Zugang zu Sinn und Kultur finden als der Abteilungsleiter Einkauf in einem Warenhaus, und der Experte für Geldanlagen einer Großbank dürfte andere Prioritäten bei Finanzgeschäften und der Lebens- und Altersvorsorge definieren als der beamtete Bauamtsleiter einer kommunalen Verwaltung. Aber ganz allgemein betrachtet werden vermutlich alle um die elementaren Inhalte der vier genannten Lebensbereiche ringen, die ihnen eine ausgewogene Balance verschaffen.

Diese vier Säulen tragen unser Leben – wie vier Fässer, auf denen ein Holzfloß ruht. Um auf diesem bisweilen schwankenden Floß nicht die Balance zu verlieren, müssen die Fässer etwa gleich groß und gleich schwer sein, sie müssen fest mit dem Floß verbunden sein, und es muss immer wieder dafür gesorgt werden, dass die Fässer nicht leckschlagen oder aus dem Gleichgewicht geraten. Nur dann kann man sich dem Floß anvertrauen, ohne dass das Leben zu einer fortwährenden Schaukelpartie wird oder am Ende gar in den Fluten um uns herum versinkt.

Beruf & Finanzen	Familie & soziale Kontakte
Arbeit und Leistung	Ehe- oder Lebenspartner
Effizienz und Regeneration	Kinder und Familie
Fachliche Weiterbildung	Freunde und Bekannte
Vermögen und Wohlstand	Soziales und polit. Engagement

Gesundheit & Fitness	Sinn & Kultur
Ärztliche Vorsorgemaßnahmen	Lebenssinn und Vision
Gesunde Ernährung	Werte
Sport und Bewegung	Innerlich auftanken
Erholung und Entspannung	Kultur und Persönlichkeit

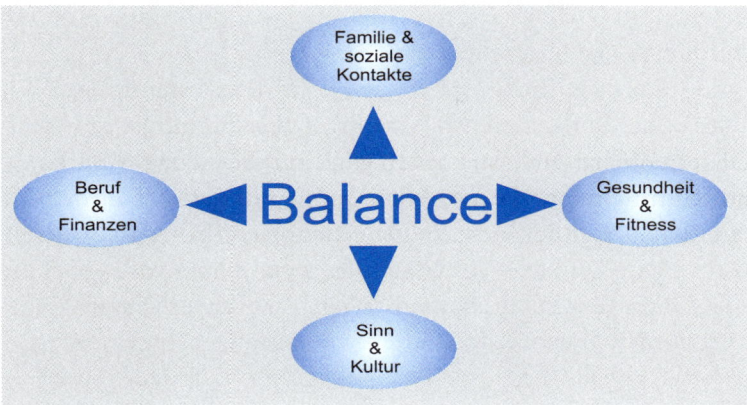

Das Modell von Peseschkian begleitet mich nun schon viele Jahre und hat nicht nur mir, sondern auch vielen meiner Seminarteilnehmer geholfen, ein effektives, praktikables und anpassungsfähiges Konzept für die persönliche Lebensbalance zu entwickeln und im Alltag umzusetzen.

Was heißt nun eigentlich Balance?

Man muss sich immer wieder vor Augen führen, dass Balance nicht »Gleichgewicht« etwa im physikalischen Sinn bedeutet, sondern vielmehr eine *verhältnismäßige Ausgewogenheit* der verschiedenen Lebensbereiche. Sie ist auch keine statische, sondern eine *dynamische* Größe. Und sie ist vor allen Dingen kein Muss, sondern eine lebensbereichernde *Möglichkeit*.

Es wäre ein Missverständnis zu glauben, man müsse – oder könne – in alle vier Lebensbereiche gleich viel Zeit investieren – also täglich (abzüglich der acht Stunden Schlaf) etwa jeweils vier Stunden. Abgesehen davon, dass die wenigsten Menschen ihr berufliches Pensum in vier Stunden bewältigen können, werden sie in aller Regel nicht Tag für Tag vier Stunden für ihre Gesundheit aufwenden, auch nicht in die Familie oder in Sinn und Kultur investieren. Es geht also nicht um eine quantitativ gewichtete Balance, sondern um eine qualitative, um eine *verhältnismäßige Ausgeglichenheit.*

So kann es durchaus genügen, im Durchschnitt pro Tag dreißig bis fünfundvierzig Minuten in Gesundheit und Fitness zu investieren, weitere dreißig bis fünfundvierzig Minuten in Familie oder Partnerschaft und noch einmal dreißig in sein Sinn- und Kulturleben. Neben einem Acht-bis-zehn-Stunden-Arbeitstag kann also ein Gesamtaufwand von etwa zwei Stunden für die übrigen drei privaten Lebensbereiche schon zu einer verhältnismäßigen Ausgewogenheit führen.

> **Balance ist kein »Gleich-Gewicht« –
> sondern eine verhältnismäßige Ausgewogenheit.**

Zudem geht es nicht darum, *ständig* in Balance zu leben. Zum einen ist das nahezu unmöglich, zum anderen würde das fortwährende Bemühen um eine quantitativ bemessene Ausgewogenheit der beschriebenen Lebensbereiche bei uns wieder Druck erzeugen und Stress mobilisieren, den es gerade zu vermeiden gilt. Es kann sehr gut sein, dass Sie für eine gewisse Zeit völlig aus der Balance geraten und einen Lebensbereich zulasten der anderen überbetonen – das ist völlig normal. – So war beispielsweise in der Phase, als ich mein letztes Buch geschrieben habe, mein Leben ziemlich aus der Balance geraten: Für einige Monate hatte ich nur wenig Zeit für meine Familie, schob alle nicht dringenden Termine auf und hatte auch kaum Zeit für mich selbst, weder zum Lesen noch für meine Hobbys. Doch ich wusste, es war nur vorübergehend, und nach Abgabe des Manuskripts konnte ich den Ausgleich wiederherstellen. Hingegen ist es ganz sicher nicht »balancefördernd«, wenn Sie wegen vorübergehend fehlender Balance ein schlechtes Gewissen haben. Es geht darum, Ausgewogenheit über einen *längeren Zeitraum* herzustellen – bevor das Leben in die Einseitigkeit und damit in eine vermeintlich »ausgewogene« Eintönigkeit kippt. Auch ein Seiltänzer befindet sich nie in einer statischen, sondern in einer immer wieder neu zu gewinnenden, dynamischen Balance. Entscheidend ist, dass über einen längeren Zeitraum »unterm Strich« ein gewisses Gleichgewicht besteht.

Balance ist nicht statisch – sondern dynamisch.

Bei dem anzustrebenden Gleichgewicht handelt es sich auch nicht um ein fest gefügtes und allgemein gültiges »Balance-Postulat« im Sinn eines idealen Lebenskonzepts, das zu verwirklichen ein Muss wäre. Es gibt für unsere Lebensgestaltung keine Patentrezepte (mögen diese auch gern verkauft und gekauft werden), genauso wenig gibt es ein patentiertes Balance-Konzept. Vielmehr geht es um Möglichkeiten – neudeutsch würde man sagen: »Optionen«, die Ihnen helfen können, Ihrer persönlichen Struktur und Ihrer Veranlagung entsprechend behutsam und experimentierend nach und nach mehr in Balance zu kommen. Nicht aus Verpflichtung und innerem Zwang, sondern aus eigenem Bedürfnis und der Freiheit, Ihr Leben bestmöglich zu gestalten. Das Ziel ist nicht, mehr aus sich herauszuholen, das Ziel ist vielmehr, Ihre Lebens- und Arbeitsprozesse effektiver und ausgeglichener zu gestalten.

**Balance ist kein Muss –
sondern eine lebensbereichernde Möglichkeit.**

Lebensbalance und Lebensphasen

Je nach dem Alter eines Menschen verändert sich die Bedeutung und damit die Priorität der Lebensbereiche. Für einen jungen Menschen von Anfang zwanzig bis Mitte dreißig steht zumeist der Beruf an erster Stelle, gefolgt von der Zeit, die er mit

Freunden und seiner Familie verbringen kann, und dem Interesse für Fitness und Gesundheit. Die Frage nach dem Lebenssinn spielt in jungen Jahren oft eine untergeordnete Rolle und wird – mehr oder weniger – in die Zukunft geschoben. Ab Mitte dreißig rückt erfahrungsgemäß für die meisten die Familie in den Vordergrund, und ab Mitte fünfzig wird die eigene Gesundheit häufig sogar wichtiger als der Beruf – nicht selten bedingt durch das Auftreten erster, gelegentlich sogar ernsthafter Beschwerden oder Krankheiten. Je älter wir werden, umso wichtiger wird für uns die Gesundheit und damit die Beschäftigung mit dem Sinn des eigenen Lebens. Im Normalfall sieht die Gewichtung der einzelnen Bereiche in bestimmten Lebensabschnitten etwa wie folgt aus:

	1. Priorität	2. Priorität	3. Priorität	4. Priorität
21–34 Jahre	Beruf	Familie & Freunde	Gesundheit	Sinn
35–54 Jahre	Familie & Freunde	Beruf	Gesundheit	Sinn
55–69 Jahre	Familie & Freunde	Gesundheit	Beruf	Sinn
Ab 70 Jahren	Gesundheit	Sinn	Familie &	Hobbys

Diese Schwerpunktsetzung entspricht ganz offensichtlich den gängigen vermeintlichen Erfordernissen unserer Gesellschaft. Da gilt es doch zunächst, beruflich und somit wirtschaftlich auf die Beine zu kommen, bevor wir daran denken, eine Familie zu gründen. Sinnvollerweise müsste die Auseinandersetzung mit den einzelnen Bereichen jedoch in umgekehrter Reihenfolge stattfinden. Zuerst sollte sich jeder darüber klar werden, was er mit seinem Leben anfangen will: Was ist für mich ganz persönlich der Sinn meines Lebens und mit welchen Werten und

Maßstäben will ich mein Leben gestalten? Erst wenn man darauf eine Antwort gefunden hat, kann man sich der Frage der Berufswahl stellen.

Wer den Sinn seines Lebens darin sieht, sich für Gerechtigkeit auf dieser Welt einzusetzen und möglichst vielen Menschen zu helfen, und gleichzeitig in der Natur und in Kontakt mit anderen leben will, wird als Forscher in einem Chemielabor oder als Buchhalter nicht glücklich werden. Doch wie viele von uns ergreifen zunächst einen Beruf – von Erwartungen anderer oder gesellschaftlichen Klischeevorstellungen beeinflusst – und entdecken erst viel später, dass sie mit ihrem Leben eigentlich etwas ganz anderes anfangen wollten – manche erst in der Midlifecrisis, einige noch viel später. Auch die Vernachlässigung von Gesundheit und Familie zugunsten des Berufs rächt sich: Leistungskraft und Belastbarkeit in der Arbeit nehmen ab. Denn gerade der berufliche Erfolg ruht auf der Säule eines guten Rückhalts im Familien- und Freundeskreis einerseits und der Säule der körperlichen Fitness und Gesundheit andererseits. Grundsäule oder tragendes Fundament bilden der Lebenssinn und die persönliche Werteskala. Ein stabiles Lebensgebäude sieht daher so aus:

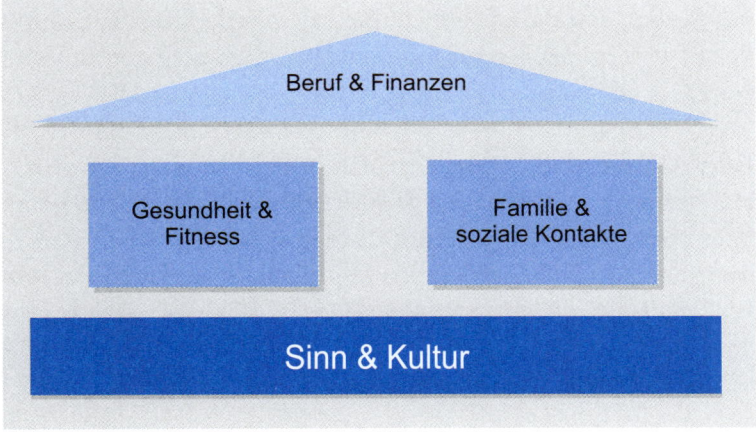

Natürlich kann dieses Lebensgebäude nur ein Idealbild sein. Es zeigt ein Grundmuster des bewussten Investierens in die vier Lebensbereiche und kann je nach persönlicher Lebenssituation, individuellem Werdegang und jeweiliger Schwerpunktsetzung auch ganz anders aussehen:

■ *Durch besondere Ereignisse* kann für eine gewisse Zeit ein Lebensbereich einseitig in den Vordergrund rücken, so zum Beispiel die Gesundheit aufgrund einer Krankheit oder eines Unfalls. Oder die Familie steht während eines bestimmten Lebensabschnitts an erster Stelle, etwa vor und nach der Geburt eines Kindes. In einer Lebenskrise oder nach dem Tod eines nahe stehenden Menschen mag uns vor allem der Sinnbereich beschäftigen, bei schweren beruflichen Problemen – oder neuen Herausforderungen – wohl in erster Linie der Arbeitsbereich.

■ Ebenso gut kann eine *individuelle Lebenssituation* zu einer stärkeren Betonung bestimmter Aspekte führen. So wird ein behinderter Mensch in der Regel seinem Körper und seiner Gesundheit im Vergleich zu anderen Lebensbereichen mehr Zeit und Pflege widmen, und ein Familienvater mit fünf Kindern dürfte sich daheim mehr engagieren als ein Single. Und jemand, der eine größere Erbschaft gemacht hat, könnte es sich durchaus leisten, den Berufsbereich unter dem reinen Gesichtspunkt der Erwerbsquelle zugunsten anderer Lebensbereiche zu reduzieren.

Fazit: Die Balance der vier Lebensbereiche ist abhängig von der allgemeinen Lebensphase, von besonderen, zeitlich begrenzten Lebensumständen, von der individuellen Lebenssituation eines Menschen und nicht zuletzt von seinen persönlichen Präferenzen und Neigungen.

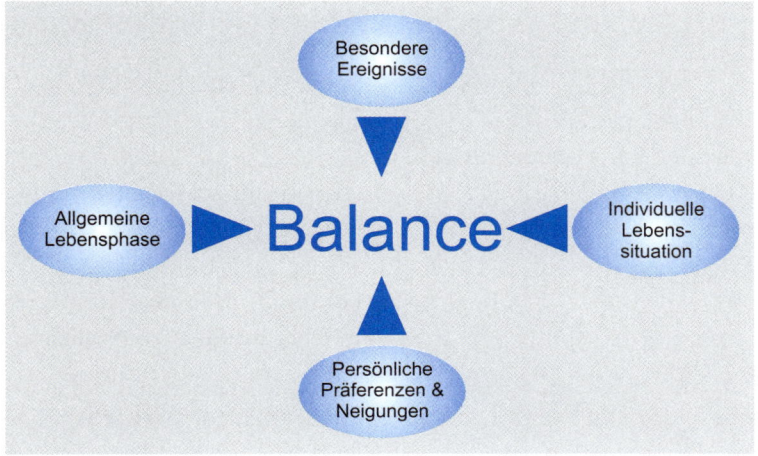

Gefahren einseitiger Vernachlässigung

Entscheidend bleibt trotz aller Besonderheiten jedoch das Ziel, eine verhältnismäßige Ausgeglichenheit über einen *längeren Zeitraum* zu erreichen. Es kommt zwangsläufig zu Fehlentwicklungen, wenn wir einen Lebensbereich überbetonen und dabei *auf Dauer* einen oder sogar mehrere andere Bereiche vernachlässigen. Die Rechnung wird nicht immer sofort präsentiert, sondern häufig erst viel später – manchmal sogar zu spät (hierzu die Tabelle auf der folgenden Seite).

Je früher wir diese Gefahren erkennen und auf eine ausgewogene Balance der verschiedenen Lebensbereiche achten, desto leichter können wir den genannten Folgen vorbeugen. Doch das Tückische ist, dass *wir den Verlust der Balance meistens gar nicht merken* – er vollzieht sich schleichend und schrittweise. Würden wir von heute auf morgen aus der Balance geraten, würden wir erschrocken reagieren und vermutlich alles unternehmen, um unser Leben wieder ins Lot zu bringen. Es würde uns ergehen wie einem Frosch, den man in eine Pfanne mit heißem Wasser wirft: Er würde sofort wieder

Vernachlässigung von	... führt auf Dauer zu
Beruf & Finanzen	■ Schwierigkeiten mit Mitarbeitern oder Kunden ■ Kündigung/Insolvenz ■ finanziellen Schwierigkeiten/ Selbstwertproblemen
Familie & sozialen Kontakten	■ Partnerkonflikten oder gar Trennung ■ enttäuschten Kindern/Verlust nicht nachholbarer Zeit ■ wenig Freunden/Verlust von Freunden ... Einsamkeit
Gesundheit & Fitness	■ geringer Leistungskraft/schwacher Belastbarkeit ■ körperlichen Störungen/Krankheiten ■ Übergewicht und Schlaffheit
Sinn & Kultur	■ Orientierungslosigkeit/Sinnkrise ■ fehlendem Halt bei schweren Problemen ■ persönlicher und geistiger Stagnation

herausspringen. Wenn man den Frosch jedoch in eine Pfanne mit kaltem Wasser setzt und dieses dann langsam erhitzt, bis es kocht, so würde der Frosch tragischerweise die zunehmende Temperaturveränderung nicht merken, sich daran gewöhnen und schließlich ums Leben kommen.

Und so ergeht es auch uns, wenn der Stress und die Beanspruchung am Arbeitsplatz kontinuierlich zunehmen, wenn wir immer weniger Zeit mit unserem Lebenspartner, den Kindern und unseren Freunden verbringen, wenn wir immer weniger schlafen, uns weniger bewegen, uns mehr und mehr von Fastfood ernähren und wenn wir die Zeit für Besinnung, Neuorientierung und geistig-kulturelles Auftanken auf ein Minimum reduzieren, bis sie ganz verschwindet. Die meisten Menschen merken es erst, wenn sich massive gesundheitliche oder familiäre Probleme einstellen oder wenn sie in eine Sinnkrise geraten.

Wie bei Holger P.: Seine Lebensgefährtin verließ ihn nach über zehn Jahren, weil für ihn immer sein Beruf im Mittelpunkt stand. »Erst da wurde mir bewusst, wie sehr ich mich in allem, was nicht mit meinem Job zusammenhing, auf sie verlassen hatte und auf sie bauen konnte: Julia plante und organisierte unsere Urlaube, traf unsere Verabredungen mit Freunden, hielt sogar den Kontakt zu meinen Eltern ... Eigentlich hat sie unser gesamtes Privatleben allein gemanagt. Im ersten Jahr nach der Trennung war ich so desorientiert, hilflos und überfordert, dass ich fast noch meinen Job verlor.« Lassen Sie es nicht so weit kommen; es gibt eine Reihe von Warnsignalen, und es ist möglich, sie frühzeitig zu erkennen.

Ihr persönlicher Lebensbalance-Check

Der *erste Schritt* zur Wahrnehmung der Warnsignale besteht darin, sich *Klarheit* zu verschaffen, wie es in Ihrem Leben um die Balance der vier Bereiche steht. Dabei gilt es insbesondere herauszufinden, wie viel Zeit Sie in die verschiedenen vier Bereiche investieren. Sie sollten sich fragen, womit Sie zufrieden sind und was Ihnen schon jetzt (also schon vor der Lektüre dieses Buches) in Ihrem Leben verbesserungswürdig oder gar dringend veränderungsbedürftig erscheint. Doch machen Sie sich damit keinen unnötigen Stress: Es geht hier nur um eine *Momentanalyse* und um ein erstes Gefühl für das Konzept der Lebensbalance in Ihrer persönlichen Situation. Später, in Teil 6, wo es um die konkrete Umsetzung der in diesem Buch gewonnenen Erkenntnisse geht, werden Sie noch genügend Gelegenheit haben, Ihre Wünsche, Ziele und Einzelschritte zu ermitteln. Also: *Wie viel Zeit investieren Sie in Ihrem Leben in die einzelnen Lebensbereiche?* Am besten ermitteln Sie die

Stundenzahl, die Sie durchschnittlich pro Woche dafür auf-
bringen. Für die Ferienwochen können Sie jeweils Bonus-
stunden anfügen – pro Woche eine –, und zwar mehrfach:
Wenn Sie beispielsweise Ihren dreiwöchigen Urlaub mit der
Familie verbringen und sich gleichzeitig erholen, Sport treiben
oder eine Kulturreise machen, so können Sie die drei Bonus-
stunden sowohl bei »Familie & soziale Kontakte« als auch
bei »Gesundheit & Fitness« und bei »Sinn & Kultur« eintra-
gen. Und auch dabei geht es nur um eine ungefähre Einschätzung.

Lebens- bereich	vor allem	Stunden/ Woche	plus Bonus	Gesamt
Beruf & Finanzen	Arbeit			
	Regeneration			
	Weiterbildung			
	Vermögensbildung			
Familie & soziale Kontakte	Ehe-/Lebenspartner			
	Kinder, Verwandte			
	Freunde			
	Politisches/soziales Engagement			
Gesundheit & Fitness	Vorsorgemaßnahmen			
	Ernährungsmaßnahmen			
	Sport und Bewegung			
	Erholung			
Sinn & Kultur	Lebenssinn/Vision			
	Werte			
	Innerlich auftanken			
	Kultur/Persönlichkeits- entwicklung			

Nun? Wie fällt das Ergebnis aus? Stimmt die Balance? – Bitte denken Sie daran, dass es nicht um eine rein rechnerische, sondern immer um eine qualitative Balance geht. So können beispielsweise sieben bis zehn Stunden für Gesundheit und Fitness locker vierzig, ja sogar fünfzig bis sechzig Stunden Arbeit ausgleichen (sofern natürlich der Schlaf nicht auf der Strecke bleibt – übrigens sollten Sie Schlafstunden niemals als besondere Gesundheitsinvestition ansetzen!).

Checken Sie auch gleich in qualitativer Hinsicht, wie gut Sie Ihr Leben in der Balance haben. Fragen Sie sich, wie Sie mit den einzelnen Aspekten Ihrer Lebensbereiche zufrieden sind, und bewerten Sie Ihre Zufriedenheit auf einer Skala von 1 (überhaupt nicht zufrieden) bis 5 (sehr zufrieden)!

Lebensbereich und Einzelaspekte					
Beruf & Finanzen	1	2	3	4	5
Erfüllende Arbeit					
Effizienz und Regeneration					
Berufliche Weiterbildung					
Finanzielle Situation					
Familie & soziale Kontakte	1	2	3	4	5
Beziehung/Partnerschaft/Ehe					
Zeit für und mit Kindern, Eltern und Verwandten					
Zeit für Freunde, Bekannte & Co.					
Soziales/politisches Engagement					
Gesundheit & Fitness	1	2	3	4	5
Vorsorgemaßnahmen					
Gesunde Ernährung					
Bewegung und Sport					
Entspannungs- und Stressmanagement					

Lebensbereich und Einzelaspekte					
Sinn & Kultur	1	2	3	4	5
Lebenssinn und Lebensvision					
Persönliche Werte					
Möglichkeiten, innerlich aufzutanken					
Kultur und Persönlichkeitsentwicklung					

Vielleicht hat Sie die eine oder andere Einschätzung überrascht und Sie fragen sich: Wie kann ich die Defizite möglichst bald ausgleichen? Es kommt jetzt also darauf an, den nächsten Schritt zu tun und sich Verbesserungsmöglichkeiten in den verschiedenen Bereichen zu überlegen, die geeignet sind, Ihr Leben in eine neue Balance zu bringen. Fangen Sie gleich damit an und tragen Sie das, was Sie verändern und verbessern wollen, in die folgende Tabelle ein.

Lebensbereich	Was ich verändern/verbessern möchte
Beruf & Finanzen	
Familie & Kontakte	
Gesundheit & Fitness	
Sinn & Kultur	

Um noch klarer zu sehen, stellen Sie sich bitte vor, wie ein Leben in Balance in Zukunft aussehen könnte. Erlauben Sie sich, Ihr Wunschbild zu kreieren, und lassen Sie dabei zunächst Bedenken und Zweifel beiseite. Gönnen Sie sich dafür zehn bis fünfzehn Minuten, möglichst ungestört, vielleicht sogar mit schöner Musik oder in der Natur. Schließen Sie zunächst die Augen und malen Sie sich aus, wie Ihr Leben in Balance in drei Jahren aussehen könnte.

Lebensbereich	Zukunfts-Wunschvorstellung
Beruf & Finanzen	
Familie & Kontakte	
Gesundheit & Fitness	
Sinn & Kultur	

Wie schon bei der Bewertung der Urlaubswochen beschrieben, können manche Lebensbereiche gut miteinander verbunden werden, sodass nicht jeder ein eigenes Zeitkontingent erfordert. Sportliche Aktivitäten können hervorragend gemeinsam mit anderen, mit dem Partner, den Kindern oder Freunden, ausgeübt werden, und ein Theaterbesuch wird häufig als weit intensiver und bereichernder empfunden, wenn man in Begleitung statt solo ist. Einige Kombinationsmöglichkeiten finden Sie in Teil 6 über die Umsetzung der Lebensbalance im Alltag.

Zwei Bereiche gilt es jedoch klar zu trennen: Berufliches und Privates. So paradox es zunächst klingen mag, aber die Vermischung von Berufs- und Privatleben trägt nicht zur Work-Life-Balance bei, sondern gefährdet sie. Akten mit nach Hause zu nehmen, um sie dann vor dem Fernseher zu bearbeiten – vielleicht sogar in Gegenwart des deswegen verständlicherweise frustrierten Lebensgefährten –, ist genauso kommunikationsstörend wie das Führen von Geschäftstelefonaten per Handy am Mittagstisch oder beim Spielen mit den Kindern.

Ich kann mich noch gut daran erinnern, wie mein damals zweieinhalbjähriger Sohn Dario vehement protestierte, als ich – während ich mit ihm spielte – zum Telefon griff, um schnell eine berufliche Angelegenheit zu klären. »Papa, nicht Telefon! Nicht Telefon!«, rief er und wurde immer heftiger, als ich mein Handy nicht weglegte, sondern die Nummer wählte. Ich versuchte ihn zu beruhigen und sagte: »Papa ist doch da! Papa bleibt doch bei dir!« – »Nein, Papa nicht da – Papa weg!«, schrie er, und er hatte Recht: Körperlich war ich zwar anwesend, doch mit meiner Aufmerksamkeit war ich beim Telefonieren. Und das spüren nicht nur Kinder!

Auch umgekehrt gilt: Plötzliche Anrufe von Bekannten oder Familienangehörigen während der Arbeit können Sie von der beruflichen Aufgabe ablenken oder sogar völlig aus dem Konzept bringen. Sind bei dem Gespräch noch Emotionen mit im Spiel – egal ob Sie sich über etwas ärgern und streiten oder liebevoll turteln –, kann es lange dauern, bis Sie wieder bei der Sache sind. Daher die dringende Empfehlung:

> **Je klarer Sie Berufliches und Privates trennen, desto besser und intensiver können Sie sich jedem Bereich widmen!**

Es mag im Einzelfall schwer erscheinen und viel Disziplin erfordern, aber die Einhaltung dieser Regel lohnt sich und wird wesentlich zu Ihrer Lebensbalance beitragen. In dem kleinen Taschenguide »Stress ade« von Roland Geisselhart und Christiane Hofmann-Burkart empfehlen die Autoren, gerade in Zeiten hoher beruflicher Anspannung durch ein kleines »Ritual« eine Grenze zwischen Berufsalltag und dem Feierabend daheim zu ziehen, zum Beispiel durch einen zehnminütigen Spaziergang vor dem Heimkommen oder indem Sie sich zunächst zurückziehen, entspannen und so auch innerlich ankommen.

Teil 2

Beruf und Finanzen

Die Kunst des Ausruhens

ist ein Teil der Kunst des Arbeitens. Voltaire

Sieben unprofessionelle und unwirtschaftliche Mythen

MYTHOS 1 »DER SPASS BEGINNT NACH DER ARBEIT«

Von wegen »Arbeit macht das Leben süß«, denken viele. Der Spaß, den jemand bei der Arbeit nicht findet, den muss er dann wohl oder übel nach der Arbeit nachholen. Aber das ist gar nicht wohl, sondern nur übel. Denn mit dieser Haltung betrügt man nicht nur sich selbst um eine der wichtigsten Quellen der Lebensintensität und der Erfüllung, sondern auch das Unternehmen, für das man arbeitet – egal ob man selbständig oder angestellt ist. Man betrügt sich um acht, zehn oder mehr Stunden Leben – und das täglich! Fundierte Forschungen haben ergeben, dass nahezu jede Arbeit mit vollem Engagement und damit auch mit Freude getan werden kann, genauso wie mit innerlich angezogener Handbremse und Missmut – egal wie hoch die Arbeit bezahlt wird, wie angesehen die Tätigkeit ist und wie viele Probleme damit verbunden sind. Es gibt immer Menschen, die »voll dabei« sind, mit Spaß und Elan, und andere, die eher frustriert Dienst nach Vorschrift machen und auf den Feierabend warten. Sie, Sie allein entscheiden, mit welcher Einstellung Sie Ihrer Arbeit nachgehen und damit auch, ob Sie Spaß daran finden können – natürlich nicht als Dauerzustand, aber immer wieder. Welche Faktoren den Spaß an der Arbeit mit beeinflussen, erfahren Sie im nächsten Kapitel.

MYTHOS 2 »ZUM VERSCHNAUFEN IST KEINE ZEIT«

Es scheint eines der paradoxesten Phänomene des Arbeitslebens zu sein: Je mehr einer zu tun hat, desto weniger Pausen und Regenerationsgelegenheiten gönnt er sich. Das mag über eine kurze Phase gerade noch angehen, aber auf längere Sicht ist es das Unsinnigste, was man tun kann – sowohl hinsichtlich unserer Gesundheit als auch bezüglich Qualität und Effektivität unserer Arbeitsleistung. Je weniger wir uns regenerieren, desto schlechter arbeiten wir, desto länger brauchen wir für unsere Arbeit ... und desto weniger Zeit scheint zum Verschnaufen zu bleiben. Ein Teufelskreis! – »Wenn du es eilig hast, gehe langsam« ist nicht nur ein weises altes Sprichwort, sondern zugleich der Titel eines der besten Bücher zum Thema Arbeit, Zeit und Lebensbalance (von Lothar Seiwert). Am Arbeitsplatz müsste es lauten: Wenn du viel zu tun hast, mach mal Pause! Nur durch eine gesunde Balance zwischen Leistungs- und Regenerationszeiten werden Sie gute Arbeitsergebnisse erzielen, und das sogar auf Dauer.

MYTHOS 3 »OHNE MICH GEHT NICHTS«

Viele Menschen halten sich an ihrem Arbeitsplatz für unentbehrlich, tun sich schwer, Aufgaben zu delegieren, und befürchten, dass etliches schief laufen würde, wenn sie für einige Zeit abwesend wären. Daher gönnen sie sich oft jahrelang keinen Urlaub oder sind auch in Ferienzeiten täglich per Handy und Internet mit der Firma verbunden. Es mag ja für sie sprechen, wenn sie sich mit ihrer Arbeit identifizieren und dafür einsetzen, doch der Mythos der persönlichen Unentbehrlichkeit ist äußerst verhängnisvoll. Plötzlich werden sie krankheitsbedingt »aus dem Verkehr gezogen«, liegen ein paar Wochen im Krankenhaus oder daheim, und dann müssen sie die Erfahrung machen: Es geht doch ohne sie! Keiner ist unentbehrlich! Mag es auch nicht ganz so perfekt laufen, mögen manche Dinge anders gelöst werden, als man es selbst gemacht hätte, und mögen sogar ein paar Fehler begangen werden: All dies darf Sie nicht davon abhalten, von Zeit zu Zeit Urlaub zu nehmen, zu bestimmten Stunden nicht erreichbar zu sein oder sich gar eine längere Regenerationsphase zu gönnen. Besser,

Sie wählen diese notwendigen Auszeiten freiwillig, als dass Ihr Körper plötzlich streikt und Sie dazu zwingt.

MYTHOS 4 »DER MARKT IST SCHULD!«

Natürlich ist die gesamtwirtschaftliche Lage heute viel schwieriger als vor ein paar Jahren. Viele hatten sich an kontinuierlichen Aufschwung gewöhnt, ihn vielleicht sogar als selbstverständlich und garantiert angesehen. Und allerorten finden sich die Chöre derer, die ihre ewigen Opferlieder singen: über die schlechte Marktsituation, die schuld sei, dass sie keinen Erfolg und keine Freude an der Arbeit hätten usw. usf. – All das ist nicht nur müßig, sondern auch irrig. Schwere Zeiten mögen Zeiten größerer Herausforderungen sein, und es mag stimmen, dass sie den einen oder die andere aus einem Dornröschenschlaf der Saturiertheit rütteln – doch interessanterweise gibt es gerade in Krisenzeiten etliche, die mit viel Kreativität und Schwung neue Wege suchen und auch in einem turbulenten Markt Erfolg haben. Nicht der Markt ist schuld, sondern unsere Einstellung! Wenn sich der Markt verändert, gilt es unsere Strategien zu verändern. Kaum ein Buch gibt das besser wieder als Spencer Johnsons »Mäusestrategie für Manager«. Wenn Sie es noch nicht gelesen haben, so kann ich es nur wärmstens empfehlen (Lesedauer etwa zwei bis drei Stunden). Spätestens danach dürfte der Mythos von der »Schuld des Marktes« verflogen sein.

MYTHOS 5 »AUSBILDUNG AUS! – ICH HABE FERTIG!«

Die Vorstellung, wir hätten irgendwann ausgelernt, ist heutzutage eine Illusion. Fertig haben wir allenfalls einen Ausbildungsabschnitt, doch schon taucht am Horizont die nächste Etappe auf. Die meisten werden die Erfahrung machen, die der Philosoph Wittgenstein in seiner Inselparabel beschreibt: Je mehr (Wissens-)Land wir dem Meer (des Unerforschten) abringen und trocken legen, umso größer wird die Uferlinie zum Unbekannten. Ausgelernt haben wir nie; ständig wird neues Wissen produziert und uns mit den Mitteln moderner Technologie in rasender Geschwindigkeit zur Verfügung gestellt. An permanenter Weiterbildung kommt heute keiner mehr vorbei, der morgen noch erfolgreich sein will. Die Kunst besteht darin, in den richtigen Bereichen in die berufliche und persönliche Fortbildung zu investieren. Alles, was heute »fertig hat«, ist der Mythos, dass die Ausbildung jemals abgeschlossen sei!

MYTHOS 6
»REICH WIRD MAN DURCH HÖHERES EINKOMMEN«

»Wenn ich mal mehr verdiene, dann werde ich endlich mehr Geld haben«, denken nicht wenige und hoffen, auf diesem Weg zu einem Vermögen zu kommen. Eigenartigerweise bleibt ihnen aber selbst dann, wenn sie ihr Einkommen verdoppelt oder verdreifacht haben, nicht wesentlich mehr übrig. Alles, was mitgewachsen ist, sind die Ansprüche und der Lebensstandard. Je mehr man verdient, desto mehr gibt man aus, oft ohne dass man es bewusst bemerkt (und meistens auch ohne dass man wesentlich zufriedener wäre). Nein: Reich wird man nicht durch höheres Einkommen, sondern einzig und allein durch Sparen (von Erbschaften und Lottogewinnen abgesehen, doch auch die können schmelzen wie Schnee an der Sonne)! Sicher, je höher Ihr Einkommen, desto mehr können Sie sparen. Doch reich macht Sie nicht die Einnahme, sondern das konsequente Verhindern steigender Ausgaben – jedenfalls bei einer gesunden Balance zwischen Lebensgenuss und Sparsamkeit.

MYTHOS 7 »AUF PUMP LEBT SICH'S BESSER«

Heute leben, morgen zahlen – eine allzu verführerische Einstellung! Ratenzahlung, Leasing und Kreditkarten sind für viele ein Weg in die Schuldenfalle. Hier und da ein Bankkredit, den Dispo ein wenig überzogen und innerlich die kumulierte Hoffnung: »Irgendwie schaff' ich das schon.« Die Zahlungsunfähigkeit kommt für viele schneller, als sie denken. Sogar für Wohlhabende. Und: Wer den Wohlstand, den er lebt, finanziell nicht abgedeckt hat, zahlt doppelt, wenn er nicht mehr zahlen kann – am meisten mit seinem Selbstwertgefühl. Also besser nach dem Grundsatz leben: keine Schulden – allenfalls solche, deren Tilgung klar gesichert ist. Damit schläft es sich mit Sicherheit ruhiger!

Nun haben Sie wieder die Möglichkeit zm Mythen-Check.

Mythos	Das denke ich ...				
	nie	ganz selten	manch- mal	häufig	sehr häufig
1. »Der Spaß beginnt nach der Arbeit«					
2. »Zum Verschnaufen ist keine Zeit«					
3. »Ohne mich geht nichts«					
4. »Der Markt ist schuld!«					
5. »Ausbildung aus! – Ich habe fertig!«					
6. »Reich wird man durch höheres Einkommen«					
7. »Auf Pump lebt sich's besser«					

Die vier Säulen von Beruf und Finanzen

Natürlich sind zunächst eine gute Ausbildung und ein Arbeitsplatz das Wichtigste. Ohne Job würden Sie wahrscheinlich auch kein Buch zum Thema Work-Life-Balance lesen. Um gerade in einer Berufssituation, die viel Zeit und Einsatz beansprucht, in Balance zu bleiben, sind in erster Linie *Motivation und Erfüllung bei der Arbeit erforderlich. Ebenso die Fähigkeit, effizient zu arbeiten und sich immer wieder schnell zu regenerieren.* Darüber hinaus gilt es, *sich ständig weiterzubilden*, und schließlich ist es unbedingt ratsam, ein *gutes Finanzmanagement* für sein Einkommen zu entwickeln. Wer darauf achtet, wird seinem Beruf nicht nur ausgeglichener, sondern auch erfolgreicher nachgehen und finanziellen Sorgen vorbeugen.

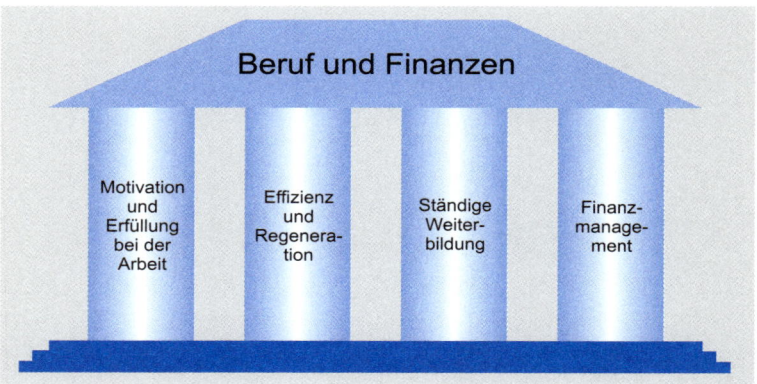

1. Motivation und Erfüllung bei der Arbeit

Ob Sie bei Ihrer Arbeit motiviert sind und Erfüllung finden, hängt weitgehend davon ab, wie sehr Sie sich mit Ihrer Tätigkeit *identifizieren*, ob Ihre *Potenziale* genügend zum Einsatz kommen und wie stark Sie im Verhältnis zu Ihren Fähigkeiten *gefordert* werden.

Beruf und Berufung

Dreh- und Angelpunkt ist die Frage, ob Ihr Beruf für Sie wirklich eine *Berufung* ist oder eher nur ein *Job*, um genügend Geld zu verdienen. Können Sie von Ihrer Arbeit sagen, dass sie genau das ist, was Sie mit Ihren Fähigkeiten am besten können und am liebsten tun? Oder träumen Sie eigentlich die ganze Zeit von einer anderen Arbeit, zu der Sie bisher nur noch nicht den Weg oder den Mut gefunden haben? Die Antwort darauf kann natürlich auch abgestuft erfolgen. Was würden Sie spontan sagen?

> Meine Arbeit empfinde ich zu _____ Prozent als Berufung
> und zu _____ Prozent eher als reinen Job.

Und? – Ist das für Sie so ausreichend? Oder würden Sie daran gerne etwas ändern? Was wäre Ihre Wunschvorstellung?

> Meine Arbeit sollte für mich zumindest zu _____ Prozent
> meine Berufung sein!

Um sich über Ihre Zufriedenheit mit Ihrer Arbeit klarer zu werden, können Sie folgende zwei Fragen beantworten:

An meiner Arbeit ...	
gefällt mir:	missfällt mir:

Und wie würde Ihr Traumberuf aussehen? *Was* würden Sie beruflich gerne tun, wenn Sie die Möglichkeit dazu hätten, *und unter welchen Umständen* würden Sie dabei gerne arbeiten? Notieren Sie auch jene Gedanken, Ideen und Wünsche, die Ihnen im Moment vielleicht nicht realisierbar erscheinen.

Mein Traumberuf und meine Traumarbeitsumstände:

Wenn Sie nach dieser Kurzinventur zum Ergebnis kommen, dass Sie prinzipiell (also trotz aller Schwierigkeiten, die wohl jede Arbeit mit sich bringt) den richtigen Beruf haben, umso besser! Wenn Sie dagegen nur aus Bequemlichkeit oder Angst vor Veränderung an einem Job festhalten, der Ihnen eigentlich nicht entspricht, sollten Sie alle Antennen ausfahren und alle Hebel in Bewegung setzen, um Ihren Traumberuf zu realisieren, zumindest aber eine Arbeit zu finden, die Ihnen liegt, zu der Sie sich (in möglichst hohem Maß) »berufen« fühlen! Sonst laufen Sie Gefahr, innerlich zu verkümmern und womöglich auch körperlich krank zu werden. Wollen Sie sich wirklich den Rest Ihres (Arbeits-)Lebens mit »angezogener Handbremse«, resigniert und unzufrieden mit Ihrer Arbeit, mühen? Natürlich sind berufliche Veränderungen in jungen Jahren leichter zu realisieren, aber auch in fortgeschrittenem Lebensalter können Sie noch manches verändern und trotz zugegebenermaßen schwieriger Situation am Arbeitsmarkt leichter eine entsprechende Tätigkeit finden, wenn Sie sich auf das konzentrieren, wo Sie Ihre Stärken haben … zu dem Sie sich eben berufen fühlen. Lieber verdienen Sie vorübergehend weniger und schnallen den Gürtel etwas enger, als dass Sie mit lockerem Gürtel unglücklich weiter schuften!

Fokus auf Ihre Stärken

Der berufliche Erfolg hängt hauptsächlich davon ab, ob Ihre Talente und Stärken zum Tragen kommen. Einem weit verbreiteten Irrtum zum Trotz stehen nämlich nicht Ihre Schwächen Ihrem Erfolg im Weg, sondern ein unzureichender Einsatz Ihrer Stärken. Ein bekannter Managementstratege prägte den Satz:

> »Wer sich auf seine Stärken konzentriert,
> kann seine Schwächen zunächst vernachlässigen.«
> Wolfgang Mewes

Investieren Sie daher nicht zu viel Energie in die Bekämpfung Ihrer Schwächen. Die Erfahrung lehrt drei Dinge: Erstens schaffen wir es meistens nicht, unsere Schwächen zu besiegen, zweitens erreichen wir, selbst wenn es uns gelingt, allenfalls Durchschnittsniveau, und drittens ist die Beschäftigung mit den eigenen Schwächen eher frustrierend. Der Schlüssel zum Erfolg liegt dagegen in der Fokussierung auf die Stärken und Talente. Voraussetzung dafür ist natürlich, sich dieser Stärken bewusst zu sein. Wo sehen Sie Ihre größten Fähigkeiten und Potenziale? Was können Sie und was tun Sie am liebsten?

Meine größten Stärken und Talente sind:

Kommen diese Stärken bei Ihrer Arbeit genügend zum Tragen? Am besten und erfolgreichsten werden Sie in Ihrem Beruf sein, wenn er nicht nur Ihre Berufung ist, sondern gleichzeitig Ihre wichtigsten Stärken widerspiegelt.

Arbeitslust statt Arbeitsfrust

Selbst wenn Sie Ihre Berufung gefunden haben, ist das noch keine Garantie für dauerhafte Arbeitsfreude. Die entscheidende Frage ist dabei, was genau den Spaß an einer Tätigkeit ausmacht. Damit haben sich Motivationspsychologen immer wieder beschäftigt, und eine der plausibelsten Antworten hat der Harvard-Professor Mihaly Csikszentmihalyi gefunden. In seinem Buch »Flow. Das Geheimnis des Glücks« kommt er zu dem zunächst verblüffenden und doch pragmatisch wirksamen Ergebnis:

Einer der maßgeblichen Faktoren, um Spaß an einer Sache zu haben, ist die Herausforderung!

Hinzu kommt allerdings eine zweite Voraussetzung:

**Die konkrete Herausforderung muss
mit den eigenen Fähigkeiten in Balance sein.**

Was ist damit gemeint? – Im Spannungsfeld zwischen Herausforderung und individuellen Fähigkeiten sind grundsätzlich drei Szenarien denkbar:

■ Sie haben nur geringe Fähigkeiten, werden aber mit einer großen Herausforderung konfrontiert. Beispiel: Jemand mit geringen betriebswirtschaftlichen Kenntnissen soll vor einem Gremium von Finanzexperten die Bilanz des letzten Jahres präsentieren und erläutern. Folge: *Überforderung* und Stress.

■ Das Gegenteil: Sie haben hohe Fähigkeiten, werden aber nur in geringem Maß gefordert. Beispiel: Ein Spitzenmanager soll mehrere Tage lang reine Sortierarbeiten erledigen. Folge: *Unterforderung* und Langeweile. – Merke:

**Überforderung und Unterforderung
sind die Motivationskiller Nummer eins im Leben!**

■ Erst wenn die Fähigkeiten der Herausforderung entsprechen, entsteht Spaß an der Sache. An den Grenzen unserer individuellen Fähigkeiten, da, wo wir gefordert werden, ohne überfordert zu werden, entsteht die prickelnde Spannung, die Csikszentmihalyi *Flow* nennt. Beispiel: Mit wem hätten Sie als Tennisspieler den meisten Spaß? Vermutlich mit einem Gegner, der annähernd so gut spielt wie Sie oder gar eine Spur besser, sodass mal der eine, mal der andere gewinnt und das Spiel immer wieder spannend ist. (Wären Sie dagegen wesentlich schlechter, so ergäbe sich wieder Szenario 1: Überforderung und Stress. Wären Sie um Klassen besser, ergäbe sich Szenario 2: Unterforderung und Langeweile.)

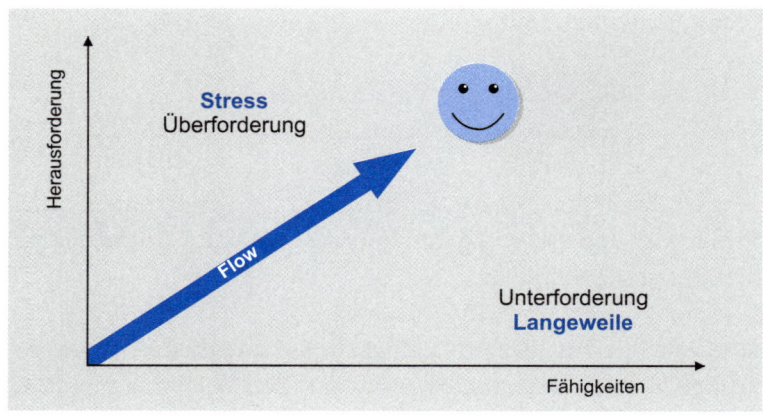

Die entscheidende Erkenntnis lautet also:

> Spaß und Erfüllung an der Arbeit entstehen,
> wenn Sie immer wieder neu gefordert werden,
> ohne sich allerdings auf Dauer zu überfordern!

Dies ist die Kunst, bei der Arbeit wie im Leben: bei ständig neuen Herausforderungen die richtige Balance zu finden zwischen Unter- und Überforderung. So kann auch das Lösen von Problemen und das Meistern von Schwierigkeiten zu einer spannenden Angelegenheit werden, vorausgesetzt, sie liegen noch im Rahmen Ihrer Fähigkeiten. Für Ihren Berufsalltag können sich daraus *zwei praktische Konsequenzen* ergeben:

■ Versuchen Sie in Zukunft, Probleme, Schwierigkeiten, ja sogar Krisen als spannende Herausforderungen zu begrüßen, an denen Sie Ihre Fähigkeiten messen und an denen Sie wachsen können.

■ Doch für Ihre Lebensbalance fast noch wichtiger: Achten Sie darauf, dass Sie sich nicht auf Dauer überfordern. Nicht Unterforderung ist im heutigen Berufsalltag die Gefahr, sondern das Rotieren im roten Bereich ständiger Überforderung. Manche scheinen bereits so daran gewöhnt zu sein, dass sie das Gefühl dauerhafter Überforderung schon für normal halten – der schnellste Weg zum Burnout oder zum Herzinfarkt. Steuern Sie gegen! Machen Sie sich bewusst, was Sie beruflich (aber auch privat) überfordert:

Beruflich (und privat) überfordert mich …	
zurzeit:	generell:

Ist Ihnen jetzt schon klar, was Sie daran ändern könnten?

Verbesserungsmöglichkeiten:

Lassen Sie sich getrost Zeit! Im Laufe des Buches werden Ihnen wahrscheinlich noch etliche Möglichkeiten bewusst werden, den Klauen permanenter Überforderung zu entkommen und auch hier Ihre Lebensbalance wiederzugewinnen.

2. Konzentration und Regeneration

Angenommen, Sie sehen Ihren Beruf als Berufung, Ihre wichtigsten Stärken kommen zum Einsatz und Sie werden im Rahmen dieser Fähigkeiten immer wieder neu gefordert, ohne sich zu überfordern – optimal! Doch noch um einiges effektiver und zugleich balancierter können Sie arbeiten, wenn Sie die Prinzipien von Konzentration und Regeneration berücksichtigen.

Die durchschlagende Kraft der Konzentration

Kennen Sie das noch aus Ihrer Kindheit: Feuermachen mit Hilfe des Sonnenlichts? Dazu mussten Sie lediglich mit einer Lupe die Sonnenstrahlen bündeln, um ein Blatt in Brand zu setzen. Ohne Lupe (oder gar bei diffusem Mondlicht) geht es nicht. Genauso ist es mit Ihren Gedanken: Erst durch deren Bündelung im Wege der Konzentration, erst durch die Fokussierung auf eine Aufgabe werden Sie wirklich effektiv arbeiten. Konzentration der Kräfte auf einen Punkt hat durchschlagende Wirkung!

Kennen Sie auch noch den wohl gemeinten Rat von Eltern oder Lehrern: »Du musst dich halt konzentrieren!« Aber wie das geht, haben nur die wenigsten beigebracht bekommen. Wir haben ja leider keinen Schalter im Gehirn, den wir einfach nur auf den Arbeitsmodus »Konzentration« schalten müssten. Dazu kommt das Problem, dass unser mentaler Grundzustand keineswegs konzentriert ist, sondern zerstreut. Unsere Gedanken schwirren in alle Richtungen umher und springen von einem Aufmerksamkeitserreger zum nächsten. Soweit die schlechte Nachricht. Die gute lautet: Sie können Konzentration relativ einfach bewusst erzeugen. Konzentration hat zwei Voraussetzungen, ruht auf zwei Säulen: 1. einem klaren Ziel und 2. der Abschirmung von Störungen.

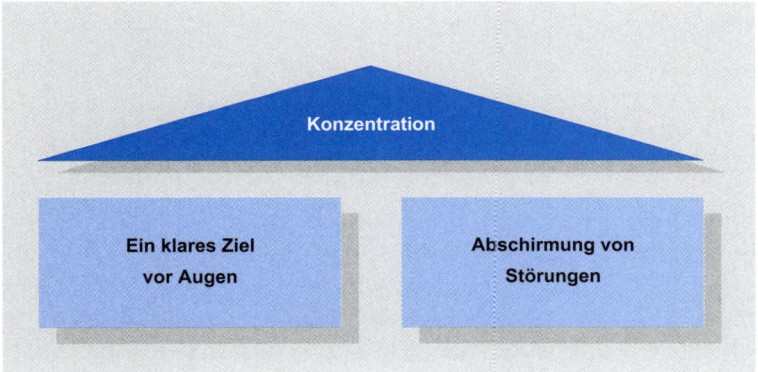

Das klare Ziel wirkt auf Ihre sonst umherschwirrenden Gedanken *wie ein Magnet*. Das Ziel besteht in der Aufgabe, die Sie sich vorgenommen haben. Je klarer Sie diese definiert haben, je genauer auch Ihr zeitliches Limit ist, in dem Sie Ihre Arbeit erledigt haben wollen, umso stärker ist die Magnetkraft.

Fast genauso wichtig ist es, Störungen von außen und innen **abzuschirmen**. Die ständigen Störungen nehmen wir meist gar nicht mehr bewusst wahr, weil sie schon so zum Berufsalltag gehören. Doch so harmlos jede einzelne Störung auch sein mag, in ihrer Vielzahl sind sie die Hauptursache unkonzentrierter Arbeit. Telefonate, kurze Besuche von Kollegen und Mitarbeitern, ankommende Post oder E-Mails, alles was wir zwischendrin spontan »mal eben kurz« machen, genauso wie Baulärm oder der abschweifende Blick über den unaufgeräumten Schreibtisch. Jedes Mal werden wir »herausgerissen«, wird die zunächst entstandene Konzentration gestört, und wir müssen erneut unser Konzentrationsniveau aufbauen … um möglicherweise kurz danach wieder unterbrochen zu werden! So entsteht der berühmte »Sägeblatteffekt«, der Hauptfeind effizienten Arbeitens.

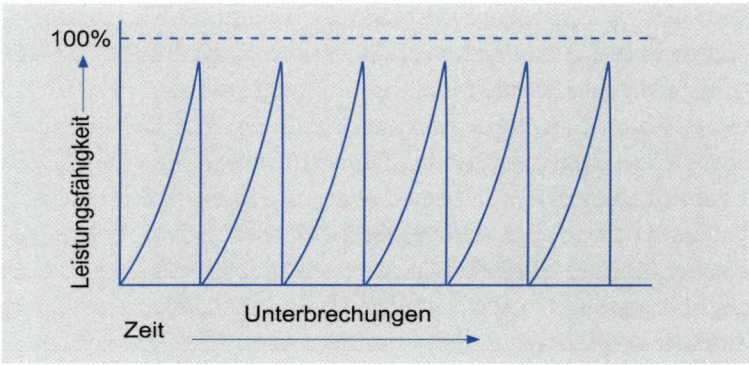

Und natürlich kommen die Störungen nicht nur von außen, sondern genauso gut von innen, in Form von plötzlich auftauchenden Sorgen, über die wir nachgrübeln, von Tagträumereien, von Festbeißen an nebensächlichen Problemen oder gar spontanen Hunger- oder Durstgefühlen.

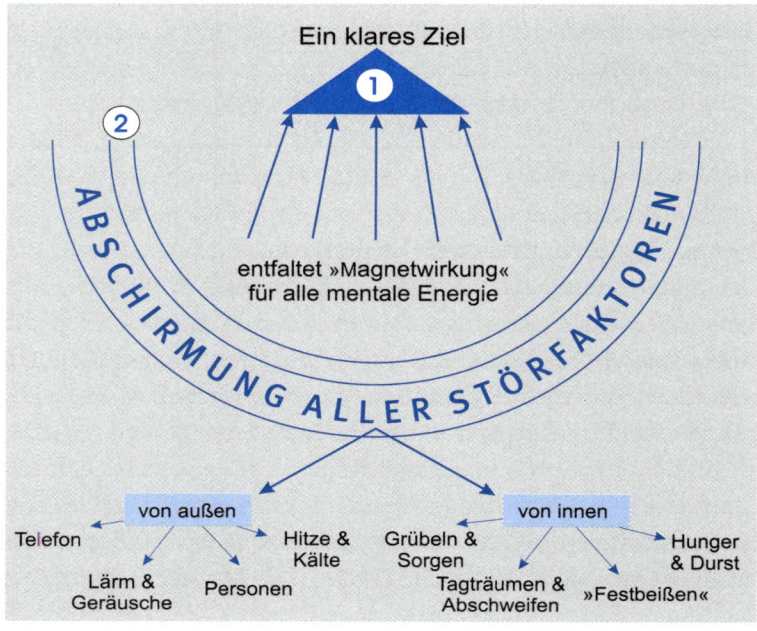

Verständlicherweise taucht hier meist der Einwand auf: »Schön und gut, aber wie soll die Abschirmung in der Praxis des heutigen Berufsalltags funktionieren?« – Sicherlich: In der Regel werden Sie sich mit Ihrer Arbeit nicht ins Kloster zurückziehen können. Es gibt aber ein paar bewährte Tipps, um zumindest in bestimmten Phasen konzentrierter zu arbeiten:

■ *Notieren Sie sich eine Woche lang jede Störung.* Analysieren Sie, welche Ihre häufigsten Konzentrationskiller sind und ob Sie bestimmte Schwerpunktzeiten im Tagesablauf feststellen können, an denen sie auftreten. Das ist zwar für eine Woche etwas Mühe und fast eine weitere Störung, aber eine, die sich bezahlt macht, denn danach können Sie viel bewusster und leichter gegensteuern.

■ *Versuchen Sie, sich zumindest für eine gewisse Zeit am Tag »abzuschotten«,* indem Sie weder telefonisch noch sonst zu sprechen sind. Dies könnte eine Stunde am Morgen oder gegen Ende des Tages sein. Telefonate wandern auf Ihren Anrufbeantworter oder ins Sekretariat – wie sonst bei wichtigen Meetings. In diesem Fall haben Sie ein Konzentrationsmeeting mit Ihrer Arbeit. – Mitarbeiter, denen Sie die Gründe erklärt haben, werden Ihr »Bitte vorübergehend nicht stören«-Schild in aller Regel respektieren oder wissen nach kurzer Zeit sowieso, dass Sie beispielsweise jeden Mittag von 13.30 bis 14.30 Uhr »not available« sind.

■ *Bündeln Sie Ihre Telefonate in »Telefonblöcken«.* Wenn Sie sich vornehmen, fünfzehn Telefonate in einer Stunde zu erledigen, dann kann es zwar durchaus sein, dass Sie in dieser Zeit nur zwölf schaffen, doch jedenfalls konzentrierter, als wenn Sie immer mal wieder fremdbestimmt ans Telefon gerufen werden. Die Gefahr, sich dabei zu »verquatschen«, ist viel größer.

■ *Räumen Sie Ihren Schreibtisch leer.* Zumindest sollten Sie jeweils nur denjenigen Arbeitsvorgang in Ihrem Blickfeld haben, der gerade dran ist. Zu leicht werden Ihre Gedanken sonst ab-

gelenkt und haken sich an anderen Vorgängen fest, die ja auch
– eben nur nicht jetzt – zu erledigen sind.

■ Wenn *Sorgen, Probleme oder sonstige Anliegen* auftauchen,
mit denen Sie grübelnderweise viel Zeit vertun können, *so
schreiben Sie sie auf einen Zettel und werfen ihn*, wie Dale Car-
negie empfiehlt, *in eine auf Ihrem Schreibtisch stehende »Sorgendose«*. Für Ihr Unterbewusstsein ist die Sache momentan
bearbeitet und gewissermaßen auf »Wiedervorlage« gelegt.
Natürlich müssen Sie in regelmäßigen Abständen die »Dose«
öffnen und Ihre Probleme angehen – sonst funktioniert der
Trick nicht. Ihre »Sorgendose« kann genauso gut eine Seite in
Ihrem Terminbuch oder eine Rubrik in Ihrem elektronischen
Organizer sein.

■ Und schließlich gilt auch hier das »Eisenhower-Prinzip«:
*Konzentrieren Sie sich möglichst viel auf die wirklich wichtigen
Angelegenheiten*, während Sie die nur dringenden, aber weniger
wichtigen Dinge delegieren oder reduzieren. (Zu diesem wichtigen Punkt finden Sie noch mehr in Teil 6 ab Seite 218.)

Boxenstopp Regeneration

Über mehrere Stunden effizient zu arbeiten, ist ohne Regenerationspausen nahezu unmöglich. Und dennoch ist es das, was
weit und breit praktiziert wird: Durcharbeiten ohne Pause.
Das Tückische dabei ist, dass wir es in der Regel gar nicht merken, wenn unsere Konzentrationsfähigkeit nachlässt und unsere mentale Energie nur noch einen Bruchteil der anfäng-
lichen Leistungsfähigkeit beträgt. Je ineffizienter wir werden,
umso mehr strengen wir uns an, umso weniger gönnen wir
uns eine Pause und umso ineffizienter arbeiten wir: ein Teufelskreis.

Der Ausweg? Wissen, *wann* sinnvollerweise eine Pause an-
gebracht ist und *wie* wir uns in dieser Pause am schnellsten regenerieren können.

Wissenschaftliche Untersuchungen haben ergeben, dass Konzentration und Arbeitseffizienz innerhalb von fünfzig Minuten entschieden abnehmen. Würde man Sie bei der Arbeit an ein EEG-Messgerät anschließen, so könnten Sie das Absinken Ihrer Leistungsfähigkeit am Monitor mitverfolgen.

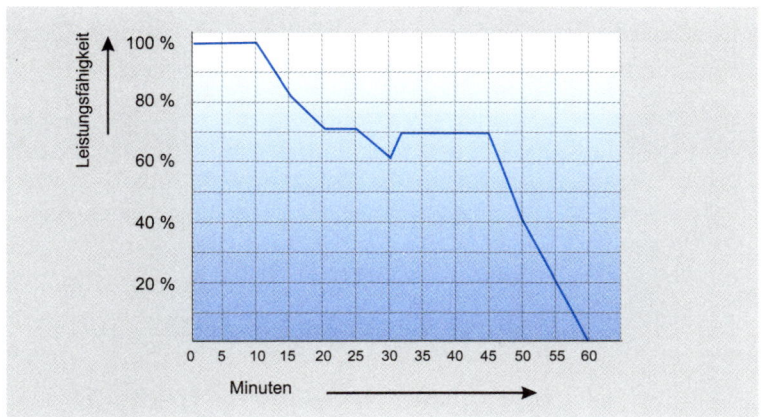

Daraus folgt, so schwer das am Anfang auch fallen mag, als optimaler Arbeitsrhythmus:

- fünfzig Minuten konzentrierte Arbeit, dann
- zehn Minuten Pause (möglichst mit effektiven Regenerationstechniken)

Am Anfang ist es nur deshalb schwer, weil es völlig ungewohnt ist. Und weil Ihr innerer Arbeitsminister Sie gnadenlos weiterschuften lassen will. Doch auch der lässt sich eines Besseren belehren, wenn Sie wiederholt die Erfahrung gemacht haben, wie viel mehr Power und Effizienz Ihnen strategisch sinnvoll eingelegte Pausen geben. Hier geht es also um die richtige Balance zwischen Aktion und Regeneration – die Regeneration, die Sie wieder in Balance bringt.

Damit Sie diese Pausen möglichst optimal nutzen können, hier nun zwölf kurze Regenerationsmöglichkeiten für effizienteres Arbeiten. Wissenschaftlichen Studien zufolge können Sie mit den richtigen Regenerationsmethoden in zehn Minuten nahezu den gleichen Erholungsgrad erreichen wie mit einer Stunde Mittagsschlaf. Für fast alle folgenden Techniken und Übungen empfiehlt es sich, jegliche Störungen von außen abzuschirmen – insbesondere Telefonate und Besucher. Leisten Sie sich möglichst stündlich, sonst wenigstens mehrmals am Tag zehn Minuten Time-out und testen Sie, welcher der Tipps Ihnen am besten hilft, wieder in Balance zu kommen.

Kurzgymnastik und Bewegung

Öffnen Sie das Fenster, um frische Luft und Sauerstoff in den Raum zu lassen, stellen Sie sich vor das Fenster und machen Sie Gymnastik:

- ▶ Starten Sie zum Beispiel mit 10 bis 20 Kniebeugen.
- ▶ Laufen Sie einige Minuten auf der Stelle.
- ▶ Schütteln Sie Arme und Beine, Kopf und Schultern 3 bis 5 Minuten lang aus.
- ▶ Recken und strecken Sie sich und dehnen Sie Ihren Körper.
- ▶ Hüpfen Sie einige Minuten (am besten mit einem Sprungseil).
- ▶ Falls Sie im Büro ein Trimmdichrad, einen Stepper oder Hometrainer haben – dann trainieren Sie 5 bis 10 Minuten.

Und alles ruhig und langsam! Es ist weder erforderlich noch förderlich, dass beziehungsweise wenn Sie ins Schwitzen kommen. Ihren Kreislauf können Sie auch ohne Anstrengung aktivieren – und Sauerstoff tanken genauso!

Schulterrollen

Besonders für Schreibtischarbeiter geeignet, die bei der Arbeit die Schultern unbewusst nach oben ziehen. So können Sie Ihre Schultern wieder entspannen und Schmerzen vorbeugen:

- ▶ Setzen Sie sich aufrecht auf die vordere Stuhlhälfte, die Füße hüftbreit mit der ganzen Sohle am Boden.
- ▶ Mit dem Einatmen ziehen Sie Ihre Schultern *nach oben* bis zu den Ohren, mit dem Ausatmen lassen Sie sie wieder fallen (3-mal wiederholen und kurz entspannen).

▶ Wieder mit dem Einatmen die Schultern *nach hinten* ziehen, bis die Schulterblätter so weit wie möglich zusammenrücken. Mit dem Ausatmen die Schultern ganz nach vorn ziehen, bis Sie spüren, wie Ihr Brustkorb eingeengt wird. (3-mal wiederholen und entspannen.)

▶ Dann die Schultern langsam kreisen lassen. Einige Male rückwärts, dann vorwärts … und entspannen.

(Nach: Doris Burger, Fitness für Gestresste, Seite 87)

Progressive Muskelentspannung

Eine sehr einfache moderne Entspannungsmethode, bei der nacheinander verschiedene Muskelgruppen des Körpers *zunächst angespannt* und nach einigen Sekunden *wieder entspannt* werden. Durch diesen Gegensatz zwischen Anspannung und Entspannung der Muskeln entsteht schnell ein körperliches Wohlbefinden. Und so geht's:

▶ Setzen Sie sich aufrecht auf einen Stuhl, strecken Sie das rechte Bein waagrecht nach vorn, ziehen Sie die Fußspitze Richtung Körper und spannen Sie alle Muskeln des Beins so fest wie möglich an. Halten Sie die Spannung 5 bis 7 Sekunden und entspannen Sie anschließend 15 bis 20 Sekunden. Wiederholen, dann dasselbe 2-mal mit dem linken Bein. Bitte nicht das Weiteratmen vergessen!

▶ Strecken Sie nun den rechten Arm waagrecht nach vorn, ballen Sie die Hand zur Faust, drücken Sie die Schulter nach vorn und spannen Sie den ganzen Arm an. Wieder die Spannung 5 bis 7 Sekunden halten, danach 15 bis 20 Sekunden entspannen. Wiederholen, dann dasselbe 2-mal mit dem linken Arm.

▶ Zum Schluss den ganzen Körper anspannen, indem Sie beide Beine und Arme ausstrecken, die Schultern an die Ohren ziehen und eine feste Grimasse machen. Auch die Bauch- und Pomuskeln anspannen. Spannung 5 bis 7 Sekunden halten, entspannen und gegebenenfalls wiederholen. Bitte ruhig weiteratmen während der Übung.

(Nach: Sabine Schonert-Hirz, Energy, Seite 60–62)

Gehirnhemisphären-Synchronisation

Bei unserer heutigen, überwiegend rationalen Schreibtischarbeit gerät das Zusammenspiel unserer linken (analytisch-verbal arbeitenden) mit der rechten (bildhaft-emotional arbeitenden) Gehirnhälfte schnell aus dem Gleichgewicht. Mit so genannten Hemi-Sync-Übungen lässt sich das balancierte Zusammenwirken schnell wiederherstellen:

▶ Lassen Sie Ihre Augen etwa 30 Sekunden in der Form einer liegenden Acht kreisen.

▶ Führen Sie im Stehen Ihren rechten Ellenbogen auf das linke Knie, das Sie gleichzeitig nach oben ziehen. Dann mit dem linken Ellenbogen zum rechten erhobenen Knie. Wiederholen Sie das 5- bis 7-mal. Da unsere Gehirnhälften die Körperseiten überkreuz ansteuern, werden sie durch diese Bewegungen schnell synchronisiert.

Auftanken bei Alpha-Musik

In unserem Gehirn herrschen verschiedene Frequenzen der Gehirnströme. Im normalen Alltag überwiegen die so genannten Beta-Frequenzen von 15 bis 45 Hertz. In der Regel herrschen im Gehirn 20 bis 22 Hertz, doch je stressiger unsere Arbeit, umso höher die Frequenz – und das Tragische: je höher die Frequenz, desto schlechter unsere Arbeitsfähigkeit. Die optimale Konzentrations- und Aufnahmefähigkeit haben wir aber nicht in der Beta-, sondern in der Alpha-Frequenz von 8 bis 14 Hertz. Und Alpha-Frequenzen lassen sich relativ leicht erzeugen. Sie selbst müssen gar nicht viel dazu beitragen. Da Ihr Gehirn auf

	Wellen	Buchst.	Darstellung	Hertz	Zustand
1	Beta	β		15-45	wach (-erregt)
2	Alpha	α		8-14	entspannt-wach
3	Theta	θ		3,5-7	Schlaf / Tiefen-entspannung
4	Delta	δ		unter 3	Tiefschlaf / Bewusstlosigkeit

Reize von außen mit der Kreation bestimmter Wellenmuster reagiert, können Sie durch entsprechende Musikstücke Alpha-Frequenzen im Gehirn erzeugen. Fünf Minuten genügen schon. Die nachfolgend aufgelisteten Musikstücke eignen sich nachweislich zur Erzeugung von Alpha-Wellen im Gehirn, für einen Zustand, in dem Sie besonders entspannt und aufnahmefähig sind. Sollten Sie zu klassischen Stücken keinen Bezug haben, können Sie auch auf eine Fülle spezieller Entspannungsmusik zurückgreifen – konkrete Empfehlungen sind hier schwierig, es hilft nur ausprobieren.

Johann Sebastian Bach
- Aria zu den Goldberg-Variationen
- Largo aus Konzert für Klavier und Streichorchester Nr. 5 in f-Moll
- Largo aus Konzert für Cembalo solo in F-Dur
- Orchestersuite Nr. 3 in D-Dur (Air)

Arcangelo Corelli
- Alle langsamen Sätze aus Concerti grossi op. 6, Nr. 1–12

Georg Friedrich Händel
- Largo aus Konzert Nr. 3 in D-Dur (Feuerwerksmusik)

Georg Philipp Telemann
- Largo aus Phantasien für Cembalo Nr. 17 in g-Moll
- Largo aus Konzert für Viola, Streicher und Basso continuo in G-Dur

Antonio Vivaldi
- Largo aus »Winter« – Die vier Jahreszeiten
- Largo aus Konzert in D-Dur für Gitarre, Streicher und Basso continuo
- Flautinokonzert in e-Moll, op. 44, Largo

Empfehlung aus der unübersehbaren Zahl der speziellen Entspannungsmusik
- Michael Ramjoué: Desert Dream
- Sandelan: Silence

Kurzmeditation

Meditation ist mittlerweile zu einem viel benutzten und gleichzeitig abgenutzten Schlagwort geworden. Lassen Sie einfach alle Interpretationen beiseite, dann können Sie sich auf das Wesentliche konzentrieren. Worum geht es? Es geht um eine Möglichkeit innezuhalten, bei »sich« zu sein, in Ihren »Innenräumen« kurz aufzutanken, um danach wacher, präsenter und energetischer am Alltagsgeschehen teilzunehmen. Wer meditiert, wird besser arbeiten – auch wenn das Ziel der Meditation nicht (allein) effektivere Arbeit ist. Wer meditiert, praktiziert einen der direktesten Wege, sein ganzes Leben in Balance zu bringen. – Wie funktioniert das? Es gibt die unterschiedlichsten Anleitungen, und vorzugsweise erlernen Sie Ihre Meditationstechnik in einem Kurs, zum Beispiel an der Volkshochschule, bei einem Seminarveranstalter oder in einem Ferienkurs – Hauptsache seriös! »Seriös«? – Es geht nicht um »Weihrauch«, »Emotionen« und »Weltanschauungen«, sondern um das ganz unspektakuläre »Präsentsein« im schon genannten Sinn. Sollten Sie keine Möglichkeit haben, einen Kurs zu besuchen, genügt es:

▶ aufrecht zu *sitzen* (auf einem Stuhl oder einem Kissen am Boden),
▶ am besten *mit geschlossenen Augen*,
▶ langsam *in den Bauch zu atmen* (mit Pausen zwischen Ein- und Ausatmen)
▶ und dabei mit Aufmerksamkeit *den Fluss des Atems zu beobachten* (oder der Musik zu folgen, falls Sie lieber mit einer Meditationsmusik meditieren)

... und zwar vorzugsweise 10 bis 20 Minuten, doch schon 5 Minuten oder gar eine Minute können viel bewirken. Der einzige Weg, dies zu erfahren: Probieren Sie's aus – aber bitte nicht nur einmal, sondern mindestens ein paar Wochen lang. Geben Sie Ihrem Nervensystem eine Chance umzulernen! Danach wird es Sie unterstützen, denn dann hat Ihr ganzer Körper erfahren – und gespeichert –, wie gut es tut zu meditieren!

Ausgleichsatmen

Die »wechselseitige Nasenatmung« ist eine aus dem Yoga stammende Allroundübung, die schnell und anhaltend entspannt und die Nerven beruhigt. Obwohl sie etwas Konzentration fordert (und damit auch fördert), ist sie vom Prinzip her ganz einfach und kostet Sie nur 2 bis 3 Minuten. So geht's:

▶ Setzen Sie sich aufrecht.
▶ Verschließen Sie mit einem Finger das linke Nasenloch und atmen Sie tief durch das rechte ein.
▶ Verschließen Sie jetzt mit einem anderen Finger auch das rechte Nasenloch und halten Sie den Atem 3 bis 6 Sekunden an.
▶ Öffnen Sie nun das linke Nasenloch und atmen Sie langsam und vollständig aus.
▶ Nun atmen Sie durch das linke Nasenloch ein und wiederholen die vorherigen Atemphasen entsprechend (links ein, anhalten, rechts aus, rechts ein ... usw.)
▶ 5 bis 10 solche wechselseitigen Atemzüge genügen für den Anfang. Gegebenenfalls wiederholen Sie diese Übung mehrmals am Tag. (Kurze Zeitinvestition – starke Entspannungswirkung!)

(Nach: Doris Burger, Fitness für Gestresste, Seite 88)

Thymusdrüse aktivieren

Die Thymusdrüse produziert ein Hormon, das unser Wohlbefinden maßgeblich fördert und außerdem unser Immunsystem stärkt. Je aktiver sie ist, umso besser geht es uns. Leider zieht sie sich bei Stress und Anspannung zusammen und stellt ihre Tätigkeit ein. Durch leichtes Klopfen mit den Fingerspitzen auf das Brustbein (etwa auf der Höhe der zweiten Rippe) lässt sie sich aber wieder aktivieren. Schon 15- bis 20-maliges Klopfen genügt. Auch wenn Sie die Wirkung nicht gleich spüren – es hilft. Das ist wissenschaftlich erwiesen – kein »Placebo forte« also!

Eine Minute lächeln

Immer wenn Sie lachen oder lächeln, wird durch die Aktivierung der Lachmuskeln dem Gehirn signalisiert, dass es Ihnen gut geht, und Ihr Gehirn produziert Glückshormone. Je mehr solcher Endorphine Sie im Körper haben, desto besser fühlen Sie sich – und umgekehrt. Eine Minute Lächeln genügt, um Ihre Gemütslage entschieden zu verbessern. Selbst oder gerade wenn Sie ärgerlich sind – so empfiehlt die Managementtrainerin Vera F. Birkenbihl –, sollten Sie sich zwingen, eine Minute zu lächeln. Das mag nur eine unnatürliche Grimasse sein, doch das wiederholte Signal an das Gehirn wirkt! Wenn Sie gerade nicht allein sind, so ziehen Sie sich eben kurz zurück, notfalls auf ein »gewisses Örtchen«; die Möglichkeit dazu besteht fast immer. Nach einer Minute wird es Ihnen wesentlich besser gehen, obwohl die Ursache Ihres Ärgers nicht verschwunden ist. War Ihre Stimmung auf einer Skala von 0 bis 100 vorher bei 20, so steigt sie beispielsweise auf 50 oder von 50 auf 80. Nun können Sie Ihr Problem ausgeglichener angehen. Woran liegt's? Endorphine neutralisieren das »Ärgerhormon« Adrenalin im Körper. – Üben können Sie übrigens auch ohne Ärger, denn Lächeln ist immer gesund. Erwiesenermaßen stärkt Lächeln auf Dauer unser Immunsystem, indem es positiv auf unsere Thymusdrüse wirkt.

Tipp: Den »Turboeffekt« erreichen Sie natürlich, wenn Sie gleichzeitig Ihre Thymusdrüse aktivieren! (Siehe vorherige Übung.)

Kurzschlaftechnik

In den USA wird der Blitzschlaf (Power-Nap oder Power-Napping) in den meisten Unternehmen gefördert. Entscheidend ist dabei, *kurz einzunicken*, die so genannte Alpha- und die Traumphase (REM-Phase) zu durchwandern, *ohne aber in die Tiefschlafphase zu geraten*. Zur Regeneration genügt die Traumphase, in der das Gehirn unter anderem Alpha-Frequenzen erzeugt. Erst beim Übergang in die Tiefschlafphase kommt es zur Ausschüttung des valiumartigen Schlafhormons (das Ihnen für die nächsten Stunden das Gefühl gäbe, als hätten Sie Blei in den Gliedern). Um dies zu vermeiden, gibt es einen bewährten Trick:

▶ Setzen Sie sich bequem auf einen Stuhl oder legen Sie sich auf eine Couch.

▶ Nehmen Sie einen Schlüsselbund in die Hand und lassen diese, mit zum Boden zeigender Handfläche, über den Stuhl- oder Couchrand hängen.

▶ Nun können Sie ohne Bedenken einnicken.

▶ Nachdem Sie die Alpha- und die Traumphase durchwandert haben, werden Sie immer mehr entspannen.

▶ Kurz vor Eintritt in die Tiefschlafphase erreichen Sie die maximale Entspannung, sodass Ihnen der Schlüssel aus der Hand fällt und Sie durch dessen Aufprall auf dem Boden aufwachen. (Sollte der Boden nicht hart sein, stellen Sie einfach einen großen Teller unter Ihre Hand.)

▶ So vermeiden Sie die Ausschüttung des Schlafhormons und sind sofort wieder topfit und ansprechbar.

Tipp: Diese Technik ist am besten geeignet, wenn Sie sowieso schon mit dem Schlaf ringen, also sehr schnell einschlafen werden.

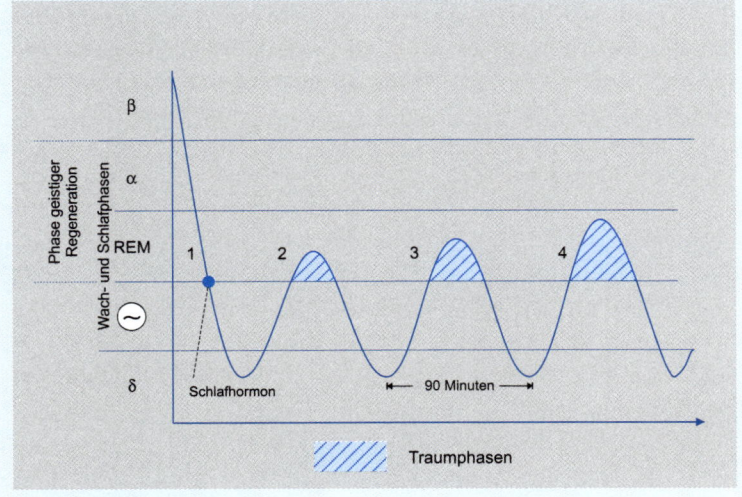

Die Walkingpause

Machen Sie in der Mittagspause einen Spaziergang von 10 Minuten, möglichst flott, gegebenenfalls auch als richtiges Walking oder sachtes Jogging. Dies ist viel belebender, als in der Firmenkantine bei schlechter Luft den fünften Kaffee des Tages zu trinken. In manchen Unternehmen finden sich mittägliche Walking- oder Jogging-Zirkel zusammen. Eine gute Idee für alle, denen es allein schwer fällt, ihren inneren Schweinehund zu überwinden. – Natürlich können Sie eine Walkingpause auch sonst »einschieben«, denn schon 5 Minuten an der frischen Luft bringen viel!

Call a Massage

Die Zahl mobiler Massagedienste, die ins Haus oder ins Büro kommen, wächst mittlerweile auch bei uns, genauso wie die Unternehmen, die mobile Masseure engagieren. In nur 20 Minuten werden Ihre Verspannungen in Hals, Nacken und Armen gelöst, während Sie bekleidet auf dem Spezialstuhl knien, den der Masseur mitbringt. Diese »Instant-Entspannung« regt außerdem Ihre Durchblutung an, normalisiert Ihren Blutdruck und bewirkt im Gehirn die Ausschüttung von Endorphinen, die unter anderem Ihre Stresshormone neutralisieren. Eine Investition, die sich allemal lohnt!

Tipp: 20 Minuten Massage kosten in der Regel 15 bis 20 Euro nebst Anfahrtskosten. Bilden Sie daher »Massagegemeinschaften«, bei denen sich mehrere Mitarbeiter nacheinander massieren lassen – und sich die Anfahrtskosten teilen. Adressen hierzu finden Sie unter www.jobfit-online.de oder in Ihrem lokalen Branchenverzeichnis.

Natürlich gibt es noch viele weitere Regenerationsmöglichkeiten, um während der Arbeit wieder schnell fit zu werden. Gute Tipps finden Sie unter anderem in den Büchern »Energy« von Dr. Sabine Schonert-Hirz und »Fitness für Gestresste« von Doris Burger. Einzig entscheidend ist, dass Sie experimentieren und die Erfahrung machen, was Ihnen persönlich am besten hilft, Ihre Lebensbalance bei Ihrer Arbeit wiederherzustellen. Und bitte vergessen Sie nicht:

> Zehn Minuten sind wohl mehr als fünf,
> doch auch nur eine Minute ist besser als keine!

3. Ständige Weiterbildung

Wer aufgehört hat zu lernen, hat aufgehört, besser zu werden. Früher mag nach einmal erlerntem Beruf die Weiterbildung Hobby oder gar Luxus gewesen sein, im heutigen Informationszeitalter ist sie beruflich gesehen fast überlebensnotwendig. Aufgrund der rasanten Weiterentwicklung der Technologie und des Wissens ist jemand, der heute nicht weiterlernt, morgen nicht mehr up-to-date und damit schnell »out«. Know-how ist zum maßgeblichen Erfolgsfaktor geworden und mittlerweile (wie Zeit) fast mehr wert als Geld. Doch im Unterschied zu Zeit lässt sich Wissen kaufen, und im Unterschied zu Geld kann Ihnen einmal erworbenes Wissen niemand mehr nehmen! Hinzu kommt ein weiterer Vorteil: Noch nie gab es so viele verschiedene und so leicht zugängliche Möglichkeiten zur Weiterbildung wie heute:

- Bücher
- Kassetten
- CDs
- Videos
- Computer-based-Training
- Internet
- Seminare
- Fernstudien

Zeit und Geld für Weiterbildung aufzubringen, ist eine der besten Investitionen, die Sie beruflich tätigen können, und zwar in drei Bereichen:

Fachspezifische Fortbildung

Hierbei geht es um eine *Spezialisierung in Ihrem Berufsbereich*. Wenn sich beispielsweise ein Orthopäde auf Knieverletzungen spezialisiert oder ein Marketingleiter eine Fortbildung im Key-Account-Management macht. Diese Weiterbildung geht *in die Tiefe* und ermöglicht Ihnen, mit der Zeit Spezialistenstatus zu erwerben. Welche entsprechenden Fortbildungsmöglichkeiten könnten Sie in den nächsten drei Jahren wahrnehmen?

Meine fachspezifischen Fortbildungsmöglichkeiten in den nächsten drei Jahren sind:

Berufsergänzende Fähigkeiten

Um heute beruflich erfolgreich zu sein, genügt es nicht, nur gutes Fachwissen zu haben, vielmehr benötigt man etliche andere *berufsübergreifende Fertigkeiten*, um mit seinem Fachwissen bestmöglich agieren zu können. Hierzu gehören vor allem: soziale Kompetenz und Kommunikationsgeschick, Rhetorik und Präsentationstechniken, Zeit- und Selbstmanagement, Teambildungs- und Führungskompetenzen, Computerkenntnisse und Marketing-Know-how usw. Je breiter Ihre Palette, umso deutlicher werden Sie sich von Ihren Mitbewerbern unterscheiden und diese nicht nur bei Bewerbungen überholen.

Diese Weiterbildung geht also *in die Breite* und ergänzt Ihr fachspezifisches Wissen um notwendige berufsübergreifende Fähigkeiten. Was könnten Sie in Zukunft für Ihre beruflichen Skills tun?

> **Meine berufsergänzenden Fortbildungsmöglichkeiten in den nächsten drei Jahren sind:**

Das Ausland nicht vergessen!

In einer Zeit der Globalisierung, Internationalisierung und weltweiten Vernetzung werden *Fremdsprachen und interkulturelle Kommunikationsfähigkeiten* zu einem entscheidenden persönlichen Wettbewerbsvorteil. Auch hier sind der Weiterbildung keine Grenzen gesetzt, ob im Rahmen eines längeren Auslandsaufenthalts, eines Ferienkurses in England oder nur eines fortlaufenden Abendkurses vor Ort. Internationalität wird immer mehr zu einem der maßgeblichen Erfolgsfaktoren der Zukunft. Umso wichtiger, mit seinen Nachbarn nicht nur zu sprechen, sondern auch ihre Kultur verstehen und respektieren zu lernen. Ohne gegenseitige Achtung werden Sie keine guten Geschäfte machen. Welches Fortbildungsinvestment kommt hier für Sie infrage?

Meine auslandsbezogenen Fortbildungsmöglichkeiten in den nächsten drei Jahren sind:

Und damit es nicht beim Vorsatz bleibt, sondern daraus Wirklichkeit wird, nehmen Sie diese Vorhaben in Ihre Perioden- und Jahresplanung des 6. und 5. Zeithorizonts auf (siehe Teil 6, ab Seite 209). Nur durch rechtzeitige Planung werden Sie die nötigen Zeitreserven dafür schaffen können.

4. Finanzmanagement

Nachdem sich Franz N. nach Abschluss seines Studiums im Jahr 1996 mit einer eigenen Werbeagentur selbständig gemacht hatte, lebte er in Saus und Braus. Das meinte er sich bei einem Jahreseinkommen von über hundertfünfzigtausend Mark (also heute rund fünfundsiebzigtausend Euro) auch leisten zu können. Seine Anzüge waren vom Feinsten, er speiste in den besten Lokalen, wo er Freunde und Bekannte großzügig freihielt, machte teure Reisen und fuhr den neuesten Porsche. Den musste ja auch nicht er bezahlen, sondern seine Leasingfirma. Seinen Dispokredit von fünfzigtausend Mark hatte er schnell überzogen, doch das sorgte ihn nicht weiter, da er noch über diverse Kreditkarten verfügte. Immer wieder gelang es ihm, neue Kredite zu beschaffen. Im Jahr 2002 gingen die Aufträge rapide zurück, seine

Schulden betrugen mittlerweile über sechzigtausend Euro, und als das Finanzamt eine Steuernachzahlung von fünfzigtausend Euro und entsprechende Vorauszahlungen forderte, war Franz finanziell am Ende. – Das musste ja so kommen! Musste es das? Bei diesem Finanzmanagement sicher! Interessanterweise war es seiner Studienkollegin Michaela T. bei einem vergleichbaren Einkommen als PR-Beraterin in dieser Zeit gelungen, nicht nur Schulden zu vermeiden, sondern gleichzeitig ein kleines Vermögen von knapp fünfzigtausend Euro zu erwirtschaften. Auch sie hatte ihren Lebensstandard gegenüber den Studienzeiten erheblich verbessert, dennoch war es ihr nicht schwer gefallen, als noch allein stehende Frau monatlich siebenhundertfünfzig Euro – gut verzinst – anzulegen und gleichzeitig noch Rücklagen für das Finanzamt zu bilden. Auch sie wurde von der Wirtschaftsrezession getroffen, doch hatte sie vorgesorgt und musste lediglich den Wohlstandsgürtel etwas enger schnallen, um ihre Reserven nicht anzutasten. – Michaela T. war anscheinend nicht nur ein PR-Profi, sondern ebenso eine gute Finanzmanagerin in eigenen Angelegenheiten.

Gesundes Finanzmanagement schafft eine gute Balance zwischen den Ausgaben für unser Wohlergehen in der Gegenwart und der Geldanlage für eine finanziell möglichst sorgenfreie Zukunft. Fehler im Umgang mit unseren Finanzen können unser ganzes Leben in kurzer Zeit aus der Balance bringen. Hier nun die sieben wichtigsten Bausteine des persönlichen Finanzmanagements:

a) Finanz-Know-how aneignen
b) Fehleinstellungen zum Thema Geld aufgeben
c) Aus der Schuldenfalle kommen
d) Finanztransparenz schaffen
e) Das Einmaleins der Vermögensbildung erlernen
f) Die Schritte der Finanzplanung befolgen
g) Die Wohlstandstorte mit anderen teilen

a) Finanz-Know-how aneignen

> »Nicht hohe Renditen auf Ihr Kapital oder ein üppiges Gehalt
> sind die Schlüssel in die finanzielle Unabhängigkeit.
> Viel wichtiger ist das Wissen um die Funktionsweisen
> des Sparens und der Vermögensbildung.«
> Matthias Uelschen

Die wenigsten von uns haben von den Eltern oder in der Schule die Grundprinzipien persönlichen Finanzmanagements gelernt. Die meisten leben, was den Umgang mit Geld betrifft, mit rudimentären Kenntnissen. Viele wissen wohl, dass es besser ist, etwas zu sparen, als alles sofort wieder auszugeben. Doch einerseits bewahrt das nicht vor unvernünftigen Ausgaben im Alltag, und andererseits wissen etliche nicht, *wie viel* Geld zu sparen erforderlich ist, *wofür* und *auf welche Weise*. Natürlich: Dafür gibt es die Kundenberater bei der Bank. Für Spezialfragen mag das durchaus richtig sein. Doch wenn Sie Ihr Lebensschiff eigenverantwortlich steuern wollen, dann ist es nötig, sich selbst mit den Grundprinzipien vertraut zu machen. Ganz abgesehen davon, dass ein Berater vornehmlich die Interessen seiner Bank wahrnimmt und nicht (immer) primär die Ihrigen. Und selbst wenn Sie einen persönlichen Finanzberater haben: Über ein Basis-Finanzwissen sollten Sie dennoch verfügen!

Keine Sorge! Der Zugang zu diesem Wissen ist nicht wie früher mit einem komplizierten und Zeit raubenden Studium der Finanzwirtschaft verbunden. Die Lektüre eines der vielen *Ratgeberbücher* zu diesem Thema wird Ihnen in kurzer Zeit auf verständliche und oft zugleich unterhaltsame Weise das nötige Know-how vermitteln. Ob Sie hierbei ein Buch von André Kostolany, Bodo Schäfer oder Matthias Uelschen wählen (siehe Literaturhinweise), bleibt Ihnen überlassen, Hauptsache, Sie lesen es! Keine Zeit? Sie wissen schon, wie's geht: Dreihundert

Seiten auf zwei Monate verteilt, macht täglich fünf Seiten, also etwa fünfzehn Minuten, die sich nicht nur finanziell allemal amortisieren. – Alternativ, oder besser noch zusätzlich, können Sie ein *Seminar* zum Thema Finanzen besuchen. So erlangen Sie in gebündelter Form, interaktiv und praxisbezogen in wenigen Tagen die wichtigsten Finanzkenntnisse (Informationen und Adressen hierzu finden Sie im Anhang). Seien Sie versichert: Durch ein solches Buch oder Seminar wird sich Ihr Umgang mit Geld – und damit Ihre finanzielle Situation – höchstwahrscheinlich entscheidend verändern!

Die folgenden Ausführungen können und wollen keinesfalls ein Finanzratgeberbuch oder -seminar ersetzen, sondern nur einige der wichtigsten Prinzipien aufzeigen.

b) Fehleinstellungen zum Thema Geld aufgeben

Nach einer Umfrage des Allensbacher Instituts betrachten achtzig Prozent der Deutschen Geld als das Wichtigste für ein glückliches Leben. Zu Recht nimmt Werner Tiki Küstenmacher in seinem Bestseller »simplify your life« hierzu mit dem Kommentar Stellung: »Der Satz ›Wenn ich erst einmal reich bin, dann bin ich glücklich!‹ macht in aller Regel unglücklich. Wenn Sie jetzt unglücklich sind und darauf hoffen, durch mehr Geld glücklicher zu werden, dann hoffen Sie vergebens. (…) Der Schlüssel zum Glück liegt vielmehr darin, das Erreichte genießen zu können.« Geld ist also kein Garant für persönliches Glück, sondern allenfalls ein Mittel, um unser Leben sicherer und freier zu gestalten.

Doch genauso, wie es verfehlt ist, Geld zu idealisieren, ist es schädlich, Reichtum zu verteufeln. Nicht wenige leben (bewusst oder unbewusst) mit einer der folgenden Einstellungen:

- »Geld verdirbt den Charakter.«
- »Wer zu Geld kommt, verliert seine Freunde.«
- »Reichtum schafft nur Sorgen und Probleme.«
- »Viel Geld macht faul und dekadent.«
- »Reichtum ist ungerecht.« usw.

Diese Aussagen mögen allenfalls dann zutreffen, wenn Geld oder Reichtum zum Wichtigsten im Leben eines Menschen werden. In ihrer Pauschalierung sind sie jedoch völlig verfehlt und hindern uns, auf sinnvolle Weise für eine gewisse finanzielle Sicherheit und Unabhängigkeit in unserem Leben zu sorgen. Sind Ihnen ähnliche Gedanken vertraut? Dann werfen Sie sie über Bord! Je verantwortungsvoller Sie mit Geld umgehen, umso mehr können Sie damit nicht nur zu Ihrem, sondern auch zum Wohl anderer beitragen!

c) Aus der Schuldenfalle kommen
Schulden sind der direkteste Weg in den finanziellen Ruin. Ausgenommen sind wertmäßig abgesicherte Kreditaufnahmen beim Immobilienkauf oder für Firmeninvestitionen. Für alle sonstigen so genannten Konsumkredite finden Sie bei allen Finanzratgebern nur zwei sinnvolle Regeln. Regel Nummer 1: Schulden vermeiden, und Regel Nummer 2: Schulden unverzüglich abbauen, wenn Sie sie bisher nicht verhindert haben!

■ **Vermeiden Sie Konsumschulden!** – Kaufen Sie möglichst nicht auf Pump! Weder Ihre Wohnzimmereinrichtung noch Ihre Musikanlage noch Ihr Auto. So verführerisch es sein mag und so harmlos es vielleicht erscheint, zumal es so viele um Sie herum auch tun! Sie erwerben und *konsumieren heute* etwas, was Sie mit Ihrem Verdienst von *morgen bezahlen*. Wenn Sie später die Schulden tilgen, ist die Freude der Anfangsphase meist bereits verflogen und die betreffende Sache gehört schon zum gewohnten Inventar. Noch viel schlimmer ist es, wenn sich die Konsumkredite kumulieren und Sie diese plötzlich nicht mehr bedienen können. Ein Verkauf ist meist gar nicht oder nur unter erheblichem Wertverlust möglich. Zur Schuldenvermeidung dienen am besten folgende drei Maximen:

– *Konsumieren Sie nur mit vorhandenem Geld!*
– *Vorsicht mit Scheckkarten und Kreditkarten!* Wer nicht mit Bargeld bezahlt, gibt statistisch doppelt so viel Geld aus. Natürlich mag es praktisch erscheinen, wenig Bargeld mit sich zu führen oder mit seiner Lufthansa-/Visacard Prämienmeilen zu sammeln – und abgebucht wird ja erst vier Wochen später! Genau darin liegt das Verführerische. Nur zu unterschreiben tut viel weniger »weh«, als Bargeld hinzublättern, doch verliert man viel schneller den Überblick.
– *Reduzieren Sie Ihre Überziehungskredite!* Erfahrungsgemäß werden Kontokorrentkredite fast immer ausgeschöpft, obwohl man an Zinsen und Überziehungsprovision fast doppelt so viel zahlt wie für einen Festkredit. Doch besser noch als reduzieren: gar keinen Kredit beanspruchen! Im Gegenteil: Versuchen Sie, auf Ihrem Konto ein konstantes Guthaben von zwei- bis dreitausend Euro zu halten. Der Zinsverlust dafür ist minimal im Vergleich zu den Überziehungszinsen. – Abgesehen davon ist das Gefühl, Geld auf dem Konto zu haben, viel angenehmer, als ständig im Minus zu lavieren!

■ **Beginnen Sie so schnell wie möglich, Ihre Schulden abzubauen!** Der Weg aus dem »Schuldturm« besteht aus vier Schritten:
– *Wachen Sie auf und stellen Sie sich der Realität!* Durchbrechen Sie die Gewöhnung an ständig wachsende Schulden! – Gestehen Sie sich und nahe stehenden Personen Ihre Überschuldung ein und ziehen Sie Ihren Bankberater ins Vertrauen.
– *Erarbeiten Sie einen realistischen Tilgungsplan!* Unter Berücksichtigung aller Ihnen noch zustehenden Forderungen gegen Dritte, Ihrer Einnahmen und notwendigen Ausgaben ermitteln Sie, wie viel Ihnen monatlich potenziell zur Schuldentilgung übrig bleibt. Nun *folgen Sie der 50/50-Regel*, die der Finanzcoach Bodo Schäfer empfiehlt. Nehmen Sie nur die

Hälfte des Geldes, das Sie erübrigen können, um Ihre Schulden zu bezahlen, und sparen Sie die andere Hälfte (ohne dass jemand etwas davon weiß)! Zwar brauchen Sie so doppelt so lange zur Schuldentilgung, bauen aber parallel dazu Ihr persönliches Vermögen auf. Und falls Sie Ihre Einnahmen steigern, geht es noch schneller – in beiden Richtungen!

– *Schnallen Sie vorübergehend Ihren Gürtel enger!* Verzichten Sie auf alle Ausgaben, die nicht unbedingt erforderlich sind. Machen Sie Sparen zu einem Sport! Fahren Sie mit den öffentlichen Verkehrsmitteln statt mit dem Taxi – vielleicht kommen Sie sogar ein paar Jahre ohne Auto aus! Reduzieren Sie Ihre Restaurantbesuche quantitativ und qualitativ – zumindest was die Anzahl der Sterne betrifft. Entdecken Sie wieder die Unmittelbarkeit und die Kreativität des einfachen Lebens – und vielleicht gleichzeitig, dass Spaß am Leben unabhängig von Luxus ist! Das Licht am Ende des Tunnels: alles nur vorübergehend! Doch Sie lernen viel dabei!

– *Lernen Sie Ihre Lektion!* Damit Sie nie wieder in die Schuldenfalle geraten! Zu dieser Lektion kann auch gehören, dass Fehler im Leben oft durchaus sinnvoll sind und wir aus allem lernen können. Nur eines sollte man vermeiden: denselben Fehler zweimal zu begehen!

d) Finanztransparenz schaffen
Notieren Sie Ihre Ausgaben! Nur so bekommen Sie Klarheit über Ihren monatlichen Finanzbedarf. Das mag Ihnen am Anfang lästig und mühsam erscheinen, doch je mehr es zur Routine wird, umso leichter geht es. Neben der Transparenz Ihrer Finanzlage, die Sie dadurch erlangen, hat dies noch den Effekt, dass Ihnen das Geldausgeben bewusster wird und Sie auf diese Weise vielleicht von manch unnötigen Spontankäufen Abstand nehmen.

Ermitteln Sie: *1. Ihre monatlichen Einnahmen, 2. Ihren monatlichen Mindestbedarf und 3. den Ihnen verbleibenden Rest.* Und genau dieser Rest ist es, der einem in der Regel zwischen den

Fingern zerrinnt, wenn seine Verwendung nicht bewusst geplant wird: zum Teil für den gegenwärtigen Wohlstand, zum Teil zur Vermögensbildung für die Zukunft.

e) Das Einmaleins der Vermögensbildung erlernen
Sieht man Vermögensbildung als Glück an, dann gilt die Weisheit Benjamin Franklins:

> »Es gibt zwei Wege, um glücklich zu sein:
> Wir verringern unsere Wünsche oder vergrößern unsere Mittel.
> Beides führt zum Ziel. (...)
> Aber wenn du weise bist, wirst du beides gleichzeitig tun.«

Mit anderen Worten: Wir haben zwei Hebel, Vermögen zu bilden: unsere Bedürfnisse und Ausgaben senken oder unsere Einnahmen erhöhen, und am besten betätigen wir beide – doch der Entscheidende ist immer ersterer! Alle Einnahmensteigerung nützt nichts, wenn das auf der einen Seite vermehrt zufließende Geld auf der anderen Seite im gleichen Maß abfließt! Und das lehrt leider die Erfahrung: Je mehr wir verdienen, desto mehr geben wir aus – meist ohne es zu merken (und häufig auch, ohne wirklich zufriedener zu leben!). *Vermögen bilden Sie also nicht durch erhöhte Einnahmen, sondern einzig durch das Geld, das Sie sparen!*

Die Grundlagen der Vermögensbildung finden Sie ebenfalls in den bereits erwähnten Finanzratgebern (siehe Literaturverzeichnis). Die wichtigsten Prinzipien sind:

■ **Trennen Sie strikt berufliche und private Finanzen.** *Zahlen Sie sich, wenn Sie selbständig sind, jeden Monat ein festes Gehalt.* Nur so können Sie lernen, monatlich mit einem bestimmten Betrag auszukommen, und gewöhnen sich nicht in »florierenden« Perioden an einen Lebensstandard, den Sie in »mageren« Zeiten allenfalls mit Krediten aufrechterhalten können.

■ **Sparen Sie immer am Monatsanfang einen festen Betrag.** Wer nicht am Anfang etwas beiseite legt, wird am Monatsende in der Regel nichts zum Sparen übrig haben. Was aber nicht mehr da ist, wird auch nicht ausgegeben. Sparen Sie *mindestens zehn Prozent Ihres Einkommens*, denn erfahrungsgemäß kommen Sie mit neunzig Prozent genauso gut aus wie mit hundert. Lassen Sie also von Ihrem Girokonto zehn Prozent Ihres monatlichen Gehalts per Dauerauftrag auf ein Spar- oder Investmentkonto überweisen. Wie viel Vermögen Sie damit unter Ausnutzung des Zinseszinseffekts allein in zwanzig Jahren bilden können, zeigt Ihnen beispielhaft die folgende Tabelle.

Wenn Sie monatlich einen Betrag sparen von:	Dann haben Sie nach 20 Jahren bei einer Anlagerendite von:			
	3 %	5 %	7 %	10 %
100 Euro	32 912	41 275	52 397	76 570
300 Euro	98 737	123 824	157 190	229 709
500 Euro	154 561	206 373	261 983	382 848
700 Euro	230 386	288 922	366 776	535 988
1000 Euro	329 123	412 746	523 965	765 697

Übrigens: Wer statt zu rauchen die rechnerische Ersparnis von drei Euro (bei einer Packung täglich) vom achtzehnten Lebensjahr an anlegen würde, hätte bei einer Rendite von acht Prozent mit seinem fünfundsechzigsten Lebensjahr allein hieraus ein Vermögen von über einer halben Million Euro – genauer: fünfhundertsiebzehntausendundvierhundertfünfzehn Euro – erlangt!

■ **Die Hälfte jeder Gehaltserhöhung investieren Sie in Ihre Vermögensbildung.** Sonst erhöht sich nur Ihr Lebensstandard, ohne dass Ihnen mehr Geld übrig bleibt. Und die übrige Hälfte kann getrost Ihr heutiges Leben »bereichern«.

■ **Schöpfen Sie alle sonstigen Sparmöglichkeiten aus.** Schließen Sie insbesondere all die Löcher, durch die Ihr Geld unnötig versickert: Durchforsten Sie Ihre Versicherungspolicen nach überflüssig oder doppelt abgesicherten Risiken, vergleichen Sie wiederholt die so unterschiedlichen Tarife der Telefon- und Internetprovider, achten Sie vor allem als Vielfahrer beim Autokauf auf den Spritverbrauch und, am allerwichtigsten, zahlen Sie keine vermeidbaren Steuern. Hier lohnt sich auf alle Fälle die Hilfe eines Fachmanns. Was Sie in einen versierten Steuerberater investieren, holen Sie in der Regel um ein Vielfaches vom Finanzamt zurück.

■ **Machen Sie eine persönliche Finanzplanung.** Am besten unter Hinzuziehung eines persönlichen Finanzberaters, ansonsten mit einer Finanzplanungssoftware (Hinweise dazu finden Sie im Anhang, auf Seite 249). Hierbei empfiehlt sich folgende Vorgehensweise:

f) Die Schritte der Finanzplanung befolgen
Jede Finanzplanung enthält den Dreischritt: *Zieldefinition*, *Soll-Ist-Vergleich* und *konkrete Anlageplanung*. Mit verschiedenen Unterschritten kann Ihnen das Thema natürlich auch als Fünf-, Sieben- oder Zehn-Schritte-Konzept begegnen. Am Ergebnis ändert dies für Sie nichts.

■ **Zieldefinition.** Am Anfang bestimmen Sie Ihre Sicherheits- und Ihre Wohlstandsziele:

– *Sicherheitsziel 1:* Vorsorge für den Fall des Todes oder einer Berufsunfähigkeit. Dieses Risiko kann beispielsweise durch eine Risikolebensversicherung mit Berufsunfähigkeitsschutz abgesichert werden.

– *Sicherheitsziel 2:* Eigenkapitalreichweite. Wie lange können Sie sich aus eigenen Mitteln über Wasser halten, wenn von heute auf morgen Ihre Einnahmen wegfallen (beispielsweise weil der Markt in Ihrer Branche zusammenbricht)? Sie sollten über Liquiditätsreserven von mindestens drei, besser sechs und idealerweise zwölf Monaten verfügen!

– Bei Ihren *Wohlstandszielen* geht es um die finanzielle Unabhängigkeit von Ihrer Arbeitskraft im Ruhestand, egal ob Sie diesen erst mit fünfundsechzig oder schon mit fünfundfünfzig oder gar fünfundvierzig antreten wollen. Zu den Wohlstandszielen kann natürlich auch der Bau einer Walmdachvilla oder der Erwerb einer Hochseejacht gehören.

■ Durch den **Soll-Ist-Vergleich** ermitteln Sie, wie weit der Weg zu Ihren Zielen ist:

– Ermitteln Sie durch eine *Bestandsaufnahme* alle schon getroffenen Anlageentscheidungen und bestehenden Vorsorgezusagen: Sparbücher, Wertpapiere, Aktien, Immobilien, allgemeine Vermögenswerte, Pensionszusagen, Rentenansprüche, Lebensversicherungen usw.

– Die *Hochrechnung* ergibt, wie Ihre Vermögenssituation beispielsweise im fünfundfünfzigsten oder fünfundsechzigsten Lebensjahr aussieht. Dazu werden die ermittelten Vermögensanlagen und Rentenzusagen in die Zukunft projiziert, allerdings unter Berücksichtigung des inflationsbedingten Wertverlusts und steuerlicher Auswirkungen (soweit vorhersehbar). Hierbei ist die Anwendung eines Rechenprogramms unerlässlich.

– Aus dem *Vergleich* ergibt sich ein *Optimierungsbedarf*, der auf zwei Wegen gedeckt werden kann: Entweder *quantitativ* – Sie erhöhen Ihren Sparbetrag (zum Beispiel durch die zusätzliche Anlage von dreihundert Euro monatlich). Oder *qualitativ* – Sie wechseln von einer ungünstigen Anlage zu einem Investment mit besserer Rendite (zum Beispiel von einem steuerpflichtigen Sparbrief mit vier Prozent Zins pro Jahr zu einem steuerbegünstigten Immobilienfonds mit acht Prozent Rendite pro Jahr). Und damit sind Sie auch schon beim dritten Schritt:

■ Bei der **Anlagenplanung** entscheiden Sie über die wirtschaftlich sinnvollste Zusammensetzung Ihres Investmentportfolios. Die wichtigsten Kriterien sind:

– Die Höhe der *Rendite*.

– Das mit der Anlage verbundene *Risiko* (so erzielen Sie mit Aktien in der Regel eine wesentlich höhere Rendite als mit Sparbriefen, doch ist das Risiko, wie die Entwicklung der Jahre 2001/2002 gezeigt hat, auch wesentlich höher).

– Die Frage der *Verfügbarkeit*. Muss Ihnen das Geld in den nächsten Jahren zweckgebunden zur Verfügung stehen oder kann es zur langfristigen Vermögensbildung verwendet werden?

– Die Frage der *Steuerbegünstigung*. Ein »Pflichtbaustein« der Vermögensbildung ist in Deutschland insbesondere die betriebliche Altersvorsorge – zum Beispiel durch die steuerbegünstigte Gehaltsumwandlung mit Direktversicherung (bei gleichzeitig hoher Rendite!).

– Das Thema *Inflationsschutz*, ein häufig unterschätzter Gesichtspunkt. Nach offiziellen Angaben beträgt die Inflation derzeit etwa drei Prozent. Damit würde die Kaufkraft von tausend Euro in spätestens vierundzwanzig Jahren auf fünfhundert Euro sinken. Sie hätten zwar nach wie vor zehn Hundert-Euro-Scheine in der Hand, würden aber nur noch die Hälfte dafür bekommen! – Bei Anlagen ohne Inflationsschutz können die erzielten Zinsen durch Geldentwertung und Steuerabgaben leicht verloren gehen.

– *Persönliche Präferenzen*. In jedem Finanzratgeber finden Sie Rechenbeispiele, die Ihnen zeigen, dass zur Miete zu wohnen derzeit viel günstiger ist, als eine Eigentumswohnung oder ein Eigenheim zu finanzieren. Doch kann das Gefühl, in den eigenen vier Wänden zu wohnen oder die eigene Scholle zu bebauen, für Sie wichtiger sein als der rein wirtschaftliche Vorteil. Ihre Anlageentscheidung wird also nicht ausschließlich unter finanziellen Gesichtspunkten erfolgen.

Solange Sie Ihr definiertes Finanzziel dennoch erreichen, ist das völlig in Ordnung.

Der folgenden Tabelle können Sie entnehmen, wie sich die genannten Kriterien bei den wichtigsten Anlagemöglichkeiten auswirken.

Anlageform	Rendite	Risiko	Kurzfristige Verfügbarkeit	Steuerbegünstigt	Inflationsschutz
Festgeld, Sparbuch, Sparbriefe, Bausparverträge, festverzinsliche Wertpapiere, Geldmarktfonds, Rentenfonds	2–4 %	gering	ja	nein	nein
Kapitallebensversicherung	3–6 %	gering	nein	ja	nein
Medienfonds, Leasingfonds, Windkraftfonds, Schiffsbeteiligungen, stille Beteiligungen	bis 15 %	mittel bis hoch	nein	ja	nein
Immobilienfonds	bis 10 %	mittel	nein	ja	ja
Aktien, Aktienfonds, aktienfondsgebundene Kapitallebensversicherung	bis 12 %	hoch	ja, ggf. nur mit Verlust	ja	ja

g) Die Wohlstandstorte mit anderen teilen

Wohlstand und Reichtum bringen Verantwortung mit sich, sowohl uns als auch anderen gegenüber. Wir sind keine Einzelwesen, sondern Gemeinwesen, die in einer vernetzten Welt auf

die eine oder andere Weise miteinander verbunden sind. Solange es Menschen um mich herum schlecht geht, werde ich
meinen Wohlstand nicht wirklich glücklich genießen können –
es sei denn, ich gebe einen Teil meiner »Torte« an andere ab!

Wer sich nur um sich selbst kümmert – der verkümmert!

Von unserem Wohlstand abzugeben hilft nicht nur den ande-
ren, sondern bringt auch uns selbst Vorteile:
- Es gibt uns das Gefühl, etwas Sinnvolles zu tun und zu
helfen.
- Wir fühlen unseren eigenen Reichtum.
- Wir äußern unsere Dankbarkeit dafür, dass es uns so gut
geht.
- Es kann unseren positiven Bezug zu Geld verstärken.
- Es fördert unsere innere Unabhängigkeit vom Geld.
- Je mehr wir geben, desto mehr fließt zu uns zurück.

So eigenartig dies erscheinen mag, es ist ein Naturgesetz: Wer
Reichtum ernten will, muss Reichtum säen. Und zwar nicht
erst, wenn er zu Reichtum gekommen ist. Mit den Worten von
Napoleon Hill gilt:

**»Glücklich ist derjenige, der gelernt hat,
dass der sicherste Weg, um Geld zu bekommen,
der ist, zuerst einmal Geld zu geben.«**

Natürlich werden Sie am Anfang weniger geben. Doch fast alle
reichen *und* glücklichen Menschen haben zu allen Zeiten von
ihrem Reichtum abgegeben!

- **Wie viel?** So viel Sie für angemessen und richtig halten und
entbehren können. Auch hier geht es um eine gesunde Balance
zwischen dem, was ich mir selbst gönne, und dem, was ich an-

deren zukommen lasse. Nach dem Alten Testament sollte man den zehnten Teil seiner Einnahmen für diejenigen geben, die weniger haben. Und viele Menschen haben die Erfahrung gemacht: Wer den Zehnten spendet, hat keine finanziellen Sorgen mehr. Wie auch immer man das erklären mag, es gibt nur einen Weg, die Wahrheit dieser Aussage herauszufinden: Probieren Sie es aus! – Wer Kirchensteuer zahlt, mag diesen Betrag abziehen, wenn er meint. Und wer aus der Kirche ausgetreten ist, könnte als Mindestsumme die gesparte Steuer spenden!

■ **An wen?** Bedürftige zu finden ist heute (leider) nicht schwer. Schwierig ist aber die Entscheidung, wem man als Erstes helfen soll. Ob Organisation oder Einzelperson – folgen Sie der Stimme Ihres Herzens. Doch vergewissern Sie sich in jedem Fall, dass bei Spenden an Organisationen Ihr Geld auch wirklich bei den Bedürftigen ankommt und nicht die Motorjacht eines zwischengeschalteten Funktionärs mitfinanziert!

Teil 3

Familie und Kontakte

Ohne die »Wir-AG« geht langfristig jede »Ich-AG« in Konkurs.

nach Florian Langenscheidt

Sieben einsam machende Mythen

MYTHOS 1
»DER PARTNER GEHÖRT ZUM LEBENSINVENTAR«

Bei manchen Paaren kann man tatsächlich den Eindruck gewinnen, der Partner sei Teil des Inventars: erst umworben, dann (oft mit den Kosten der Hochzeitsfeierlichkeiten) erworben und mit der Zeit »abgeschrieben« – wie das Wohnmobiliar, der Porsche und der Computer. Da bekommt das Auto mehr Zärtlichkeit und Streicheleinheiten ab als die Partnerin. Viele scheinen mit der Einstellung zu leben, mit der Hochzeit sei alles getan. Doch das ist nur im Märchen so, das happy endet, wenn Prinz und Prinzessin zum Traualtar schreiten. Dort heißt es dann ganz einfach »und sie lebten glücklich und zufrieden bis ans Ende ihrer Tage«.

Und theoretisch ist das auch möglich. Nur einfach ist es keineswegs. Denn mit der Hochzeit fällt in der Realität allenfalls der Startschuss. Sich zu verlieben ist leicht, doch sein Leben mit dem Liebsten und Ehepartner zu teilen ist alles andere als das. Das Gefühl der Liebe erweist sich schnell als flüchtig, spätestens, wenn man mit konträren Interessen und Einstellungen konfrontiert wird. Liebe gilt es immer wieder neu herzustellen. Beziehung und Ehe bedeuten wiederholte Auseinandersetzung mit der Andersartigkeit des Partners. Es bedeutet Zuhören lernen, Verständnis haben, Annehmen und gemeinsames Wachsen. Ansonsten wird man eines Tages erwachen und feststellen, dass der Partner seinen Platz im Lebensinventar verlassen hat.

MYTHOS 2 »ICH MUSS ERST FÜR DAS WOHLERGEHEN ANDERER SORGEN«

Zuerst an sich selbst zu denken und Zeit für sich allein zu beanspruchen wird häufig als egoistisch und unsozial angesehen. Viele Menschen, vor allem Frauen, sorgen von morgens bis abends für das Wohl anderer und vernachlässigen sich selbst und ihre eigenen Interessen vollkommen. Doch auch so mancher Vater lebt ganz für seine Arbeit und die Familie und vergisst darüber, sich Zeit für sich zu nehmen. – Nein, es ist keinesfalls egoistisch, zuerst für sich selbst zu sorgen. Im Gegenteil, es ist sogar die Voraussetzung einer guten Beziehung. Es ist allein meine Verantwortung, dafür zu sorgen, dass es mir gut geht. Und nur wenn es mir gut geht, kann ich andere unterstützen und für sie da sein. Bei dem Appell »Liebe deinen Nächsten wie dich selbst« wird meistens der zweite Teil, »wie dich selbst«, unterschlagen. Wenn ich mich selbst nicht liebe und nicht für mein Wohlergehen sorge, dann steht die Sorge für die anderen auf wackligen Beinen. Natürlich ist auch dies eine Frage der Balance: sich genügend Zeit für *sich selbst* und für *andere* zu nehmen!

MYTHOS 3 »HARMONIE ÜBER ALLES! BLOSS KEINEN STREIT!«

Friede, Freude, Eierkuchen! – In vielen Beziehungen werden Konflikte einfach unter den Teppich gekehrt. Und der liegt mit der Zeit immer höher – bis eines Tages die ganze Beziehung von diesem Teppich abrutscht, in den Abgrund all des Unausgesprochenen und Verdrängten. Vor lauter »nett zueinander sein« kann einem die Luft wegbleiben. Schon so manches Paar, das sich »vorbildlich« nie gestritten hat, war eines Tages plötzlich entzweit. Und selbst darüber wurde »um des lieben Friedens willen« nicht gesprochen! – Natürlich ist Harmonie schön, doch auch in einer harmonischen Beziehung sind unterschiedliche

Auffassungen möglich, und Konflikte müssen keinesfalls aggressiv und lautstark ausgetragen werden. Im Übrigen ist es nie zu spät zu lernen, wie Konflikte gewaltfrei beigelegt werden können. Und wenn es auch nicht immer gelingt: Ein heftiger Ehestreit mit anschließender Versöhnung kann manchmal wie ein reinigendes Gewitter sein!

MYTHOS 4 »WER RECHT HAT, MUSS RECHT BEKOMMEN!«

Die Überzeugung, im Recht zu sein und dafür notfalls gewaltsam einzutreten, ist nicht nur die Ursache unzähliger Kriege und zerstörerischer Akte auf diesem Planeten, sondern wird auch den meisten Beziehungen zum Verhängnis. – Wie viele der immer wiederkehrenden Opferlieder, die empörte Ehepartner ihren jeweiligen Freunden vorsingen, haben als Refrain die Strophe: »Das ist doch ungerecht, das lass ich mir nicht gefallen, das hab ich nicht verdient, ich hab doch Recht!?« Und selbst wenn sie nicht Recht haben, bekommen sie meistens als Antwort: »Ja, natürlich hast du Recht!« – Dabei geht es überhaupt nicht ums Rechthaben, sondern um Verständnis und Einfühlung in die Situation des Partners. Wenn er (oder sie) sich wirklich verstanden und angenommen fühlt, mit all seinen Gefühlen und Ansichten, dann ist es auch bei unterschiedlichen Standpunkten nicht so schwer, eine Lösung zu finden. Schwer ist es allerdings, dies zu lernen und zu leben! Besonders wenn »Rechthaben um jeden Preis« noch zu den eigenen Überzeugungen gehört.

MYTHOS 5 »FÜR DIE ERZIEHUNG SORGT DIE SCHULE«

So manche Eltern scheinen mit Zeugung, Geburt und Ernährung der Kinder ihre erzieherische Aufgabe weitgehend als abgeschlossen anzusehen. Für den Rest sorge dann schon die Schule. – Welch fataler Irrtum: Erstens brauchen Kinder viel mehr von ihren Eltern, nämlich Aufmerksamkeit, Verständnis, Geduld und Fürsorge, und das meist rund um die Uhr. Zweitens sind die ersten Lebensjahre die entscheidendsten und prägendsten. Was an Erziehung und Förderung in dieser Zeit versäumt wurde, kann in der Schule in der Regel nicht nachgeholt werden. Bei aller noch so berechtigten Kritik an unserem Schulsystem: Hier die Ursache für »missratene« Kinder zu suchen, wäre trotz Pisa-Studie eine verhängnisvolle Fehldiagnose. – Für die Erziehung sind nun mal die Eltern zuständig – in den ersten Lebensjahren zu hundert Prozent!

MYTHOS 6 »ALTE FREUNDSCHAFT ROSTET NICHT«

Alte Freundschaft mag tragfähiger und verlässlicher sein als eine neue. Und es mag vorkommen, dass die innere »Verbindung« sofort wieder da ist, obwohl man sich längere Zeit nicht gesehen hat. Doch auch Freundschaften, die alt und tief sind, können einschlafen und verkümmern, wenn sie nicht mehr gepflegt werden. Freundschaft ist nichts Statisches, was man einmal für immer erworben hat. Freundschaft beruht auf Nähe, Austausch, Aktivität, immer aufs Neue. Sonst rostet sie doch! Besser beraten ist man daher mit dem Sprichwort: »Wenn man einen Freund haben will, muss man sich bemühen, einer zu sein!«

MYTHOS 7 »EHRENAMT IST FÜR DIE KATZ«

Wer die Stunden, die er im Stadtrat, in der Nachbarschaftshilfe oder im Einsatz für eine wohltätige Organisation verbringt, für seinen Job oder einen Nebenverdienst einsetzen würde, stünde finanziell wahrscheinlich viel besser da. Glücklicher und zufriedener wäre er wohl nicht. Im Gegenteil, ihm würde das so wichtige Gefühl fehlen, etwas Sinnvolles für andere zu tun. Wer etwas Nützliches für seine Mitmenschen und eine gute Sache tut, der tut auch etwas für sich. Und zwar sehr viel.

Haben Sie den einen oder anderen Gedanken wiedererkannt? Wie häufig verwenden Sie diese Mythen?

Mythos	Das denke ich ...				
	nie	ganz selten	manch-mal	häufig	sehr häufig
1. »Der Partner gehört zum Lebensinventar«					
2. »Ich muss erst für das Wohlergehen anderer sorgen«					
3. »Harmonie über alles! Bloß keinen Streit!«					
4. »Wer Recht hat, muss Recht bekommen!«					
5. »Für die Erziehung sorgt die Schule«					
6. »Alte Freundschaft rostet nicht«					
7. »Ehrenamt ist für die Katz«					

Die vier Säulen von Familie und Kontakten

Eines Tages geriet der gefeierte Fußballprofi Fredi Bobic in eine schwere Krise. Vom vormaligen Helden als Stürmer in der Nationalmannschaft rutschte er im Team von Borussia Dortmund total ab. Fast alles misslang ihm, als hätte er Ladehemmung. Monatelang saß er auf der Reservebank und wurde zum Buhmann, weil ihm sein Vertrag weiterhin zweieinhalb Millionen Euro Jahresgage garantierte. Doch er ließ sich nicht verrückt machen. Unter Verzicht auf viel Geld wechselte er zu Hannover 96 und trainierte gewissenhaft weiter. Und plötzlich geschah das Unglaubliche. Er schoss wieder Tor um Tor. Wie war das möglich? Die Antwort von Bobic: »Es gibt kein Geheimnis. Man muss einfach durch dieses Tal gehen. Und dazu braucht es eine intakte Familie und gute Leute im Freundeskreis und Umfeld.«

Stimmt! Die Familie und das soziale Umfeld sind nicht nur in Krisen, sie sind überhaupt für unsere Lebensbalance von entscheidender Bedeutung. Auch dieser Lebensbereich ruht auf vier Säulen:

1. Beziehung – Partnerschaft – Ehe

Oft scheint es ein einziges Drama. Millionen sind auf der Suche nach einem Partner. Mit dem wollen sie das ganz besondere Gefühl der Liebe erleben. Millionen Menschen sind glücklich, wenn sie einen Partner finden, und tun sich zusammen, weil sie sich lieben. Und dann? Millionen trennen sich mehr oder weniger schnell wieder, weil sie das Gefühl füreinander verloren haben, weil sie aneinander vorbeireden, sich ständig streiten – und weil sie sich so gegenseitig das Leben zur Hölle machen.

Jede dritte Ehe scheitert, in Großstädten sogar jede zweite. Tendenz steigend.

Anfangs war sicher guter Wille da und die gemeinsame Liebe wurde glorifiziert. Doch das allein reicht leider nicht. Immer wieder stirbt die Liebe, trotz allerbester Absichten. Liebe scheint ein weites Feld für Irrwege und ein Tummelplatz wiederholter Missverständnisse zu sein. Trotz aller Liebe (oder gerade wegen ihr) läuft – wie wir alle wissen – so manches schief.

Warum nur? Psychologen mögen Ihnen dafür unzählige Gründe nennen. Hier zwei der wohl entscheidendsten Ursachen:

■ **Männer sind anders, Frauen auch.** So lautet der Titel des Weltbestsellers des amerikanischen Paartherapeuten John Gray. Er hat den Stoff, aus dem der Streit der Geschlechter entsteht, mit fulminantem Erfolg auf den Punkt gebracht. Frauen reden gern (nach Ansicht der Männer zu viel) und brauchen bei Problemen in erster Linie Mitgefühl. Männer schweigen lieber (worunter Frauen oft leiden) und bieten bei Problemen sofort Lösungen, statt einfach erst einmal zuzuhören. Männer und Frauen verwenden zwar dieselben Wörter, aber die haben für beide meist völlig andere Bedeutungen. Und sie machen sich nicht nur auf unterschiedliche Art verständlich, sondern sie denken, lieben und freuen sich auch anders. Außerdem nehmen sie ihre Umwelt unterschiedlich wahr und haben grundverschiedene Bedürfnisse. – All das wäre kein Drama, wenn sich Mann und Frau dieses Unterschieds bewusst wären. Wenn Männer und Frauen verstehen würden, dass sie sich (von selbst) nicht verstehen, dann könnten sie anfangen, sich zu verstehen. Solange sie aber ignorieren, dass sie ihrem Wesen nach verschieden sind, und solange Männer noch von Frauen erwarten, dass sie wie Männer denken und reagieren – und umgekehrt –, so lange wird es Missverständnisse, Verständigungspannen und Beziehungsprobleme geben, wohin wir auch schauen.

■ **Wir wissen gar nicht, wie Beziehung funktioniert.** Wir haben es in den seltensten Fällen gelernt. Wir tun aber so, als wüssten wir es. Und glauben natürlich, wir müssten so tun, als wüssten wir es – weil ja alle so tun. So fällt uns erst dann auf, dass wir es nicht wissen, wenn das Beziehungsschiff in Flammen steht (… oder schon gesunken ist!). – Beziehungsmanagement ist im Zeitalter der Individualität und Selbstverwirklichung ähnlich schwierig wie strategisches Management in sich ständig wandelnden Märkten. Und auch wenn es nicht leicht ist, so ist es doch erlernbar, wenn wir uns die Mühe machen, ein paar Grundprinzipien der Dynamik zwischen Paaren zu verstehen und anzuwenden. Die folgenden Strategien sollen Ihnen dabei helfen. Wie immer: nicht als dogmatische Patentrezepte, sondern als Erfahrungswerte vieler anderer Menschen, die vielleicht auch Ihr »Leben zu zweit« fördern könnten.

Beziehungsfördernde Strategien

In jeder Beziehung geht es um die Balance zwischen eigenem und gemeinsamem Lebensraum. Eine gesunde Partnerschaft erfordert, dass jeder genügend Raum für sich selbst hat, in dem er für sich sorgt, und dass zusätzlich ausreichend Raum für gemeinsames Erleben und Gestalten bleibt – sonst geht früher oder später jeder nur noch seinen Interessen nach und die Entfremdung wird immer größer.

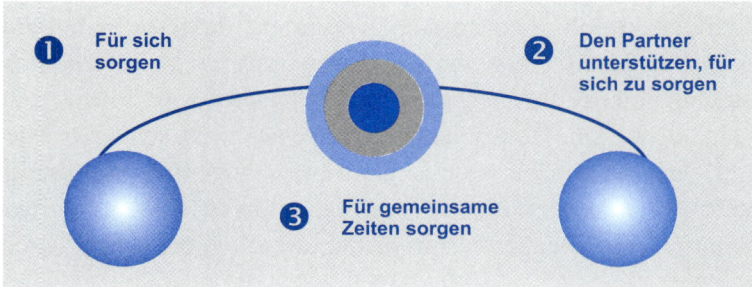

Für sich selbst sorgen!

Ulrich P.s Leben war vor längerer Zeit aus der Balance geraten. Er befürchtete, seine kleine Welt könnte einstürzen, als er sich endlich eine Auszeit gönnte. Er nahm an einem Wochenendseminar teil und hoffte auf Einsichten – und vor allem auf einen Ausweg aus der privaten Katastrophe, die sich anbahnte. Am ersten Abend fand er sich im Wald wieder, zusammen mit Leuten, die ganz ähnliche Probleme hatten. Sie standen im Kreis, sollten Vertrauen finden und einander, wenn sie wollten, ihre Geschichte erzählen. Und so erzählte auch Ulrich P. von seiner Arbeit, seiner Frau, seiner kleinen Tochter. Er war dreiundvierzig Jahre alt, seit sechs Jahren verheiratet, Architekt. Seinen Job erlebte er als anstrengende, unendliche Mühle, oftmals musste er auch noch am Wochenende ran. Klar, er vernachlässigte Familie und Freunde. Aber er schuftete weiter, Pensum erledigen, Disziplin, Verantwortung für andere – das war seine Welt. »Ich will doch nur, dass es meiner kleinen Familie gut geht.« Doch es lief nicht gut, im Gegenteil, es lief ziemlich schlecht. Noch war nichts Schlimmes passiert, noch nicht. Aber er spürte, wie seine Frau sich ihm entzog, mehr und mehr. Sie redeten kaum noch miteinander und machten so gut wie nichts mehr gemeinsam. Auch für seine Tochter blieb kaum Zeit. Ja, manchmal fremdelte die Kleine schon, wenn der Papa sie auf den Arm nehmen wollte.

Unvermittelt traf ihn die Frage des Seminarleiters: »Wer ist die wichtigste Person in Ihrem Leben?« – Er antwortete spontan: »Natürlich meine Frau!« – »Wirklich?«, kam es zurück. Ulrich war irritiert, dachte noch einmal nach und korrigierte sich: »Nein, stimmt nicht, ich glaube, der wichtigste Mensch in meinem Leben ist meine Tochter.« – »Wirklich?«, fragte die gleiche Stimme erneut. Diesmal wollte er sich nicht beirren lassen, und fast ein wenig trotzig sagte er: »Ja, meine Tochter ist am wichtigsten für mich – wer denn sonst?« – »Wirklich?«, fragte der Trainer zum dritten Mal. »Und was ist mit Ihnen? Sind nicht Sie die wichtigste Person in Ihrem Leben?« – Wie ein Blitz durchfuhr es Ulrich P.: Ja, der Seminarleiter hatte Recht. Und wie Recht er hatte! Wieso hatte er dies nicht schon viel früher erkannt?

Ich bin die wichtigste Person in meinem Leben!

Diese Erkenntnis, so banal sie sein mag, ist fundamental wichtig für jeden, der zufrieden und glücklich leben möchte. Und nicht nur für ihn, sondern auch für die Menschen, die mit ihm leben. »Die wichtigste Beziehung in meinem Leben ist die zu mir selber«, schreibt der Psychologe und Kommunikationsforscher Dr. Spencer Johnson in seinem Millionenseller »Eine Minute für mich«. Seine einfache und einleuchtende Botschaft: *Erst muss ich gut für mich selbst sorgen und mit mir richtig umgehen, dann kann und werde ich auch mit anderen richtig umgehen.* Wenn ich das nicht tue, bleiben meine grundlegenden Bedürfnisse unbefriedigt. Meist erwarte ich dann von anderen, dass sie für mich tun, was nur ich für mich tun kann. In der Praxis bedeutet das:

■ **Sorgen Sie immer wieder für sich selbst!** So gut Sie können, im Großen wie im Kleinen. Tun Sie das, was Ihnen persönlich gut tut, das, wobei Sie auftanken und zu sich selbst finden (einige Anregungen hierzu finden Sie in Teil 5 ab Seite 153). Oft genügt schon »eine Minute für mich« (wie der Titel von Johnsons Buch). Nehmen Sie sich immer wieder diese kurze Zeit, um anzuhalten und innezuhalten. Um Ausschau zu halten, wie *Sie allein* am besten für sich sorgen können. Je mehr Sie lernen, für sich zu sorgen, umso besser wird es Ihnen gehen – und Ihrer Umwelt. Denn einen ausgeglichenen und zufriedenen Menschen an seiner Seite zu haben ist eine große Bereicherung! So unglaublich es vielleicht klingen mag: Je besser es Ihnen geht, umso besser wird es Ihrer Beziehung gehen. Umso besser können Sie auch für Ihre Familie da sein. Denn der zweite Teil des Rates lautet:

■ Und unterstützen Sie *auch* andere darin, für sich zu sorgen! Sie können einem anderen Menschen nicht seine Probleme abnehmen oder ihn aus seiner Unzufriedenheit herausführen – das kann keiner, kein Coach, kein Therapeut, kein Guru. Aber Sie können Ihren Partner *unterstützen,* zum Beispiel durch die Frage: »Was wirst du heute für dich selbst tun?« Und natürlich können Sie ihn durch Ihren zeitlichen oder finanziellen Einsatz unterstützen, etwas Gutes für sich zu tun. Etwa indem Sie mal die Kinder übernehmen und dem Partner einen Saunabesuch ermöglichen oder gar ein Wochenende allein in einem Wellnesshotel. – Je mehr Sie dem Partner helfen, für sich zu sorgen, desto mehr werden Sie davon profitieren. So schreibt Spencer Johnson: »Es ist wirklich zu unserem Vorteil, wenn wir Menschen helfen, mehr an sich selbst zu denken, damit sie an das Gute in sich herankommen. Wir kommen dadurch in den Genuss ihres eigentlichen, ihres besseren Ichs.«

Gemeinsame Zeiten
Gemeinsame Zeiten halten Ihre Beziehung am Leben! Ohne sie kann das Band der Liebe schnell verloren gehen, während Entfremdung und Frust kontinuierlich zunehmen. Vor allem drei gemeinsame Zeiten sind für die Qualität einer Beziehung von Bedeutung: gemeinsame Planungszeiten, gemeinsame Gesprächszeiten und immer wieder gemeinsame »Hoch«-Zeiten.

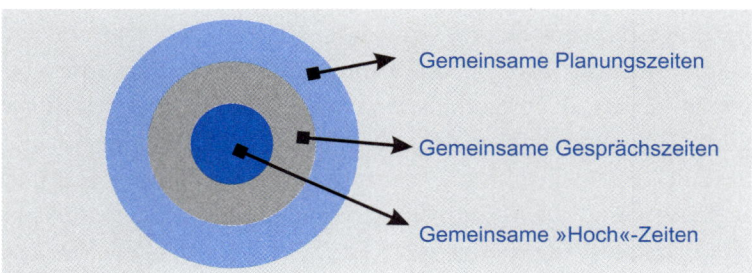

Was ist damit gemeint?

■ **Planen Sie gemeinsam!** Die Zeiten, die Sie zusammen verbringen wollen, genauso wie die Zeiten, in denen Sie beruflich belegt sind oder Raum für sich und Ihre Interessen haben wollen. Stellen Sie Ihren Partner nicht vor vollendete Tatsachen, noch schlimmer im letzten Moment. Zu schnell bekommt er das Gefühl, Spielball Ihrer intransparenten Planung zu sein, und zu schnell werden Sie der (An-)Klage begegnen: »Du hast ja nie Zeit für mich – du machst ja eh, was du willst!« Nehmen Sie sich – am besten wöchentlich, aber wenigstens einmal monatlich – die Zeit, Ihre Termine abzustimmen: Ihre auswärtigen Verpflichtungen, gemeinsame Einladungen und Unternehmungen und jeweils Zeiten für sich. Was gemeinsam besprochen und vereinbart wurde, kann sich später kaum in einen Vorwurf verwandeln. – Außerdem fördert es den Teamgeist und das Gefühl der Gleichberechtigung in der Partnerschaft.

■ **Nehmen Sie sich Zeiten, um miteinander zu reden!** So banal dies klingen mag. Nach einer viel zitierten Umfrage redet ein deutsches Paar im Durchschnitt nur zwei Minuten täglich miteinander über sich. Gemeint ist damit das Sprechen über wesentliche Dinge, die einen selbst und die Beziehung betreffen. Leider gehen diese für jede Partnerschaft so essenziellen Themen in der Hektik des Alltags zu leicht unter. Am Abend fallen sie dann meist der Müdigkeit oder dem Fernsehprogramm zum Opfer. Daher rät der Beziehungsspezialist Professor Dr. Michael L. Moeller in seinem Buch »Die Wahrheit beginnt zu zweit« zur bewährten Methode des »Zwiegesprächs« nach einer festen Grundordnung. Eine Grundordnung, die am Anfang etwas befremden mag, die einzuhalten sich aber für die Qualität dieser Gespräche und damit für die Beziehung wirklich lohnt.

Solche gemeinsamen Gesprächszeiten auszuprobieren mag viel Überwindung kosten. Doch in erster Linie nur, weil es uns so ungewohnt und konstruiert erscheint. Wie viel leichter lassen sich doch zwei oder drei Stunden vor dem Fernseher verbringen, als mit seinem Schatz – noch dazu in einem festen Set-

Die optimale Grundordnung der Zwiegespräche

Wann? Nehmen Sie sich *mindestens einmal pro Woche*, zu einer *festen Zeit*, am besten *anderthalb Stunden*, eine ungestörte Zeit. Die Regelmäßigkeit ist das Geheimnis des Erfolgs. Natürlich kann es auch nur eine Stunde (weniger besser nicht) oder können es gar zwei Stunden sein, doch ist es wichtig, sich gemeinsam auf eine bestimmte Zeitspanne zu einigen. Vereinbaren Sie einen »Jour fixe« für das Reden zu zweit, sonst kommen Sie nicht dazu. Spontane Zwiegespräche einmal pro Woche sind noch kaum einem Paar auf Dauer gelungen.

Wo? An einem *ungestörten* Ort, an dem keine Unterbrechungen durch Telefon, Kinder und Überraschungsbesuche zu erwarten sind.

Worüber? Jeder spricht über das, *was ihn bewegt*: wie er sich, den anderen, die Beziehung und sein Leben erlebt. Das heißt, jeder bleibt bei sich, ohne so genannte »Kolonialisierungsversuche« beim Partner zu unternehmen. Jeder entscheidet für sich, was und wie viel er zu einem Thema erzählen will.

Wie? Indem jeder wirklich nur von dem spricht, was er wahrnehmen und fühlen kann (also *ohne Bewertungen und Unterstellungen*). Ausgeschlossen sind außerdem Schuldzuweisungen und moralische Verurteilungen. Wünsche sollten als Bitten und nicht als Forderungen geäußert werden. – Alles nicht leicht zu befolgen, aber essenziell für gute Paargespräche!

Wie viel? Reden und Zuhören sollten möglichst gleich verteilt sein. Und wer zuhört, redet nicht und fragt auch nicht dazwischen.

ting und nach bestimmten Regeln – über Gefühle und die Beziehung zu sprechen. Das ist mehr als verständlich. Doch das hilft Ihnen und Ihrer Beziehung nicht weiter. Die einzige Frage ist, wie arg es um Ihre Partnerschaft schon stehen muss, bevor Sie einfach ausprobieren, was solch ein Zwiegespräch Ihnen bringen kann. – Das wohl beste Buch hierzu ist das von Marshall B. Rosenberg mit dem Titel »Gewaltfreie Kommunikation«. Vielleicht eine Anregung für das Jahr, das Ihr Leben verändern könnte (siehe Seite 226).

■ **Lassen Sie der Hochzeit viele gemeinsame »Hoch«-Zeiten folgen.** Selbst wenn es keinen Trauschein gibt. »Hoch«-Zeiten sind die für jede Beziehung so lebenswichtigen Höhepunkte, in denen Sie *mit Ihrem Partner unbeschwert allein* sein können, um mit einem gewissen Abstand zum Alltag *gemeinsam etwas zu erleben, zu genießen, Neues zu entdecken.* Planen Sie immer wieder romantische Abende zu zweit in einem guten Restaurant oder Konzert. Lassen Sie sich etwas Besonderes einfallen. Ein Überraschungsfest oder eine kleine Reise. Übers Wochenende oder für eine ganze Woche. In die Berge oder nach Berlin, nach Capri oder Cuxhaven, New York oder Südtirol – egal wohin. Hauptsache nur Sie und Ihr Schatz allein. Vielleicht können Sie die Kinder bei den Großeltern oder bei Freunden lassen. Meine Frau und ich unternehmen immer wieder mal eine Überraschungsreise. Bis zum Flughafen oder der Autobahnausfahrt weiß sie nicht, wohin es geht. Vorher erfährt sie allenfalls, ob ihre Garderobe für warme oder kältere Temperaturen geeignet sein sollte und ob eher chic oder rustikal. Da macht die Vorbereitung ähnlich viel Freude wie das Überraschtwerden. Erfinden Sie Ihre eigenen »Hoch«-Zeiten! Solche kleinen Ereignisse können auch nach vielen Jahren noch große Wirkung haben und die Beziehung immer wieder von neuem beleben.

Und wie ist es bei Ihnen:

Was könnte ich zur Verbesserung oder Bereicherung meiner Beziehung tun?

2. Kinder – Eltern – Verwandte

In vielen Kulturkreisen zählen die Familienbande zu den stärksten Verbindungen im Leben eines Menschen. Und auch wenn der Zusammenhalt der Großfamilien in unserem Kulturkreis immer mehr zerfällt, so ändert dies nichts an der Tatsache, dass neben dem Lebenspartner die Blutsverwandten die von Natur aus am nächsten stehenden Personen für uns sind – neben Eltern und Verwandten natürlich in erster Linie die eigenen Kinder. Doch auch wenn Sie keinen Nachwuchs haben: Kontakt zu Kindern bereichert und belebt jeden, so etwa der Kontakt mit Kids aus Ihrem Bekanntenkreis oder mit Ihren Patenkindern.

Kinder: Bereicherung und Aufgabe

Kinder sind ein Geschenk, aber auch eine große Aufgabe. Kinder brauchen Schutz und Orientierung. Vor allem brauchen Kinder Zeit, Empathie und Förderung.

Zeit für Kinder

Zeit für sie zu haben, ist für die Kinder genauso wichtig wie Nahrung, Kleidung und ein Zuhause. Zeit bedeutet Zuwendung und ist eines der wichtigsten kindlichen Grundbedürfnisse. Für viele Eltern gar nicht so leicht zu erfüllen, in diesen hektischen Zeiten. Viele parken ihre Kinder lieber vor dem Fernseher. Abgesehen von der schädlichen Wirkung übermäßigen Fernsehkonsums bekommen Kinder vom Fernsehen das Wichtigste nicht: persönliche Zuwendung. – Wer keine Zeit für seine Kinder hat, vergisst, dass diese Zeit für Eltern wie Kinder unwiederbringlich ist. Denn irgendwann sind die Kinder keine Kinder mehr – sie gehen aus dem Haus und ihren eigenen Weg. Und die niedlichsten Enkelkinder können die eigenen Kinder nicht ersetzen! – Nehmen Sie sich so viel Zeit wie möglich: zum Spielen, zum Vorlesen und für gemeinsame Unternehmungen.

■ **Zeit zum Spielen.** Dabei können wir von den Kindern viel lernen. Wie sie sich für das, was sie gerade tun, begeistern können. Wie sie ganz im Hier und Jetzt, nur für den Augenblick leben. Wie sie in eigene Fantasiewelten eintauchen und sich an Kleinigkeiten freuen können. Wir sollten immer wieder mal wie Kinder werden, am besten zusammen mit unseren Kindern.

■ **Zeit zum Vorlesen.** Geschichten erweitern den Horizont, fördern die sprachliche Entwicklung, die Konzentrations- und die Merkfähigkeit, erklären die Welt. Kinder brauchen Bücher. Und damit sie lesen lernen, müssen sie möglichst frühzeitig den Spaß am Text kennen lernen. Das gelingt am leichtesten, wenn sie schon zu Hause (lange vor der ersten Klasse) mit Büchern in Berührung gekommen sind und erlebt haben, wie viel Freude, Spannung und Trost diese bereithalten. Hierzu ist es erforderlich, den Kindern so früh wie möglich und regelmäßig vorzulesen. Die Liebe zu Büchern beginnt (wie andere Erfahrungen eines glücklichen Lebens) im Elternhaus. Wer als Elternteil mehrere Stunden vor dem Fernseher verbringt, müsste eigentlich jene Stunde Vorlesezeit finden, die die britische Autorin Joan Aiken zur Mindestanforderung erklärte: Wer dazu nicht bereit sei, verdiene es gar nicht, ein Kind zu haben (aus der *Zeit* vom 10. Oktober 2002).

■ **Zeit für gemeinsame Unternehmungen.** Zeigen Sie Ihren Kindern die Welt. Entdecken Sie sie gemeinsam bei Museums-, Theater- und Konzertbesuchen, bei Bergwanderungen, Ausflügen, Reisen und Sportaktivitäten. Es gibt so viele Dinge, bei denen Kinder begeistert mitmachen und mithelfen. Auch Kleinigkeiten können ein Erlebnis sein. So war es für meinen zweijährigen Sohn immer eine Riesenfreude, mit mir im Auto durch die Waschanlage zu fahren. Tagelang sprach er mit leuchtenden Augen von »große Bürste, Auto-Föhn«... – Zeigen Sie Ihren Kindern die Welt, solange sie sich diese noch von Ihnen zeigen lassen!

> **Verbringe ich genügend Zeit mit meinem Kind/meinen Kindern? Was könnte ich verbessern?**

Die Kraft der Empathie oder »voll coole« Kommunikation mit Kids

Nehmen wir mal an, Sie fliegen in den Urlaub. Und Ihr Kind quengelt, weil es sein Stofftier zum Schmusen haben will. Doch das ist im Koffer und der Koffer ist eingecheckt. Was tun? – Genau das ist John Gottman passiert, dem amerikanischen Professor für Psychologie und Autor des Buches »Kinder brauchen emotionale Intelligenz«. Darin beschreibt er, wie es weiterging: »Ich will Zebra«, jammerte seine zweijährige Tochter. – »Ich weiß, Schatz. Aber Zebra ist nicht hier, es ist im Gepäckraum, und Papa kann es nicht holen, bevor wir aussteigen. Es tut mir Leid.« – »Ich will Zebra, ich will Zebra!«, schluchzte die Kleine. Dann begann sie zu weinen. Ihr Vater holte aus einer Tasche ein Buch, um daraus vorzulesen. Doch es nützte nichts, das Töchterlein wollte das Zebra. Nur das Zebra. Und schrie. Ein paar Passagiere schauten schon vorwurfsvoll. Professor Gottman fühlte sich elend. Dann besann er sich darauf, dass er ja eigentlich Spezialist für emotionale Intelligenz war. Das Zebra konnte er nicht herzaubern, aber den Trost des Vaters: »Du möchtest Zebra jetzt gleich haben?« – »Ja«, erwiderte sie traurig.

Mit Empathie und weiteren Fragen tastete er sich an das Dilemma der Kleinen heran. »Wir können Zebra jetzt nicht holen, weil es woanders ist. Deshalb bist du enttäuscht?« – »Ja«, seufzte sie. – »Das tut mir wirklich Leid«, schloss er ab und sah, wie sich das Gesicht seiner Tochter entspannte. Sie klagte noch ein paarmal leise und wurde ruhiger. Dann schlief sie ein. Die Erklärung des Professors: Sie hatte verstanden, dass Papa das Zebra nicht besorgen konnte, aber weil er sich nicht aus der Fassung bringen ließ, sondern Verständnis hatte, schien sie sich besser zu fühlen.

Empathie – verstanden als die Fähigkeit, sich in die Gefühle der anderen zu versetzen und entsprechend zu reagieren – ist nicht einfach, doch kann sie jeder trainieren. Nach John Gottman geht dies wie folgt:

Emotionstraining mit Kindern in fünf Schritten

1. Werden Sie sich der Gefühle des Kindes bewusst. Entwickeln Sie eine Antenne für die Emotionen anderer. Bei Kindern ist das nicht immer einfach, sie drücken ihre Gefühle und Ängste oftmals verschlüsselt aus, zum Beispiel in Fantasiespielen, selten direkt. Wichtig ist: Kinder haben immer Gründe für ihre Emotionen. »Wenn wir feststellen, dass unsere Kinder wegen eines scheinbar bedeutungslosen Vorfalls wütend werden, kann es hilfreich sein, zurückzutreten und das Gesamtbild ihres täglichen Lebens zu betrachten.«

2. Erkennen Sie Emotionen als Gelegenheit zu Nähe und Unterweisung. Gerade wenn ein Kind traurig, wütend, ängstlich ist, braucht es die Eltern besonders dringend. Wenn wir die kindlichen Emotionen anerkennen, helfen wir ihm dabei zu lernen, sich selbst zu beruhigen – was ihm lebenslang von Nutzen sein wird.

3. Hören Sie dem Kind mitfühlend zu und bestätigen Sie seine Gefühle. Mitfühlendes Zuhören ist für Gottman das A und O. Begeben Sie sich auf Augenhöhe. Geben Sie wieder, was Ihnen Ihr Kind mitteilt. Geben Sie keine Anweisungen, sondern ermöglichen Sie dem Kind, eigene Antworten zu finden. Wenn Sie von eigenen, ähnlichen Erfahrungen berichten, kann das wirkungsvoll Verständnis demonstrieren.

4. Helfen Sie dem Kind, seine Gefühle in Worte zu fassen. »Du bist sehr traurig, nicht?« So ein simpler Satz kann schon helfen, ein weinendes Kind zu beruhigen. Je präziser ein Kind seine Gefühle selbst ausdrücken kann, umso besser. Sie sollten Ihrem Kind allerdings nie erklären, wie es sich gerade fühlen sollte.

5. Setzen Sie Grenzen und helfen Sie, ein Problem zu lösen. Eltern sollten für ihre Kinder Regeln aufstellen. Zu große Toleranz führt nur zu Verhaltensweisen, die Sie nicht akzeptieren können. Wenn ein Problem gelöst werden soll, fragen Sie, was das Kind eigentlich will (Ziel). Denken Sie gemeinsam über Lösungen nach (Brainstorming). Prüfen Sie die vorgeschlagenen Lösungen auf der Basis Ihrer individuellen Wertvorstellungen. Und helfen Sie schließlich Ihrem Kind dabei, selbst eine Lösung auszuwählen und in die Tat umzusetzen.

So also kann Empathie funktionieren. Wenn wir uns bemühen, unsere Kinder zu verstehen, fühlen sie sich unterstützt. Es ist ganz wichtig für ihr Vertrauen, dass sie wissen: Wir sind auf ihrer Seite. Die verheerendsten Fehler, die jede Empathie zerstören, sind dagegen:

Fünf Empathie zerstörende Fehler im Umgang mit Kindern

1. Sarkasmus
2. Verachtung beziehungsweise verächtliche Kommentare
3. Abwertende Kommentare
4. Drohungen
5. Körperliche Züchtigung

Talente entdecken und fördern

Jedes Kind ist von Anfang an eine kleine Persönlichkeit mit bestimmten Vorlieben und Stärken, aber auch mit Schwächen und Abneigungen. Diese Tatsache übersehen Eltern häufig, wenn ein Kind noch unbeholfen ist. Jedes Kind verfügt über ein bestimmtes Temperament und gewisse Talente. Fördern Sie unbedingt diese Talente – ohne Ihr Kind unter Druck zu setzen. Beobachten Sie, für was sich das Kind besonders interessiert.

Für Sport? Für Musik? Was ist die Lieblingstätigkeit? Bastelt und tüftelt es gern? Liest es leidenschaftlich? Kann es einfühlsam mit anderen Kindern spielen und vielleicht gut Streitigkeiten schlichten (soziale Intelligenz)?

Nichts spricht dagegen, wenn die Suche nach den individuellen Stärken bereits im Kindergartenalter beginnt. Gerade in Ein-Kind-Familien, in denen sich alle Aufmerksamkeit auf das eine Kind konzentriert, möchten Eltern möglichst früh die Begabungen ihres Sprosses entdecken und fördern. Eine frühe Förderung macht durchaus Sinn, sagen die Experten, weil im Kindesalter der Grundstein für die spätere Bildung gelegt wird. Und ein Talent kann und muss trainiert werden, ähnlich wie Muskeln. In jedem Kind stecken Talente und Begabungen. Ein großer Teil davon schlummert aber im Verborgenen. Auch die Schule schafft es nicht, alle Fähigkeiten zu entdecken und zu fördern, da die meisten Begabungen außerhalb des kleinsten gemeinsamen Nenners der Lehrpläne liegen. Viele Schüler sind daher unterfordert.

Wissen Sie, was wirklich in Ihrem Kind steckt? Oder was es überfordert? Da werden Kinder zum Klavier- oder Geigenunterricht geschleppt – und quälen sich. Da müssen Kinder zum Ballett- oder Tennisunterricht – und stehen wie Falschgeld herum. Wer sich nicht wohl fühlt bei dem, was er tut, wird nicht glücklich damit. Außerdem sind spontan geäußerte Kinderwünsche oft verwirrend und die Einschätzung der Eltern ist häufig zu eng. Wissensdurst und Engagement allein sind nicht der Schlüssel für ein erfolgreiches, erfülltes Leben. Ein wichtiger Faktor ist das Bewusstsein für die eigenen Stärken und Fähigkeiten, die Sicherheit: »Das kann ich!«

Da kann ein **Begabungs-Check** durchaus sinnvoll sein. Wenn Eltern wissen, wo wirklich die Stärken – und die Schwächen – ihrer Kinder liegen, können sie gemeinsam viel besser planen und nach passenden Angeboten oder Hilfe suchen. Eine erste Anleitung, um auf spielerische Weise Begabungen bei Kindern zwischen sieben und zwölf zu erkennen, bietet *Youngworld,* ein Münchner Institut für Begabungsanalyse: Eineinhalb Tage lang wird nach einer wissenschaftlich anerkannten Methode auf spielerische Weise Folgendes getestet: logisches Denken, sprachliche und sportliche Fähigkeiten, Kreativität, Musikalität, emotionale Stabilität, Durchhaltewillen. Nach Abschluss des Checks erhalten die Eltern ein ausführliches, schriftliches Begabungsprofil mit Empfehlungen für die weitere, gezielte Förderung des Kindes. Mehr Informationen zum Begabungs-Check finden Sie unter der Internet-Adresse www.youngworld-institut.de.

Eltern und Verwandte

Hundertjährig spottete der Schauspieler George Burns: »Glück bedeutet, eine große, liebevolle, eng verbundene Familie zu haben – in einer anderen Stadt.« Das Verhältnis zu Eltern und Verwandten ist selten unkompliziert und oft konfliktträchtig. Aber Familie kann auch Geborgenheit bedeuten, das Gefühl von Zusammengehörigkeit und Solidarität vermitteln.

Das gilt besonders für **das Verhältnis zu den Eltern**. Es ist häufig mit widersprüchlichen Gefühlen, mit Schuld, Zorn, Abhängigkeiten belastet, aber auch von inniger Verbundenheit, Dankbarkeit und Liebe geprägt. Und es ist naturgemäß – ob Sie es wollen oder nicht – ganz besonders intensiv und hält ein Leben lang. Auch wenn es mit manchmal schweren Aussprachen und der Klärung von Verdrängtem verbunden sein kann, lohnt es sich, alles zu unternehmen, um weiterhin oder wieder ein gutes Verhältnis zu den Eltern zu haben. Pflegen Sie also diesen Kontakt. Versuchen Sie so gut wie möglich, Ihren Eltern das Leben zu erleichtern. Respektieren Sie die Eltern so, wie sie sind, mit ihren Ansichten und ihrem Lebenstempo, das mit der rasanten Welt oft nicht mehr Schritt halten kann. Sprechen Sie offen mit ihnen und hören Sie ihnen zu. Sie müssen ja nicht jeden Rat befolgen. Und wenn Sie räumlich auf Distanz leben, versuchen Sie, im Inneren die Verbindung lebendig zu halten.

Arrangieren Sie sich außerdem mit der **Verwandtschaft**. Früher traf sich die ganze Sippe regelmäßig und vollzählig zum Sonntagskaffee. Keine schlechte Sitte, doch heute kaum mehr durchführbar. Und wenn es kein anderer tut: Warum organisieren Sie nicht gelegentlich einen Großfamilientag oder nutzen ein besonderes Ereignis zum Familienfest?

3. Freunde – Bekannte & Co.

Freunde, Bekannte und ein gutes Netzwerk sind neben der Familie die wichtigsten Säulen im zwischenmenschlichen Kontakt. Menschen, die in diesem Bereich Zeit und Herz investieren, werden mit mehr als Geld entlohnt.

Freunde

> »Geh eine Meile, um einen Kranken zu besuchen,
> zwei, um Frieden zwischen zwei Menschen zu stiften,
> und drei, um einen Freund zu sehen.«
> Arabisches Sprichwort

Je mehr die Familienbande an Stabilität verlieren, je mehr Menschen allein leben, desto wichtiger werden gute Freunde. Sie sind das soziale Netz und das warme Nest des modernen Menschen. Für viele sind Freunde so etwas wie die neue Familie oder zumindest wichtige Wahlverwandte geworden. Freunde geben uns Geborgenheit und Sicherheit und können Helfer in vielen Lebenslagen sein. Ein guter Freund ist, mit anderen Worten, nicht mit Gold aufzuwiegen, und wie der *Stern* einst schrieb: »Ein guter Freund überdauert alles: die erste Liebe, den zweiten Frühling und die dritten Zähne.« – Selbst wenn mit den

Jahren die Zahl der Bekannten wächst: Diejenigen, mit denen man wirklich tief verbunden ist, werden oft weniger. Nehmen Sie sich also immer wieder Zeit für Ihre Freunde: für gemeinsame Unternehmungen, für ein Abendessen oder auch nur auf ein Glas Wein. Rufen Sie sie immer wieder an, schicken Sie eine E-Mail oder eine Urlaubspostkarte und vergessen Sie die Geburtstage nicht! Pflegen Sie Ihre Freundschaften und gewinnen Sie neue Freunde hinzu.

Fünf Tipps, wie Sie sich Freunde machen

1. Ergreifen Sie die Initiative. Unterstützen Sie andere, bieten Sie Ihre Hilfe an. So kommen Sie auf elegante und vor allem nützliche Weise mit anderen in Kontakt. Und letztlich helfen Sie damit auch sich selbst.

2. Fördern Sie die Ideen und die Pläne von anderen. Sprechen Sie Anerkennung aus. Geben Sie Freunden die Möglichkeit, sich groß zu fühlen – auch größer als Sie selbst.

3. Wählen Sie Gesprächsthemen, die den anderen interessieren. Seien Sie aufrichtig und kooperativ. Lernen Sie, aktiv zuzuhören. Das schafft Aufmerksamkeit. Ermuntern Sie andere, von sich zu erzählen.

4. Achten Sie die Meinung von anderen. Akzeptieren Sie andere so, wie sie sind. Seien Sie tolerant und versuchen Sie nicht, andere zu verändern oder zu formen. Vor allem: Vermeiden Sie besserwisserische Belehrungen. Die vertragen die wenigsten Menschen.

5. Bereichern Sie Ihre Freundschaften durch spontane Initiative und magische Momente: Einladungen, Überraschungen und kleine Geschenke.

Und je leichter es Ihnen fällt, Freunde zu finden, desto besser werden Sie im Networken.

Bekannte & Co. – oder: Meisterschaft im Networking

Gute Beziehungen schaden nur dem, der sie nicht hat. Beziehungen bereichern. Früher traf man sich in Clubs oder Handwerkerzünften. Gute Beziehungen heißen heute auf Neudeutsch Network. Networking ist mehr als nur Visitenkarten sammeln und sich an jemanden erinnern, wenn man ihn braucht. Networking ist die Kunst, Beziehungen aufzubauen und sie zu gegenseitigem Nutzen einzusetzen. Ein gutes Beziehungsnetz kann in vielen Situationen Gewinn bringend sein, geschäftlich und privat. Je mehr Kontakte Sie haben, umso eher wird es einen geben, der Ihnen eventuell aus der Klemme helfen kann. Wichtig ist allerdings: Fragen Sie sich nicht nur: Wo kann mich ein anderer weiterbringen? Fragen Sie sich auch: Wie kann ich anderen nützlich sein?

Das Prinzip Geben und Nehmen

Netzwerke folgen dem Prinzip von Geben und Nehmen. Sie unterstützen andere, andere unterstützen Sie. Am besten: Sie geben, bevor Sie nehmen. Wenn Sie anderen helfen, ist Ihnen ebenfalls geholfen, denn irgendwann sind auch Sie auf Hilfe angewiesen. Wenn Sie anfangen, Kontakte bewusster zu pflegen, sollten Sie keine Gegenleistung erwarten. Und akzeptieren Sie, dass sich echte Beziehungen nicht über Nacht aufbauen. Sie brauchen Vertrauen – und das dauert seine Zeit.

Wie Sie Ihr Beziehungsnetz verbessern können

Wenn Sie zum Meister im Networken werden wollen, könnten Ihnen folgende Tipps helfen:

■ **Überlassen Sie nichts dem Zufall.** Gehen Sie auf Leute zu, die Sie kennen lernen möchten. Werden Sie Mitglied in einem Verein. Streben Sie ein Ehrenamt an. Laden Sie gezielt Gäste ein. Lassen Sie sich dort sehen, wo sich Ihre Branche trifft. Besuchen Sie Seminare und Vorträge.

■ **Pflegen Sie alte Beziehungen.** Es gibt so viele Möglichkeiten dazu. Treffen Sie »Ehemalige« wieder, also Mitschüler, Kollegen, Kunden, Menschen, mit denen Sie mal engeren Kontakt hatten. Kultivieren Sie Freundlichkeit und Hilfsbereitschaft. Ein Motto des Networking-Profis Harvey Mackay lautet:

»Es spielt eine Rolle, wie man sich an Sie erinnert,
aber es spielt eine viel größere Rolle,
dass man sich an Sie erinnert.«

■ **Führen Sie eine Adresskartei.** Notieren Sie darin wichtige Details, um Anknüpfungspunkte zu haben.

■ **Nutzen Sie den Kalender kreativ.** Telefonieren Sie, schreiben Sie, schicken Sie Glückwünsche und kleine Geschenke zu Geburtstagen und Feiertagen. Unterschätzen Sie solche scheinbar nahe liegende Aufmerksamkeit nicht.

■ **Verschicken Sie, zusammen mit einem Gruß, Hinweise** (Zeitungsausschnitte, Buchrezensionen), die den anderen vielleicht interessieren.

■ **Melden Sie sich, wenn es dem anderen schlecht geht.** Damit heben Sie sich wohltuend aus der Masse der Schönwetter-Bekanntschaften ab. Wetten, auch Sie werden jene nicht vergessen, die für Sie da waren, als es Ihnen nicht so gut ging.

■ **Drücken Sie Ihren Dank aus**, wenn man Ihnen einen Gefallen getan hat. Darin hat es Hillary Clinton zur Meisterschaft gebracht. Von ihr ist bekannt, dass sie sich jeden Tag eine gute Stunde Zeit nimmt, nur um Leute anzurufen – und sich zu bedanken.

4. Soziales und politisches Engagement

Der Mensch ist keine Insel. Jeder von uns ist irgendwie mit allen anderen verbunden. Das entdecken – zum Glück – immer mehr Menschen. Auch in unserer so genannten Spaßgesellschaft packen zuhauf verantwortungsvolle Bürger an, individuell oder organisiert als »Ärzte für die Dritte Welt«, »Nestwärme«, »Freiwilligen-Agentur« oder »Omahilfsdienst«. Sie kümmern sich freiwillig um andere. Um Straßenkinder, Behinderte, Alte und gestresste Mütter, um Flüchtlinge, Flutopfer, Obdachlose und um Kranke in der Dritten Welt. Sie tun das alles ohne Bezahlung.

Stille Helden des Alltags. Sie engagieren sich zwar kostenlos, aber nicht umsonst. Denn so viel steht fest: Wer sich für andere oder eine gute Sache engagiert, tut auch etwas – nein, sehr viel – für sich. Schon Goethe hatte erkannt:

»Nur der ist froh, der geben mag.«

Es ist nun mal das Gleichgewicht von Geben und Nehmen, das uns in seelische Balance bringt. Sich zu engagieren, selbstlos zu helfen, sich in den Dienst anderer Menschen zu stellen – auf den ersten Blick mag das vielleicht nur wenig einbringen. Doch soziales Engagement bringt sehr viel: Erstens »erdet« es. Zweitens qualifizieren Sie sich zusätzlich im Lebensbereich der sozialen Kompetenz. Schließlich kommen Sie mit Menschen in Berührung, mit denen Sie normalerweise kaum in Kontakt wären. Sie können also neue, wichtige, lehrreiche Erfahrungen machen. Sie können darüber hinaus die herzliche Dankbarkeit von anderen erleben. Und vielleicht spüren Sie an Leib und Seele, was so solide Begriffe wie Demut und Mut wirklich bedeuten.

Der Lohn für soziales Engagement wird in der Währung »innere Zufriedenheit« ausgezahlt.

Also: »Wenn jeder dem anderen helfen wollte, wäre allen geholfen«, rechnete einst die Dichterin Marie von Ebner-Eschenbach vor.

Dass Solidarität Glücksgefühle beschert, zeigt die Geschichte von Roseto, die Stefan Klein in seinem Buch »Die Glücksformel« erzählt. Die Bürger dieser Kleinstadt im Osten des US-Bundesstaats Pennsylvania verkörperten für Wissenschaftler lange Zeit ein Phänomen. In der ersten Hälfte des 20. Jahrhunderts waren sie wegen ihrer robusten Gesundheit aufgefallen: Sie schienen besonders zufrieden, keiner wurde kriminell, sie erkrankten seltener und lebten deutlich länger als der amerikanische Durchschnitt. Wie war das nur möglich?

Allesamt waren sie als italienische Einwanderer aus Apulien gekommen. Doch statt gesunder Mittelmeerküche kochte man schon bald amerikanisch, eben richtig fett. Man arbeitete hart, viele rauchten. Und doch gab es einen entscheidenden Unterschied zu ihren amerikanischen Landsleuten – das war ihr Zusammenhalt. In ihrer neuen Heimat pflegten sie die alten Rituale; drei Generationen lebten unter einem Dach, sie feierten zusammen Prozessionen und Kirchenfeste, trafen sich abends zum Spielen – und jeder war selbstverständlich für die Gemeinschaft da. Man half sich, wo und wann immer es ging.

Heute ist Roseto eine normale, typisch amerikanische Kleinstadt. Gediegener Wohlstand. Große Häuser, große Autos davor, Swimmingpool dahinter, Zäune drumherum. Die Menschen ziehen sich zurück. Die engen Beziehungen untereinander sind weitgehend verloren gegangen. Die Krankheitsrate und die Lebenserwartung der Bürger von Roseto haben sich dem statistischen Durchschnitt angepasst. Das Engagement einzelner für andere ist zurückgegangen – und ebenso das Maß an Zufriedenheit und Glück. – Denn da gibt es einfach einen engen Zusammenhang!

Teil 4

Gesundheit und Fitness

Neun Zehntel unseres Glücks

beruhen allein auf der Gesundheit.

Mit ihr wird alles eine Quelle des Genusses:

Hingegen ist ohne sie kein äußeres Gut,

welcher Art es auch sei, genießbar.

Arthur Schopenhauer

Sieben ungesunde Mythen

MYTHOS 1 »ÄRZTE SIND FÜR KRANKE DA«

Ein gesunder Mensch brauche keinen Arzt, so lautet ein weit verbreiteter Trugschluss. Solange man keine Beschwerden habe, sei ja alles in Ordnung – eben nach der Devise: »Ärzte sind für Kranke da.« Da muss man sich nicht wundern, wenn man auf die Aussage, man habe einen Arzttermin, der besorgten Frage begegnet: »Oh, hoffentlich nichts Schlimmes?« Auch unsere Sprache spiegelt diese Einstellung, wenn die Erhaltung unserer Gesundheit »Krankenversicherungen« und »Krankenhäusern« obliegt, statt dass es »Gesundheitsversicherung« und »Haus der Gesundheit« hieße. Und der Versuch, für präventive Maßnahmen zur Erhaltung der Gesundheit Versicherungsleistungen zu erhalten, scheitert in den meisten Fällen. Da werden für die Behandlung von Krankheiten Unsummen gezahlt, die mit einem Bruchteil der Kosten vermeidbar gewesen wären. Natürlich können (und müssen) Sie zum Arzt gehen, wenn es Sie erwischt hat, doch es ist viel sinnvoller, sich vorbeugend untersuchen und beraten zu lassen. Es ist schon sehr verwunderlich, dass so viele Menschen der regelmäßigen Wartung ihres Autos einen höheren Stellenwert beimessen als der Gesunderhaltung des eigenen Körpers! – Also: Je früher und je regelmäßiger Sie zum Arzt gehen, desto seltener werden Sie ihn wegen eines Krankheitsfalls aufsuchen müssen.

MYTHOS 2
»WAS ICH NICHT WEISS, MACHT MICH NICHT HEISS«

Diese Einstellung ist mit Mythos 1 eng verbunden. Denn Vorsorgeuntersuchungen werden ja nicht nur aus zeitlichen oder finanziellen Gründen aufgeschoben, sondern häufig aus der oft unbewussten Befürchtung heraus, es könne »irgendetwas Schlimmes« entdeckt werden – mit den sich daraus ergebenden Konsequenzen: einer mühsamen Behandlung oder Operation oder gar dem Verzicht auf Zigaretten, Alkohol oder Lieblingsspeisen. »Also besser gar nicht erst hingehen!« – selbst wenn es schon ein wenig zwickt und schmerzt. »Das vergeht schon wieder!« Doch diese Haltung ähnelt den drei berühmten Affen, die sich Augen, Ohren und Mund zuhalten. Natürlich lebt es sich vorübergehend sorgenfreier, aber wenn die Krankheit unerkannt weiter wächst, wird die Heilung später immer aufwändiger – oder gar unmöglich!

MYTHOS 3
»GESUNDHEITS-KNOW-HOW IST WAS FÜR MEDIZINER«

»... und mit Ernährung beschäftigen sich Ökotrophologen« (also Ernährungswissenschaftler). Ja, das mag durchaus richtig sein, wenn es um Fachwissen geht. Um für unsere Gesundheit zu sorgen brauchen wir jedoch keine Spezialkenntnisse, wohl aber ein grundlegendes Know-how darüber, was uns schadet, was uns gut tut und wie wir am besten für unsere körperliche Fitness sorgen können. Viele Krankheiten, Ernährungsfehler und Selbstschädigungen beruhen auf reiner Unwissenheit. Mag sein, dass die wenigsten in Elternhaus und Schule eine ausreichende Gesundheitserziehung erfahren haben, und viele Zusammenhänge wurden auch erst in den letzten Jahrzehnten entdeckt. Doch heute gibt es genügend gut verständliche Ratgeberbücher, die dem »Normalverbraucher« die wichtigen Kenntnisse zu seiner Gesundheitserhaltung vermitteln. Sicher: (Er-)

Kenntnis allein reicht nicht. Doch kann man vieles verbessern, wenn man nach dem »4-W-Prinzip« *wirklich weiß warum* und *wie!*

MYTHOS 4
»GESUNDE ERNÄHRUNG IST MÜHSAM UND FAD«

Dosen öffnen und Fertiggerichte zubereiten geht doch schneller als Gemüse raspeln oder Körner schroten, und mit Fastfood und Call a Pizza kann man viel Zeit sparen und es schmeckt besser als im vegetarischen Restaurant – so denken nicht wenige. Etliche halten gesundes Essen für langweilig und glauben, nur ein deftiger Schweinebraten mit Knödeln oder ein Wiener Schnitzel mit Pommes sei etwas »Richtiges«. Und der Satz: »Tofu, nein danke, das schmeckt viel zu gesund!« spiegelt die weit verbreitete Meinung, dass nur Ungesundes richtig lecker sei. Alles eine Frage der Gewohnheit, denn vollwertiges Essen kann durchaus ein Genuss sein. Wer anfängt, sich mit gesunder Ernährung zu beschäftigen, wird nicht nur bald eine ganze Reihe neuer Köstlichkeiten entdecken, sondern sogar im Schnellimbiss und in vielen Autobahnraststätten manch leckeren Happen finden, der dem Körper gut tut. Der Weg zur Salatbar ist auch nicht weiter als der zur Currywurst. Die meisten erfahren in kurzer Zeit, wie viel Spaß es machen kann, Neues zu probieren und zu experimentieren, und dass eine gesunde Ernährung keineswegs aufwändiger ist als ungesunde. Viele können sich schon nach wenigen Wochen gar nicht mehr vorstellen, wie »einseitig« sie sich früher ernährt haben – ganz abgesehen davon, dass sie mit mehr Energie und Wohlgefühl im Leben stehen. Letztlich ist auch das eine Frage der richtigen Balance, denn hin und wieder einen Braten oder etwas Frittiertes zu genießen, wird die Gesundheit nicht gefährden.

MYTHOS 5 »SPORT IST GESUND«

Nach diesem Motto suchen viele Berufsgestresste Ausgleich auf Tennis-, Golf- und Fußballplatz oder schinden sich beim Joggen, Radfahren und auf Fitnessgeräten. – Natürlich kann Sport gesund sein und gerade für Bürobelastungen einen sinnvollen Ausgleich bilden, doch in der falschen Art oder Dosierung schadet er mehr, als er nützt. So mancher kommt gesundheitlich vom Regen in die Traufe, wenn er seine im Büroalltag ohnehin strapazierte Rumpfmuskulatur auf dem Fußballfeld weiterhin belastet oder trotz aller Rückenprobleme auf seinem Rennrad strampelt und so ein Radlerkreuz verursacht. Generell schaden fast alle »Stop-and-go«-Sportarten den Bändern und Gelenken, und so mancher Manager muss später mit Massagen und Feldenkraisübungen seine Golfschulter oder den Tennisarm kurieren. Andere belasten ihr Herz-Kreislauf- und ihr Immunsystem, indem sie sich auch beim Sport noch verausgaben. Doch Leistungssport ist kein Ausgleichssport. Weniger Anstrengung ist mehr für die Gesundheit. Es gilt zu »laufen, ohne zu schnaufen«, am besten mit Pulsuhr. Entscheidend ist also, die individuell richtige Sport*art* zu finden – vorzugsweise mit ärztlicher Beratung – und sie auf die richtige *Weise* auszuüben. Nur dann ist Sport gesund – ansonsten bewirkt man das Gegenteil. Doch Vorsicht: Wenn Sport-Abstinente nun meinen, sie könnten sich jetzt die Hände reiben, und lauthals tönen, sie hätten ja schon immer gewusst, dass Sport ungesund sei, so unterliegen sie dem fatalen Irrtum des anderen Extrems.

MYTHOS 6 »STRESS GEHÖRT NUN MAL DAZU!«

Alle reden vom Stress, fast jeder ist im Stress und wer es nicht ist, bei dem scheint's nicht richtig zu laufen. Zeit zu haben ist verdächtig. Mit anderen Worten: »Stress ist in!« Tragischerweise, denn dadurch gewöhnen wir uns daran und lassen immer wieder zu, in Stress zu geraten. Zwar ist ein gewisses Maß an Stress durchaus verträglich und leistungsstimulierend, doch wenn sich Kleinstress zu Dauerstress kumuliert und nicht entsprechend kompensiert wird, leidet die Gesundheit erheblich. Der Körper vergisst nicht. Adrenalinausschüttungen tragen auf Dauer zur Arterienverstopfung bei und erhöhen das Infarkt- und Krebsrisiko. In ihrem Buch »Faulheit ist das halbe Leben« schreibt Dr. Inge Hofmann: »Stress kostet Lebensjahre, da sich im Gewitter der Stresshormone die Lebensbatterie zu schnell entlädt.« Und es ist eine Illusion zu glauben, man könne die ganzen Stressfolgen vollkommen ausgleichen. Vierzehn Stunden Stress im Büro lassen sich nicht mit einer Massage oder zwanzig Minuten Joggen kompensieren. Viel wichtiger als Stressausgleich sind Stressvermeidung und Stressbewältigung. Und das ist auch im heutigen hektischen und fordernden Berufsalltag möglich.

MYTHOS 7 »FERNSEHEN IST ENTSPANNEND«

Spannend mag vielleicht der eine oder andere Film sein, doch entspannend ist Fernsehen in den seltensten Fällen – und auf Dauer schon gar nicht. Warum sind wir denn nach einem vier- oder fünfstündigen Fernsehmarathon völlig geschafft? Fernsehen mag uns zerstreuen, aber Zerstreuung ist keinesfalls regenerierend. Regeneration erfolgt durch Sammlung, indem wir unsere Aufmerksamkeit auf eine Sache lenken oder einfach nichts tun – aber beim Fernsehen gehen wir mit unserer Aufmerksamkeit weg von uns, eben in die Ferne, in die wir sehen; unsere mentale Energie wird abgelenkt und in der Zerstreuung verstreut. Und dies noch mehr, wenn wir wahllos zappen. Bei stetigem Konsum beeinträchtigt Fernsehen sogar unsere Konzentrationsfähigkeit. Nicht umsonst leiden Kinder mit steigendem Fernsehkonsum erheblich unter Konzentrationsmangel. Zu viel Zeit vor der »Glotze« (bei geringer körperlicher Bewegung) ist eine der Ursachen des heute weit verbreiteten Aufmerksamkeits-Defizit-Syndroms (ADS). – Um nicht missverstanden zu werden: Es geht nicht darum, das Fernsehen in Bausch und Bogen zu verteufeln. Es gibt hervorragende Sendungen und ausgezeichnete Filme. Wieder ist es eine Frage der Dosis, also der Balance. Nur: Wer seine abendliche Entspannung ausschließlich vor dem Fernseher sucht, wird sie dort bestimmt nicht finden.

Jetzt haben Sie wieder Gelegenheit zu einem persönlichen Mythen-Check. Hand aufs Herz: Wie vertraut oder fremd sind ähnliche Gedanken Ihrem inneren Dialog?

Mythos	Das denke ich ...				
	nie	ganz selten	manch- mal	häufig	sehr häufig
1. »Ärzte sind für Kranke da«					
2. »Was ich nicht weiß, macht mich nicht heiß«					
3. »Gesundheits-Know-how ist was für Mediziner«					
4. »Gesunde Ernährung ist mühsam und fad«					
5. »Sport ist gesund«					
6. »Stress gehört nun mal dazu«					
7. »Fernsehen ist entspannend«					

Die vier Säulen von Gesundheit und Fitness

Mehr als die Hälfte der Menschen, die schwer krank in Kliniken eingeliefert werden, kommen dorthin, weil Sie gegen die Spielregeln und das Grundgesetz der Gesundheit verstoßen haben. Sie hatten keine Zeit für ausreichende Vorsorgemaßnahmen, haben sich falsch ernährt, zu viel geraucht und zu viel Alkohol getrunken, sich viel zu wenig bewegt, nicht genug geschlafen und hatten im Übrigen unendlich viel Stress. »Die Überschuldung, die die Menschen hier eingehen, kann von Ärzten in der Regel nicht einfach rückgängig gemacht werden«, schreibt der Arzt und Managementberater Dr. Cay von Fournier in seinem Buch »Lebensstrategie«. Wer ein erfülltes Leben in Balance führen will, wird vernünftigerweise Zeit und Fürsorge in seine Gesundheit und seinen Körper investieren. Die Gesundheit und die Fitness eines Menschen ruhen prinzipiell auf vier Säulen:

Hier sehen Sie gewissermaßen die wesentlichen Elemente Ihres Gesundheitsportfolios. Eine hohe Investition in diesen Bereich kann sich nicht nur körperlich durch mehr Lebensenergie und weniger Krankheiten auszahlen, sondern sogar finanziell, da mehr und mehr Krankenkassen ihre Beitragssätze nach der Fitness des Versicherten richten – ganz abgesehen davon, dass eine größere Leistungsfähigkeit Ihre beruflichen Erfolge begünstigen wird und Krankheiten, selbst wenn die Behandlungskosten ganz von der Kasse ersetzt werden, immer mit wirtschaftlich spürbaren Folgen verbunden sind.

1. Vorsorgewissen und lebenserhaltende Gesundheits-Checks

Um richtig zu handeln brauchen wir die richtigen Informationen. Wir brauchen Grundkenntnisse darüber, wie wir unsere Gesundheit erhalten und fördern können, und wir brauchen Kontrollen unseres gegenwärtigen Gesundheitszustands, insbesondere zur Erkennung sich unbemerkt anbahnender Risiken.

Lebensnotwendiges Wissen

Gegen elf Uhr befand sich Michael an seinem Schreibtisch in einem völligen Leistungstief. Um wieder zu Kräften zu kommen und seinem Gehirn auf die Sprünge zu helfen, gönnte er sich einen Schokoriegel und zwei Stück Traubenzucker. Auf die verwunderte Frage seiner neuen Kollegin Renate, warum er so etwas esse, wo er doch abnehmen wolle, antwortete er voller Überzeugung, das sei eben Nervennahrung. – Welch ein Irrtum! Da brauche er sich nicht zu wundern, wenn er in Kürze mit Heißhunger zum nächsten Schokoriegel greife, entgegnete sie. Ob er denn den Insulinkreislauf im Körper nicht kenne: dass er mit diesen Süßigkeiten nur kurzfristig den Blutzuckerspiegel hochjage, die Insulinproduktion ankurble, wodurch der Zucker im Gehirn ausgehe und er als Folge noch müder werde und noch mehr Appetit auf Süßes bekomme. – Nein, davon hatte er noch nie gehört. Für Renate war das unfassbar. Wie konnte er als erfolgreiche Führungskraft im Informationszeitalter nicht einmal die elementaren biologischen Grundlagen des Ernährungshaushalts kennen?

Doch Michael ist da keineswegs eine Ausnahme. Viele beruflich noch so erfolgreiche Menschen haben erschreckende Wissenslücken bezüglich der wichtigsten Zusammenhänge von Ernährung, Bewegung und Gesundheit. Ohne Kenntnis der maßgeblichen Abläufe im Körper und der unterschiedlichen Wirkung verschiedener Nahrungsbestandteile ist es nur schwer möglich, schädliche Verhaltensweisen aufzugeben und das Nötige für die eigene Gesundheit zu tun.

Einige wesentliche Informationen hierzu finden Sie auf den nächsten Seiten. Dennoch sollten Sie Zeit in die *Lektüre eines speziellen Gesundheitsratgebers* investieren, vorzugsweise in einen mit den Schwerpunkten Ernährung und Bewegung (eine Auswahl finden Sie im Anhang auf Seite 251 f.). Ich selbst habe erst nach meinem vierzigsten Lebensjahr mit Faszination ein solches Buch gelesen und dabei einerseits erkannt, welche falschen Vorstellungen ich in meinem persönlichen Modell von Gesundheit hatte, und andererseits, wie leicht man durch Veränderung nur einiger entscheidender Dinge für ein viel gesünderes und vitaleres Befinden sorgen kann. Das Einzige, was ich schwer bedauerte, war der Umstand, dieses Buch erst so spät in meinem Leben gelesen zu haben. Aber zumindest war es nicht zu spät – und das ist es hoffentlich auch für Sie nicht! (Einige Tipps, wann und wie Sie ein solches Buch am besten lesen, um es in Ihrem Leben konkret umsetzen zu können – ohne dass Ihr innerer Schweinehund dies sabotiert – finden Sie in Teil 6 auf Seite 226.)

Im Übrigen lohnt sich die *Teilnahme an einem speziellen Seminar* zum Thema Gesundheit und Fitness. Es bietet gegenüber der Lektüre eines Buches den Vorteil, dass Sie sich über mehrere Tage intensiv mit dieser Thematik beschäftigen, manches schon anhand praktischer Übungen erfahren können und die Möglichkeit zum Erfahrungsaustausch mit anderen sowie zu Rückfragen an den Seminarleiter haben. Häufig können Sie schon während dieser Tage an wichtigen Gesundheits- und Fitnesstests und -checks teilnehmen. (Entsprechende Hinweise finden Sie im Anhang auf Seite 249.)

Lebenserhaltende Gesundheits-Checks

In einem Artikel der *Süddeutschen Zeitung* vom 15. März 2002 war zu lesen: »Die Deutschen werden seit fast einem Jahrhundert von Ärzten aufgefordert, sich um Krebserkrankungen zu sorgen und die Chance zur Früherkennung zu nutzen, doch die Resonanz ist bislang mager: Nur jeder sechste Mann und jede dritte Frau nutzt die Krebsvorsorgeprogramme der Krankenkassen.« – Ist das zu fassen? Ein an sich vernünftig denkender Mensch, der sich durch Sicherheitsschlösser, Versicherungen, Finanzrücklagen und ein sicheres Auto gegen alle möglichen Risiken im Leben absichert, ja, der ebendieses Auto um seiner Sicherheit willen regelmäßig auf eigene Kosten warten lässt – dieser Mensch versäumt es, seinen Körper durch Vorsorgeuntersuchungen warten zu lassen, die ihn noch dazu gar nichts kosten, weil seine Krankenversicherung dies bezahlt? Allein das Risiko, an Darmkrebs zu sterben, ließe sich durch jährliche Kontrollen ab dem fünfzigsten Lebensjahr um bis zu neunzig (!) Prozent senken, so der Darmspezialist Wolf Schmiegel von der Universität Bochum. Um die Untersuchungsunwilligen besser zu motivieren hat die Felix-Burda-Stiftung eine Anzeigenkampagne initiiert und den März zum alljährlichen Darmkrebsmonat ausgerufen. Ist es denn nur Unwissenheit, Bequemlichkeit oder die Befürchtung, bei einer solchen Kontrolle könne etwas Schlimmes entdeckt werden? Und wiegt bei vielen diese Sorge stärker als die wohl allgemein bekannte Tatsache, dass die Heilungschancen umso höher sind, je früher eine Krankheit entdeckt wird? – Letztlich ist die Beantwortung dieser Fragen müßig, zumindest was Ihre Gesundheit betrifft: Egal warum andere sich unvernünftig verhalten – machen Sie es anders! Sie können mit einem geringen Aufwand sehr viel für die Erhaltung Ihrer Gesundheit tun – und in der Regel sogar ohne eigene Kosten.

Welche Vorsorgeuntersuchungen ratsam sind, hängt in erster Linie von Ihrem Alter ab. Hier eine Liste mit den wichtigsten Gesundheits-Checks.

Kalender der Gesundheits-Checks		
Alter	**Häufigkeit**	**Untersuchung**
Ab 20	jedes Jahr	■ 1- bis 2-mal Zahnkontrolle ■ Blutdruck messen ■ *Frauen:* allgem. gynäko. Untersuchung
	alle 3 Jahre	■ Vollständige Hautuntersuchung ■ *Frauen:* klinischer Brustcheck und Gebärmutterhalsabstrich
	alle 5 Jahre	■ Blutfettkontrolle
	alle 10 Jahre	■ Sehtest und Augenuntersuchung
Ab 40	jedes Jahr zusätzlich	■ Stuhluntersuchung (Hämoccult-Testbrief) ■ *Frauen:* klinischer Brustcheck/ Mammografie ■ *Männer:* Prostata (PSA-Test, Rektaluntersuchung)
Ab 50	alle 3 Jahre zusätzlich	■ Sehtest und Augenuntersuchung ■ Blutzuckeruntersuchung (Diabetes)
	jedes Jahr zusätzlich	■ Vollständige Hautuntersuchung ■ *Frauen:* Knochendichtemessung (Osteoporose)
Ab 60	alle 3 Jahre zusätzlich	■ Schilddrüsenfunktion
	alle 10 Jahre zusätzlich	■ *auch Männer:* Knochendichtemessung

Diese Checkliste enthält die notwendigen Mindestuntersuchungen. Wenn Sie noch mehr Klarheit gewinnen wollen, so lassen Sie regelmäßig Ihre Blutwerte kontrollieren – und zwar nicht nur die Risikowerte, die besondere Gefahren und Krankheiten signalisieren können, sondern auch die Vitalwerte, die für Ihre Leistungsfähigkeit und Ihre Stimmung maßgeblich sind. In seinem Buch »Fit Forever« schreibt Dr. Michael Spitzbart: »Ihr Blutbild ist Ihre persönliche Bibel für ein erfülltes Leben. Wenn Sie lustlos, anfällig und schwach durchs Leben schreiten, dann kann man das an Ihren Blutwerten ablesen.«

Die wichtigsten Risikowerte, die im grünen Bereich liegen sollten, sind:

Risikowert	Bedeutung	Empfehlungswert
Gesamtcholesterin	Bei erhöhten Werten: Gefahr für Arteriosklerose und Herzinfarkt	Unter 150 mg/dl
HDL	»Gutes« Cholesterin: schützt vor Herzinfarkt, daher: je höher der Wert, umso besser	Männlich über 50 mg/dl Weiblich über 60 mg/dl
LDL	»Schlechtes« Cholesterin: verursacht Arteriosklerose und Herzinfarkt	Unter 130 mg/dl
Triglyceride	Blutfette, Erhöhung meist durch Diätfehler	Unter 100 mg/dl
Gamma-GT	Schnelle Erhöhung durch Leberbelastung	Unter 10 U/l
Lipoprotein $\propto 1$	Genetisches Risiko für Arteriosklerose	Bis 30 μg
Homocystein	Beschleunigt Gefäßverkalkung	Unter 9 μmol/l
Cortisol (morgens)	Schädliches Stresshormon	Unter 150 ng/ml
GPT	Leberwert	Unter 20 U/l
GOT	Leberwert	Unter 15 U/l

Und folgende Werte lassen Ihre Vitalität und Leistungsfähigkeit erkennen:

Vitalwert	Bedeutung	Empfehlungswert
Hämoglobin	Blutarmut bei zu wenig Hämoglobin, vermindert u. a. bei Eisenmangel	Männlich über 16 g/dl Weiblich über 14 g/dl
Gesamteiweiß	Baustein der wichtigsten Enzyme und Hormone	Über 7,70 g/dl
Magnesium	Das Salz der Belastbarkeit, weitet Blutgefäße, verhindert u. a. Herzanfälle und Migräne	Über 1 mmol/l
Eisen	Wichtig für Blutbildung und Ausdauerleistung	70 bis 175 µg/dl
Kalium	Leistungsmineral, blutdrucksenkend	3,5 bis 5,5 mmol/l
Kalzium	Wichtig für Blutgerinnung und Knochenaufbau	2,15 bis 2,75 mmol/l
Zink	Stärkt Immunsystem, wichtig für gesunde Haut	1,2 bis 1,7 mg/l
Selen	Schützt als Antioxidans vor Krebserkrankungen	150 bis 170 mg/l
Chrom	Erhöht die Fettverbrennung	0,02 bis 0,2 mg/l
Mangan	Schützt vor Alterung	0,02 bis 0,2 mg/l

Doch begnügen Sie sich nicht einfach damit, »in der Norm« zu liegen. »Normalwerte kommen dadurch zustande« – so Dr. Spitzbart –, »dass von einer Million Blutwerten schlicht der Mittelwert errechnet wird. Doch von wem stammen diese Blutproben? Natürlich von den Kranken. Was bei uns als ›normal‹ gilt, ist nichts anderes als der Mittelwert der Durchschnittskranken. Attestiert Ihnen der Arzt beim Routinecheck beste Gesundheit, heißt das nur: Verglichen mit Kranken geht es Ihnen gut.« – Die Werte leistungsfähiger Menschen dürfen also gern besser als die Normwerte sein!

2. Ernährung ist (fast) alles

> Der Mensch ist, was er isst.

Dieser viel zitierte Satz ist wahrer, als man denkt. Nicht die Menge unseres Essens entscheidet über unsere Gesundheit und unser Wohlbefinden, sondern die Zusammensetzung und die Art und Weise, wie wir die Nahrung zu uns nehmen. Die Grundübel westlicher Ernährungsgewohnheiten lassen sich in einem Satz auf den Punkt bringen: Wir essen *zu schnell, zu fett und zu süß* und nehmen gleichzeitig *zu wenig frische Kost und zu wenig Flüssigkeit* zu uns. Und dies nicht in erster Linie aus mangelnder Willensstärke und purer Genusssucht, sondern hauptsächlich aus reiner Unwissenheit. Vielen scheint gar nicht bewusst zu sein, was sie sich antun, wenn sie kontinuierlich *Fastfood* und *Junkfood* konsumieren. Werfen Sie doch einmal in einem deutschen Supermarkt einen Blick in die Einkaufswägen an der Kasse. Dann braucht es Sie nicht mehr zu wundern, warum es hierzulande etwa 30 Millionen Übergewichtige gibt und unzählige weitere ernährungsbedingte Krankheitsfälle. Dabei geht es gar nicht darum, sich zu kasteien und den Genuss am Essen aufzugeben – im Gegenteil: Gesundes Essen kann hervorragend schmecken, und der Lebensgenuss wird durch ein besseres und vitaleres Körpergefühl sogar noch gesteigert. Entscheidend ist zu wissen, worauf es ankommt. Ausführliche Informationen finden Sie in jedem Ratgeberbuch über Gesundheit und Fitness (siehe dazu im Anhang Seite 251 f.). Hier kurz und bündig die sieben wichtigsten Regeln zur gesunden Ernährung:

Die 7 wichtigsten Regeln für eine gesunde Ernährung

Regel 1: Trinken, trinken, trinken!
Und zwar Wasser! – Wasser ist reinstes Lebenselixier und die billigste Medizin für einen dehydrierten Körper. Denn die meisten von uns leiden an einer Austrocknung ihres Körpers, und Flüssigkeitsmangel ist der häufigste Ernährungsfehler der Menschen. Paradox, weil sie an sich sehr viel trinken – nur nicht genug Wasser. Der Durchschnittsbürger trinkt mehr Kaffee als Wasser. Doch Kaffee und Alkohol regen die Nierenfunktion an und bewirken damit einen erhöhten Flüssigkeitsverlust. Dasselbe gilt für alle koffeinhaltigen Getränke wie Schwarztees und Cola. Wassermangel führt zu dickerem und zähflüssigem Blut, einer verminderten Sauerstoffversorgung des Körpers, Trägheit und Konzentrationsschwierigkeiten. Gleichzeitig sinkt unser Durchhaltevermögen und es geht mit unserer Laune bergab. – Der Ausweg lautet:
- *Trinken Sie pro Tag mindestens zwei bis drei Liter Wasser!*
- Optimalerweise alle dreißig Minuten ein Glas,
- möglichst ohne Kohlensäure (da der Körper meistens übersäuert ist),
- ersatzweise Säfte, Milch oder Kräuter- und Früchtetees.

Regel 2: Essen Sie »Leben«
Essen Sie Obst und Gemüse in »rohen« Mengen. Sie können gar nicht genug davon bekommen! Am besten, Sie nehmen mehr als die Hälfte Ihrer Nahrung »lebendig« zu sich. Warum?
- Unser Organismus verbraucht viel Energie, um gekochtes Essen zu verdauen, da er dies zunächst als Eindringling betrachtet und wie einen Fremdkörper bekämpft.
- Alle pflanzlichen Lebensmittel haben eine gute Sättigungswirkung und sind relativ fettarm. Daher können Sie sich daran satt essen, ohne zuzunehmen.
- Obst und Gemüse, täglich reichlich genossen, stärken die

Gesundheit und senken das Krebsrisiko aufgrund ihrer vielen Vitamine, Spurenelemente und Ballaststoffe.

Und wie? Am besten so:
■ Essen Sie *schon zum Frühstück* frisches Obst mit Joghurt oder Müsli. Wer zum Frühstück ausschließlich frisches Obst zu sich nimmt, *reinigt* außerdem seinen Darm auf natürliche Weise und reduziert bei Bedarf leichter sein Gewicht.
■ Gestalten Sie *Zwischenmahlzeiten* mit Obst und Karotten-, Kohlrabi- oder Paprikaschnitzen. Geben Sie Ihren Kindern geschnittenes Obst und Gemüse mit in die Schule.
■ Essen Sie *mittags* einen großen Salatteller.
■ Ergänzen und gestalten Sie Ihre *sonstigen Mahlzeiten* mit möglichst viel Gemüse, roh oder schonend gegart.
■ Trinken Sie mindestens *einmal am Tag* ein Glas Frucht- oder Gemüsesaft.

Regel 3: Sorgen Sie für ausreichend Eiweiß
Eiweiß ist entscheidend für unsere Leistungsfähigkeit, unsere Kreativität und unsere Arbeitsfreude. Es liefert die Grundbausteine für unsere Zellen. Mit viel Eiweiß im Blut fühlen wir uns wohler und können uns besser konzentrieren. Unser Eiweißhaushalt ist also mitentscheidend für unsere Lebensbalance. Optimal ist ein Gesamteiweißspiegel von etwa acht Gramm/Deziliter, doch es kann lange dauern, bis Sie Ihren Eiweißspeicher von beispielsweise sechs oder sieben Gramm aufgefüllt haben. Lassen Sie sich aber Zeit, denn wer zu viel Eiweiß auf einmal aufnimmt, schadet seinen Nieren. Was müssen Sie beachten?
■ *Pro Tag* brauchen Sie etwa *acht Milligramm Eiweiß pro Kilo Körpergewicht.*
■ Achten sie auf *hohe biologische Wertigkeit* des Nahrungseiweißes. Diese erreichen Sie am besten durch Kombination verschiedener tierischer und pflanzlicher Eiweißquellen, zum Bei-

spiel von Brot und Milch, Eiern und Kartoffeln, Weizen und Brokkoli usw.

■ Nehmen Sie Eiweiß *möglichst ohne Fett* zu sich, da Fett die Eiweißaufnahme im Körper beeinträchtigt.

■ Zusätzliche *Eiweiß-Konzentrate* können sinnvoll sein, wenn Sie viel Sport treiben oder Ihr Eiweißspiegel zu niedrig ist. Dann sollten Sie aber mindestens drei Liter Wasser täglich trinken. Achten Sie beim Kauf auf eine ausgewiesene biologische Wertigkeit über 100. Lassen Sie sich von Ihrem Arzt oder Apotheker beraten.

Regel 4: Achten Sie auf die Geschwindigkeit der Kohlehydrate

Hauptakteur ist hier das Insulin, der Wächter über den Blutzuckerspiegel. Es achtet darauf, dass dieser möglichst konstant bleibt, und tritt sofort in Aktion, wenn der Zuckerwert im Blut zu schnell steigt. Und das hängt von der Art der Kohlehydrate ab, die wir zu uns nehmen:

■ *Kurzkettige Kohlehydrate* (wie sie in Zucker, Schokolade, Marmelade, Weißbrot und Cornflakes enthalten sind) lassen den Blutzucker *schnell* ansteigen. Sofort reagiert der Insulin-»Wächter« und verteilt eilig den Blutzucker im Körper – tragischerweise wandert das meiste ins Unterhautgewebe... um sich dort in bleibendes Fett zu verwandeln. Daher der Spruch: »Ein Stück Schokolade bleibt eine Minute im Mund, eine Stunde im Magen und viele Jahre auf der Hüfte.« – Doch damit ist es noch nicht genug: Nach dem kurzen Hoch sinkt der Blutzucker sogar unter den Ausgangswert und wir bekommen erneut Heißhunger auf Süßes. Ein verhängnisvoller Kreislauf.

■ *Langkettige Kohlehydrate* (wie in Vollkornbrot, Reis, Kartoffeln, Nudeln und Müsli) werden nur *langsam* in Zucker zersetzt, lassen also den Blutzuckerspiegel nicht in die Höhe schnellen. Dieser Zucker wird im Körper über einen langen Zeitraum verwertet und steht dem Gehirn für größere Konzentrationsphasen zur Verfügung. Außerdem haben wir länger ein Gefühl der Sättigung.

Daraus folgt also:

■ Meiden Sie kurzkettige (»schnelle«) Kohlehydrate oder essen Sie diese zumindest in Kombination mit Eiweiß, denn das verzögert die Aufspaltung in Glukose und damit das Ansteigen des Blutzuckers. Also besser »schnelles« Weißbrot mit Käse, Ei oder Quark als mit »noch schnellerer« Marmelade!

■ Ernähren Sie sich möglichst vollwertig mit langkettigen (»langsamen«) Kohlehydraten.

Regel 5: Nichts wie weg mit satten Fetten

Fett macht nicht satt, sondern dick. Es verleitet dazu, mehr zu essen, weil es schmeckt. Fett, das nicht verbrannt wird, schadet unserem Körper in dreifacher Weise: Es lagert sich 1. am Bauch und an der Hüfte ab, 2. an den Gefäßinnenwänden (was zu Herzinfarkt und Schlaganfall führen kann) und 3. in den Gehirnzellen, wodurch unsere geistige Leistungsfähigkeit gemindert wird. Daher lautet die klare Devise: *Möglichst wenig Fett essen!* Wenn Sie täglich nur zwanzig Gramm Fett einsparen (das sind zwei Esslöffel Butter oder sechzig Gramm Salami), können Sie im Jahr zehn Kilo Fettpolster loswerden! Doch Fett ist nicht gleich Fett! Unterscheiden Sie schlechte und gute Fette:

■ *Ungesundes = tierisches Fett mit gesättigten Fettsäuren* und viel schädlichem LDL-Cholesterin. Dies gilt es zu meiden. Am ungesündesten sind Kokosfett und chemisch veränderte, gehärtete Fette. Ersetzen Sie diese weitgehend durch:

■ *Gesundes = pflanzliches Fett mit ungesättigten Fettsäuren.* Sie sind lebenswichtig, da unser Körper sie nicht selbst herstellen kann.

■ Besonders empfehlenswert sind *einfach ungesättigte Fettsäuren* (wie in Olivenöl und in Nüssen), die das schädliche LDL-

Cholesterin senken und den Wert des guten HDL-Cholesterins im Blut erhöhen.

■ *Mehrfach ungesättigte Omega-3-Fettsäuren* (vor allem in Fisch, Speiseleinöl, auch in schwarzen Johannisbeeren) wiederum wirken entzündungshemmend und immunsystemstabilisierend.

Für Ihren Speiseplan gilt daher:
■ Mehr Fisch – weniger Fleisch!
■ Mehr Olivenöl – weniger Butter!

Regel 6: Vitalstoffe nicht vergessen!
Vitamine und Mineralien sind die lebenswichtigsten Vitalstoffe für unsere Fitness und unsere Gesundheit. An sich wären diese bei ausgewogener Ernährung von Natur aus in den Speisen enthalten. Doch Monokultur, saurer Regen, Kunstdünger, Tiermast und lange Transportzeiten schaden diesen natürlichen Energiequellen. Nicht zuletzt sterben beim Kochen viele der restlichen Vitamine und Enzyme ab. Daher empfiehlt es sich, die Ernährung mit den wichtigsten Vitalstoffen (beispielsweise aus der Apotheke oder dem Reformhaus) zu ergänzen. Welche Vitalstoffe Sie persönlich brauchen, können Sie durch eine Kontrolle der Vitalwerte im Blut ermitteln lassen. Grundsätzlich sollten jedoch folgende Vitamine und Mineralien zu Ihrer Mindestausstattung gehören:

■ *Vitamin C* schützt vor freien Radikalen, stärkt das Immunsystem und mindert Krebs- und Herzinfarktrisiko. Empfehlenswert: *täglich ein bis drei Gramm* (drei Gramm insbesondere in Grippezeiten, bei erhöhtem Stress, bei Rauchern und bei Übergewicht).

■ *Vitamin E* schützt die Zellmembran vor Zerstörung durch Oxidation, entgiftet die Fettspeicher und mindert die Gefährlichkeit des schädlichen LDL-Cholesterins. Empfehlenswert: *täglich 500 Milligramm* (bei hohem LDL-Spiegel sogar 1000).

■ *Magnesium* schützt vor Herz-Kreislauf-Erkrankungen und optimiert die Sauerstoffversorgung der Zellen sowie die Stoffwechselprozesse im Körper. Empfehlenswert: *täglich 300 Milligramm* (600, bis Ihr Magnesiumspiegel über 0,9 Millimol/Liter angestiegen ist).

■ *Selen* ist ein wichtiger Bestandteil von Enzymen im Stoffwechsel, schützt vor freien Radikalen und stärkt unser Immunsystem. Der Selen-Spiegel der Durchschnittsdeutschen ist viel zu tief, da Selen in unseren Böden fehlt. Empfehlenswert: *täglich 100 Mikrogramm.*

Eine gute Lösung bieten fertig zusammengestellte Multivitamin- und Mineralienpräparate, die Sie in jeder Apotheke erhalten.

Regel 7: Schützen Sie Ihre Essenszeiten
Nehmen Sie sich Zeit für Ihre Mahlzeiten. Wer sein Frühstück aus der Hand während der Fahrt zur Arbeit, das Mittagessen beim Geschäftsmeeting und sein Abendbrot vor dem Fernseher oder über seinen Akten zu sich nimmt, verschenkt Genuss und Lebenszeit. Oft weiß man hinterher gar nicht mehr, was man gegessen oder wie es geschmeckt hat. Gönnen Sie sich *Essensauszeiten,* in denen Sie sich ganz dem Essen und nichts anderem widmen – außer der Familie oder den Menschen, mit denen Sie gemeinsam speisen. Fastfood und Schnellimbissläden mögen manchmal ganz praktisch sein, aber auf Dauer schmälern sie unsere Lebensqualität und unsere Lebensintensität!

3. Mensch, beweg dich!
Es ist kurz vor zwanzig Uhr. Volker T., Geschäftsführer einer internationalen Unternehmensberatung, steht in der Hotellobby. Plötzlich sagt eine Stimme hinter ihm: »Hallo! Ich bin der Daniel.« Daniel ist heute Abend sein Personal Coach. Für die

nächsten zwei Stunden hat er einen Trainer ganz für sich allein. Die Münchner Agentur Health Performance vermittelt Privattrainer für Menschen, die zwar laufend unterwegs, aber zu wenig in Bewegung sind. Volker T.s Sekretärin hat die Anweisung, jede Woche mindestens neunzig Minuten dafür in seinem Terminkalender zu reservieren. Mal in Stuttgart morgens um sieben, dann in Berlin abends um neun. Das Einzige, was er tun muss, ist, den Jogginganzug und die Schuhe einzupacken. Damit werden die Ausreden des inneren Schweinehunds außer Kraft gesetzt. Das übliche »Habe absolut keine Zeit«, »Bin doch ständig unterwegs« entfällt. Ersatzlos gestrichen!

Sicher, ein solcher Personal Coach ist Luxus. Und sicher nicht das einzige Mittel, den inneren Schweinehund zu überwinden. Doch eines steht fest: Was im heutigen Berufsleben Not tut, ist Bewegung. Viele leben in einem absoluten *Bewegungsnotstand*. Sie bewegen sich allenfalls aus dem Bett an den Frühstückstisch, von dort ins Auto, erreichen mit dem Fahrstuhl den Bürosessel, sitzen zwischendrin in der Kantine, dann wieder im Auto und verbringen den Rest des Abends auf der Couch vor dem Fernseher. Der Anteil körperlicher Arbeit am Bruttosozialprodukt ist seit 1850 von neunundneunzig auf gerade noch fünf Prozent gesunken. – Dabei ist alles in unserem Körper für Bewegung geschaffen. *Bewegung ist ein Urbedürfnis unseres Organismus* und elementarer Bestandteil unseres genetischen Bauplans. Dies lässt sich am einfachsten am Bewegungsdrang von Kindern erkennen: Wir sind geboren, uns zu bewegen, und somit als Bewegungsmuffel eine lebende Fehlkonstruktion. Unzählige Krankheiten könnten durch Bewegung verhindert oder geheilt werden. Bewegte Menschen leben besser und länger. Und doch scheint die breite Masse noch überzeugter Anhänger der No-sports-Bewegung zu sein. Allzu gern wird mit ironischem Lächeln Winston Churchills Lebensregel zitiert: »First of all – no sports.« Das klingt schon markant! Doch wissen diese Sportabstinenzler, dass jener legendäre Zyniker die letzten vierzehn Jahre seines körperlich unbewegten Lebens im Rollstuhl verbringen musste?

Auch sonst kann *Bewegungsmangel fatale Folgen* haben: Haltungsschäden, Rückenschmerzen und Osteoporose, Übergewicht, Bluthochdruck und Herzinfarkt, erhöhte Insulinproduktion, Diabetes und Arteriosklerose, chronische Müdigkeit, Konzentrationsprobleme und Schlafstörungen sind nur einige der Konsequenzen, mit denen unser Organismus die ausbleibende körperliche Aktivität quittiert.

Lassen Sie es nicht so weit kommen! Sorgen Sie für ausreichend Bewegung in Ihrem Leben. Nur dann leben Sie gesund und in Balance. Und das beste Mittel hierzu ist, *täglich mindestens dreißig Minuten Ausdauersport* zu treiben, sei dies nun Joggen, Walken, Radfahren, Inline-Skaten, Schwimmen, Skilanglaufen oder das Training auf Laufband, Stepper oder Heimtrainer. Entscheidend ist, dass Sie eine Sportart wählen:

- *die Ihnen persönlich liegt und Spaß macht,*
- *die zu Ihrer körperlichen Verfassung passt* (so sollten Menschen mit Rückenschmerzen nicht viel Rad fahren und stark Übergewichtige am Anfang nicht laufen),
- *bei der Sie sich möglichst gleichmäßig und rhythmisch bewegen* (also keine gelenkstrapazierenden Stop-and-go-Sportarten wie Fußball, Tennis oder Squash, bei denen Sie außerdem kein Fett, sondern Ihre kostbaren Zuckerreserven verbrennen).

Spitzenreiter und größter Favorit unter allen Bewegungsmöglichkeiten ist das Laufen. Vor allem für Menschen mit geringen Zeitreserven bietet es den Vorteil, dass man mit wenig Aufwand (schon dreißig Minuten genügen) viel erreichen kann. Und da Sie in der Regel von daheim loslaufen können, sparen Sie sich Anfahrts- und Vorbereitungszeiten. Jeder, der regelmäßig läuft, wird Ihnen bestätigen, dass er viel Fitness und Wohlbefinden daraus gewinnt. Hier sind zehn sportmedizinisch belegte Gründe, regelmäßig zu laufen:

10 Gründe, regelmäßig zu laufen

- Laufen steigert den Energiegrundumsatz um 25 Prozent und reguliert den Appetit.
- Laufen verbrennt Blutfett.
- Laufen baut schädliche Stresshormone ab.
- Laufen verzehnfacht die Sauerstoffversorgung des Körpers.
- Laufen versorgt das Gehirn mit Energie (Zucker) und steigert so die Gedächtnisleistung.
- Laufen steigert das Kreativitätshormon ACTH.
- Laufen steigert die Leistungsfähigkeit durch Vermehrung der Mitochondrien (der winzigen körpereigenen Kraftwerke).
- Laufen verbessert das Immunsystem.
- Laufen bewirkt die Ausschüttung körpereigener Glückshormone (Endorphine).
- Laufen erspart den Gefäßchirurgen.

Ich selbst laufe nun schon seit sechsundzwanzig Jahren. Früher etwa zwanzig Minuten pro Tag, in den letzten Jahren zwischen dreißig und sechzig Minuten. Ich lief in gutem Tempo, so wie ich mich fühlte, und powerte mich richtig aus – ohne Pulsuhr und ähnlichen Schnickschnack, wie ich es nannte. Doch vor etwa einem Jahr musste ich bei einem Belastungstest erfahren: Ich lief ziemlich ineffektiv, mit viel zu viel Anstrengung in einem hohen Pulsfrequenzbereich, sodass ich außerdem nur Zucker und kein Fett verbrannte. Demütig lernte ich wieder einmal die alte Weisheit: Weniger ist mehr. Seitdem laufe ich mit Pulsmesser: viel langsamer, aber mit viel größerer Wirkung! Den Fehler, zu schnell zu laufen, machen sehr viele, die meisten – wie auch ich – aus reiner Unkenntnis. Es lohnt sich also wirklich, sich gut zu informieren, um von Anfang an »richtig« zu laufen. Dr. Thomas Wessinghage, dreimaliger Europameister über 1500 und 3000 Meter, gibt in seinen Seminaren Tipps zum richtigen Laufen. Hier eine Auswahl:

7 Tipps, wie Sie richtig laufen

1. Wie oft? – Regelmäßig, *am besten täglich*, denn so entwickeln Sie einen Laufautomatismus.

2. Wie lange? – *Mindestens 30 Minuten*, dann wird der Erfolg messbar. Aber auch eine Stunde schadet nicht. Am Anfang ist es durchaus vertretbar, nur 5 oder 10 Minuten zu laufen und sich kontinuierlich zu steigern.

3. Wann? – *Optimalerweise frühmorgens vor dem Frühstück*, denn die Fett verbrennenden Enzyme bilden sich am leichtesten, wenn noch keine Kohlehydrate im Magen sind. Außerdem beginnen Sie den Tag schon mit einer belebenden Sauerstoffdusche. Andererseits vernichtet, wer abends läuft, die tagsüber angesammelten Stresshormone.

4. Wie schnell? – Langsam in der richtigen Pulsfrequenz. Wenn man zu schnell läuft, steigt die Milchsäure (Laktat) im Blut, die Muskeln leiden an Sauerstoffmangel und Fettverbrennung wird unmöglich. Ermitteln Sie die für Sie optimale Lauffrequenz mit einem Laktattest bei einem Sportmediziner.

5. Wo? – Am besten auf Waldboden, Wiese oder Moos. Mit ausgezeichneten Laufschuhen passiert aber auch auf Asphalt nichts.

6. Mit welchen Schuhen? – Mit guten Laufschuhen; vorzugsweise besitzen Sie zwei Paar, die Sie ständig wechseln. Denn: Kein Schuh ist hundertprozentig richtig, und wenn Sie immer mit demselben Schuh laufen, manifestiert sich der Restfehler an Ihren Gelenken. Bei Knochen- oder Gelenkbeschwerden empfiehlt sich eine Laufbandanalyse per Video im Sportgeschäft, um Achsfehlstellungen zu erkennen. Diese können durch Einlagen korrigiert werden.

7. Wie? – Am Anfang zuerst mit der Ferse aufsetzen. Erfahrene Läufer empfehlen die Vorfuß-Lauftechnik, wie wenn man auf der Stelle läuft, eben nur vorwärts.

Egal welche Ausdauersportart Sie praktizieren: *Nutzen Sie auch jede weitere Gelegenheit, mehr Bewegung in Ihren Alltag zu bringen:*

■ Fahren Sie wenn möglich mit dem Fahrrad zur Arbeit.

■ Wählen Sie die Treppe statt des Fahrstuhls – und nehmen Sie ruhig zwei Stufen auf einmal.

■ Beim Telefonieren können Sie hin und her gehen oder zumindest stehen und Ihre Muskeln dehnen.

■ Stehen Sie während der Arbeit immer wieder auf und wippen Sie auf Ihren Zehen. (Das können Sie natürlich auch schon beim Zähneputzen »einbauen«.)

■ Machen Sie in der Mittagspause einen Spaziergang – und seien es nur zehn Minuten.

■ Und machen Sie Ihre Besorgungen vorwiegend zu Fuß.

Sobald Sie Ihre Fantasie aktivieren, werden Sie feststellen, wie viele Möglichkeiten für Mini-Bewegungstrainings Ihr Tagesablauf bietet. Nehmen Sie sich gleich jetzt fünf Minuten Zeit und notieren Sie, welche Gelegenheiten Sie in Ihrem Leben dazu nutzen könnten. Fünf bis zehn sollten Ihnen schon einfallen!

Mini-Bewegungsgelegenheiten in meinem Alltag:

Und damit es nicht bei der Erkenntnis bleibt, sollten Sie diese Möglichkeiten gleich in Ihrem Timer vermerken, sodass Sie sie täglich vor Augen haben. Sonst könnte es sein, dass Ihr innerer Schweinehund Sie diese Vorhaben schnell wieder vergessen lässt. Also: Je mehr Sie sich regen, desto größer der Segen!

4. Stressmanagement und Entspannung

Wie oft hört man heute den Satz: »Ich bin total im Stress!« Doch was verbirgt sich eigentlich hinter diesem Begriff? Nach Meinung des renommierten Stressforschers Hans Selye ist Stress an sich nichts anderes als *eine körperliche Anpassungsreaktion auf Reize aus unserer Umwelt.* Wenn Sie eine Feder zusammendrücken, so gerät sie unter Spannung. Ähnlich ist es bei uns Menschen. Auch wir geraten, wenn wir unter Druck sind, in Spannung. Und diese Spannung ist, sehr vereinfacht ausgedrückt, die Anpassungsreaktion auf den Druck.

Interessanterweise ist es dabei für die Intensität des Stresses grundsätzlich nebensächlich, ob der Stressauslöser uns angenehm oder unangenehm ist. Nehmen Sie an, eine Mutter erhält die schreckliche Nachricht, das Flugzeug, mit dem ihr Sohn aus Mexiko zurückkehren sollte, sei abgestürzt. Sie wird einen fürchterlichen Schock und ein Höchstmaß an körperlichem und psychischem Stress erleiden. Sollte nun eine Stunde später ihr Sohn anrufen, um mitzuteilen, er habe das Flugzeug verpasst, sodass er sich nun leider verspäten werde, so können Sie sich die gewaltige Freude vorstellen, die die Mutter erfüllt. Doch auch diese »Glückswelle« ist Stress, wieder ein Höchstmaß an Spannung für Körper und Psyche.

Und das ist das Entscheidende: welche Qualität der Stress hat. Stress ist nämlich nicht gleich Stress. Vielmehr ist zwischen negativem Disstress und positivem Eustress zu unterscheiden. Nur der Disstress ist schädlich und auf Dauer lebensbedrohlich, während Eustress vitalisierend und lebensnotwendig ist. Nur den Disstress, schreibt Vera F. Birkenbihl ganz richtig, gilt es zu dosieren, denn er verursacht Leid, Krankheit und Depression, während Eustress Freude ins Leben bringt und die Gesundheit fördert – und gerade deshalb gesucht werden soll.

Um mit Disstress besser umgehen zu können, ist es sinnvoll, zu wissen, was bei Stress im Körper geschieht und wie Sie am

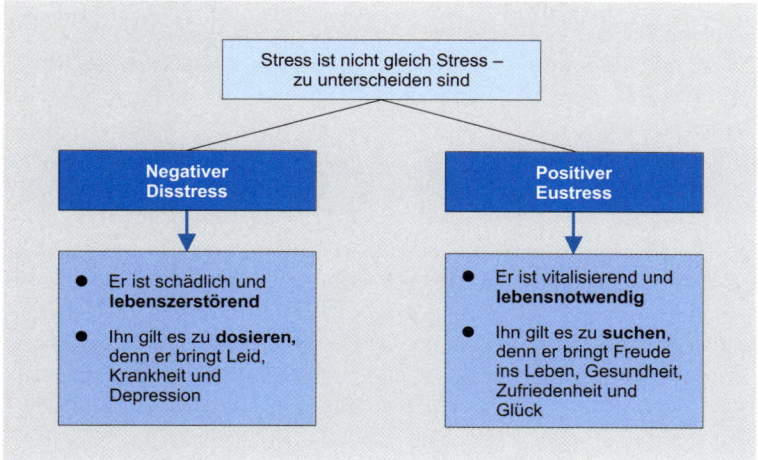

besten darauf reagieren: mit welchen Strategien Sie Stresssituationen im Alltag managen können.

Was bei Stress im Körper passiert

Üblicherweise ist die so genannte Disstressreaktion gemeint, wenn man von Stress spricht. Immer wenn wir in gewisser Weise überfordert sind, wenn eine Herausforderung uns über den Kopf wächst und unsere Fähigkeiten übersteigt (wie schon auf Seite 53 dargestellt), reagiert unser Körper in einer typischen, doch oft verhängnisvollen Weise. Etwas überspitzt (aber im Ergebnis zutreffend) könnte man die Stressreaktion als ein »Drama in drei Akten« schildern:

Erster Akt: Wir reagieren auf jegliche Reize von außen, die wir über unsere Sinne wahrnehmen, zunächst *nicht mit Verstand und Vernunft* (also über das Großhirn, das uns ja erst zu vernünftigen Lebewesen macht), sondern *emotional* (mit dem Zwischenhirn, unserer Zentrale für Gefühlsreaktionen, die bei Gefahr über Kampf- oder Fluchtverhalten entscheidet).

Zweiter Akt: Bei einer negativen Gefühlsreaktion wird nicht die Vernunftzentrale im Großhirn als Kontrollinstanz zurate gezogen, vielmehr ergeht ein *Alarmsignal* an das Stammhirn (den Sitz der Urinstinkte des Lebens, die primär der Selbsterhaltung dienen). Blitzschnell kommt es im Körper zur *Ausschüttung von Adrenalin*, das uns sozusagen als »Kampfhormon« (Vera F. Birkenbihl) zur Verteidigung zur Verfügung stehen soll.

Dritter Akt: Zu viel Adrenalin im System beeinträchtigt das Denken, und wenn eine bestimmte kritische Grenze überschritten ist, wird das *Großhirn vollkommen blockiert*. Also genau die Zentrale, die uns noch zu annähernd vernünftigen Reaktionen befähigen würde, wird ausgeschaltet – und wir reagieren als kampfhormongesteuerter Neandertaler! Was bei Neandertalern oder auch heute noch in akuten Gefahrsituationen (zum Beispiel, wenn das Auto auf Glatteis ins Schleudern gerät) durchaus sinnvoll erscheint, wird uns im normalen Alltag zum Verhängnis!

Welche Folgen wiederkehrender Stress für uns haben kann, veranschaulicht sehr gut das »Hormontopfmodell« von Vera F. Birkenbihl, ein nach ihren Worten zwar »absurdes, aber doch sehr hilfreiches Denkmodell«:

Stellen Sie sich vor, alle Kampfhormone (insbesondere also Adrenalin), die Sie im Stress produzieren, würden in Ihrem Inneren in einen fiktiven Messbecher tropfen. Bei jedem kleinen Stressfaktor tropfen ein paar Kampfhormone hinein, bei größeren Stresssituationen natürlich mehr. An sich ist das noch kein Problem, denn am Boden des Messbechers sind ein paar Öffnungen, durch die Stresshormone wieder »versickern«. Bedenklich wird die Situation erst, wenn mehr Kampfhormone dazukommen, als unten wieder entweichen. Das kann unangenehme Konsequenzen haben:

■ Zu viele Kampfhormone im System »trüben« zunächst die Wahrnehmung: Wir bekommen sozusagen die schwarze Brille des Pessimisten aufgesetzt und nehmen die Ereignisse viel negativer wahr, als sie sind, wodurch wir natürlich noch mehr Unlust empfinden und noch mehr Kampfhormone produzieren.

■ Ab Überschreiten der kritischen Grenze wird (dritter Akt des Dramas) unser »Denkhirn« blockiert.

■ Doch noch viel gravierender ist, dass wir auf Dauer unsere Gesundheit schädigen, denn Kampfhormone, die im Körper nicht mehr abgebaut werden, sind wie Gift für uns. Nicht umsonst heißt es ja, »man giftet sich«, wenn man sich ärgert, beziehungsweise »man giftet sich an«, wenn man mit jemandem streitet. Leider ist es also im wahrsten Sinn des Wortes so. Und dabei zählt auch der »kleine Stress zwischendurch«, dessen Wirkung meist größer als seine Ursache ist. Gerade der kumulierte Effekt des täglichen Bagatellstresses darf nicht unterschätzt werden. Mit der Zeit zerstört Stress unser Herz und unser Immunsystem. Typische Stressfolgen sind:

■ Bluthochdruck
■ Herzkrankheiten
■ Kreislaufbeschwerden
■ Gastritis

■ Magengeschwüre
■ Schlafstörungen
■ Arthritis
■ Migräne

Soweit die schlechte Nachricht. Doch die gute ist: Sie können relativ leicht Abhilfe schaffen.

Strategien für effektives Stressmanagement

Die Formel der Stressmanagement-Strategien beinhaltet *»dreimal VER«* – nämlich: Stress VERhindern oder VERbrennen oder VERdünnen.

■ **Verhindern** lassen sich viele Stresssituationen schon im Vorfeld durch eine klare *Analyse der persönlichen Stressoren* (der Dinge, die mich in meinem Leben immer wieder aufregen und in Stress bringen). Meistens sind es gar nicht so viele, sie ziehen sich aber wie ein roter Faden durch das Leben. Kenne ich einmal meine Hauptstressoren, dann lassen sie sich – zumindest einige davon – durch gezielte Maßnahmen *und Planung* vermeiden. So kann jemand, der durch Zeitdruck extrem in Stress gerät, durch Einplanung von Pufferzeiten und frühzeitiges Beginnen viel Adrenalinausstoß verhindern. – Notieren Sie sich Ihre individuellen Stressoren, schätzen Sie ab, wie stark diese Sie jeweils belasten, und überlegen Sie, ob und wie Sie sie gegebenenfalls ändern, also verhindern können.

Meine Stressorenanalyse				
Liste der **beruflichen** Stressoren	Belastungs- faktor 1–6	kann ich ändern		Maßnahme
		ja	nein	
1				
2				
3				
4				
5				
6				
7				
Liste **anderer** Stressoren (Freizeit, Partner, Familie, Freunde ...)	Belastungs- faktor 1-6	kann ich ändern		Maßnahme
		ja	nein	
1				
2				
3				
4				
5				
6				
7				

■ **Verbrennen** lässt sich Adrenalin (als pure Kampf- oder Bewegungsenergie) insbesondere durch *Sport* oder jede Form körperlicher Ausarbeitung. Beim Joggen, Rudern, Tennisspielen oder im Fitnessclub »verbraten« Sie Ihre Kampfhormone. Hinterher können Sie wieder klar denken … und der Ärger ist verflogen oder viel harmloser. Durch *körperliche Aktivität* können Sie außerdem den Grundpegel der Kampfhormone niedrig halten. Regelmäßiger Sport ist also, neben allen sonstigen gesundheitsfördernden Wirkungen, eines der besten Mittel gegen Stress!

■ **Verdünnen** können Sie Kampfhormone durch »Freudehormone«, die schon erwähnten Endorphine. Und die lassen sich im Körper durch *alles* erzeugen, *was Ihnen Freude bereitet und gut tut!* Sei dies ein gutes Essen, eine Wanderung in schöner Landschaft, die sexuelle Begegnung in der Liebe, ein herrliches Konzert … und natürlich der Sport. Im Schnellverfahren können Sie auch (wie schon auf Seite 68 dargestellt) durch nur *eine Minute Lächeln* so viele Endorphine erzeugen, dass es Ihnen hinterher sichtlich besser geht. (Sie erinnern sich: Selbst wenn Ihnen gar nicht zum Lächeln ist, kann eine Lächelgrimasse das Gehirn überlisten und zur Endorphinausschüttung verleiten!) – Und vergessen Sie bitte nicht: Je mehr Sie *anderen Menschen Freude bereiten*, umso mehr Endorphine erzeugen Sie in Ihrem eigenen System … und umso freudvoller werden Sie selbst leben!

Entspannung und Kuren

■ Nutzen Sie im Übrigen so viele Möglichkeiten zu entspannen, wie Sie können. Am besten Sie lernen eine Entspannungstechnik, die Sie möglichst an jedem Ort praktizieren können, sei es autogenes Training, Yoga oder eine einfache Meditationsform. Ich habe mir vor vielen Jahren eine solche Methode angeeignet, die es mir erlaubt, mich auch unterwegs, im Zug, im Flugzeug oder gar im Taxi in fünfzehn bis zwanzig Minuten zu entspannen und zu regenerieren. (Siehe hierzu auch die Tipps in Teil 2 auf den Seiten 66–67.)

■ Gönnen Sie sich und Ihrem Körper möglichst einmal im Jahr eine Reinigungs- oder Entschlackungskur. Nach einer zweiwöchigen Ayurvedakur beispielsweise können Sie sich wie neugeboren fühlen. Abgesehen davon, dass Ihr Körper entgiftet wird, stärken Sie Ihr Immunsystem und reduzieren die Anfälligkeit für Krankheiten erheblich.

(Adressen hierzu finden Sie im Internet unter www. ayurveda.de und im Anhang auf Seite 249.)

Teil 5

Sinn und Kultur

Niemand ist imstande,

über längere Zeit Einsatz zu bringen,

ohne den Sinn zu erkennen.

Gertrud Höhler

Sieben unsinnige Mythen

MYTHOS 1 »DIE FRAGE NACH DEM SINN DES LEBENS KANN ICH AUCH NOCH SPÄTER KLÄREN«

Das Leben ist noch lang und zu tun gibt es eh genug. In der Tat wird uns von Kindheit an vorgegeben, was zu tun ist. Erst Schule, dann Ausbildung, dann Beruf und Karriere, nebenbei Familiengründung und Kinderkriegen, und die Nischen füllen wir mit ein paar Hobbys oder Fernsehen. Was Glück und Erfolg sind, erfahren wir aus den Medien, ebenso, welche Autos chic sind und wie wir uns am besten kleiden. Da bleibt wenig Platz für die Frage nach dem Sinn des Lebens. Allenfalls mal abends nach dem zweiten Glas Wein, aber dann eher im allgemein philosophischen Ansatz, als Frage nach dem Sinn des Lebens »an sich«.

Ob bewusst oder unbewusst, die Frage, was *ich* ganz persönlich mit meinem Leben anfangen will, worin *ich* den Sinn meines Daseins auf diesem Erdball sehe, mit all meinen speziellen Fähigkeiten und Möglichkeiten, diese Frage wird von den meisten auf »später« verschoben. Fast nach dem Motto: »Erst mal was schaffen, dann nachdenken, wozu!« Doch diese Haltung ähnelt der eines Reisenden, der erst einmal losfährt, um sich später zu überlegen, wohin er eigentlich will. – Etliche werden erst wachgerüttelt, wenn sie sich in der Midlife-Crisis ernsthaft fragen: »Wozu das Ganze?« Andere stoßen ganz plötzlich auf die Sinnfrage, wenn sie mit einer schweren Krankheit oder einem Todesfall konfrontiert werden, und viele erst, wenn sie den Ruhestand antreten. Natürlich ist es für diese Frage nie zu spät. Denn solange ich noch eine noch so kurze Lebenszeit vor mir habe, macht die Sinnfrage Sinn! Andererseits ist es *die Frage* schlechthin, die ich mir *nicht früh genug* im Leben stellen kann, wenn ich es selbstbestimmt und nicht fremdbestimmt leben will.

MYTHOS 2 »WERTE GELTEN HEUTE NICHTS MEHR«

Haben Werte einen Wert? – Jedenfalls keinen unmittelbaren Marktwert, denn für Werte kann ich mir nichts kaufen. Und erfolgreich scheinen oft auch eher diejenigen zu sein, die skrupellos agieren, mehr als jene, die versuchen, bestimmte Werte nicht nur mit ihren Lippen, sondern auch mit ihren Handlungen zu bekennen. Statt »Ehrlich währt am längsten« tönt es in der heutigen Geschäftswelt nicht selten: »Mit Ehrlichkeit kommt man nicht weit.« Und Vertrauen auf ein Ehrenwort? Gilt nicht »Vertrauen ist gut, Kontrolle ist besser«? – Diese Frage kann Ihnen letztlich keiner beantworten, zumindest nicht, was *Ihr* Leben betrifft. Denn es sind Ihre persönlichen Werte (und deren Hierarchie), die Ihr Denken und Ihr Handeln von morgens bis abends beeinflussen – bewusst oder unbewusst. Je klarer Sie sich Ihrer Werte sind, mit denen Sie durch das Leben gehen wollen, umso klarer werden Ihre Entscheidungen sein. Ihre Werte sind die Indizien für Ihre Zufriedenheit und Ihre Erfüllung im Leben – denn kaum einer, der gegen seine inneren Wertvorstellungen lebt, wird damit glücklich, egal wie dick sein Bankkonto ist. Wenn also Werte auch keinen Marktwert haben, sie bestimmen dennoch den Wert Ihrer Handlungen.

MYTHOS 3 »POSITIVES DENKEN MACHT KRANK«

So lautet der provokative Titel eines kürzlich erschienenen Buches. Er spiegelt eine weit verbreitete Auffassung – nach der fast euphorischen Welle des positiven Denkens, das in den achtziger und neunziger Jahren fast als Allheilmittel gehandelt wurde, eine fast verständliche Gegenreaktion. Und nicht nur verständlich, sondern zum Teil auch berechtigt. Denn mit positivem Denken allein lassen sich die Probleme unseres Lebens nicht lösen. So manch einen hat die Realität unsanft und energisch von seiner positiv erdachten rosaroten Wolke auf den Boden der Tatsachen zurückgeholt. Das kann dann schon gemütskrank machen. Vor einigen Jahren sagte einmal ein Seminarteilnehmer: »Positives Denken? Das ist doch nur Schlagsahne auf den Mist schmieren!« – und in gewisser Weise hatte er Recht: Wenn ich positives Denken einsetze, um Probleme zu beschönigen, nach dem Motto: »Alles nicht so schlimm, auch wenn's bergab geht, mir geht's von Tag zu Tag besser und besser ...«, dann macht es wahrscheinlich eher krank als gesund! Doch darum geht es beim positiven Denken gar nicht – sofern ich es sinnvoll einsetze. Es geht um eine Veränderung der Einstellung, mit der ich die Tatsachen und die Schwierigkeiten des Lebens angehe. Wenn ich vor einem Problem stehe, kann mir eine positive Grundhaltung dabei helfen, die Lösung leichter zu finden. Die Frage ist daher, ob Sie eher durch eine optimistische oder eine pessimistische Brille in die Welt blicken. Und optimistisch heißt nicht notwendigerweise rosarot gefärbt, sondern kann durchaus realistisch bedeuten. Also: Nicht »Schlagsahne auf den Mist schmieren«, sondern den Mist gut gelaunt wegräumen. Das macht niemanden krank!

MYTHOS 4 »RELIGION UND GLAUBE SIND NICHTS FÜR AUFGEKLÄRTE MENSCHEN«

Scharenweise, so hat man den Eindruck, kehren die Menschen heute der Kirche den Rücken. Insbesondere junge Leute werden, statistisch gesehen, mit ihrer Konfirmation oder Firmung für lange Zeit zum letzten Mal bei einer kirchlichen Feier gesehen und finden, von Weihnachten vielleicht abgesehen, frühestens zu ihrer Trauung in die Kirche zurück – falls überhaupt. Sind Religion und Glaube wirklich nichts für aufgeklärte Menschen? Dagegen spricht nicht nur, dass etliche geistige Größen der Neuzeit wie Einstein, C. G. Jung, Martin Luther King, ja sogar Friedrich Nietzsche tief religiöse Menschen waren. Es scheint eher so zu sein, dass viele mit den kirchlichen Dogmen und Moralvorstellungen sowie mit bestimmten antiquierten Ritualen nicht mehr viel anfangen können und deshalb (insofern zumindest nachvollziehbar) fernbleiben. Häufig schütten sie damit aber das Kind mit dem Bade aus. Denn in ihrem Inneren bleibt ein Bedürfnis nach »Seelennahrung«, welche die materielle Welt nicht bieten kann. Im religiösen Erleben geht es nicht primär um Interpretationen und Weltanschauungen, sondern um tiefe Seinserfahrungen, nicht um den Glauben an bestimmte Konzepte, sondern darum, im Inneren aufzutanken. Mag sein, dass ein aufgeklärter Mensch mit der traditionellen Religion und mit vielfach überholten Glaubensvorstellungen seine Schwierigkeiten hat. Wenn das Bedürfnis nach religiösem Erleben und nach einem Auftanken der Seele aber groß genug ist, wird er mit seinem aufgeklärten Geist neue Wege für sich finden.

MYTHOS 5 »NICHTSTUN IST ZEITVERSCHWENDUNG«

»Nutze die Zeit!« ist das Motto, das uns antreibt, ständig etwas zu tun. Alles andere scheint Zeitverschwendung. Jeder Augenblick wird gefüllt, und wenn es nur – etwa im Wartezimmer des Arztes – mit wahllosem Blättern in irgendwelchen Illustrierten ist. Einfach mal nichts tun? Vielen fehlt zum Nichtstun die innere Erlaubnis, und selbst wenn sie es wollten, fällt es ihnen schwer. Dabei ist es eine der intensivsten Möglichkeiten, zu regenerieren, zur Ruhe zu kommen, innerlich aufzutanken. Wenn wir endlich einmal nicht mit etwas um uns herum beschäftigt sind, wenn endlich einmal kein Anspruch da ist, wie wir die Zeit, die wir haben, füllen müssen, wenn wir uns ab und an den Raum und die Zeit lassen, einfach nichts zu tun – dann tut sich in unserem Inneren ganz viel. So könnte Nichtstun zu einer der intensivsten Formen der Zeitnutzung werden.

MYTHOS 6 »ZEITVERTREIB ENTSPANNT«

Zwar klagen die meisten Menschen, sie hätten keine Zeit, doch sobald sie etwas Zeit haben, wird sie vertrieben: mit »Zeitvertreib«. Und womit »vertreiben« sie die Zeit? In der Regel mit Dingen, die irgendwie ablenken oder zerstreuen, die unseren Geist irgendwie beschäftigen, ob mit Computerspielen oder Smalltalk, mit Zeitschriften, Fernsehen oder in Freizeitparks – die Entertainmentindustrie scheint grenzenlos. Doch wirklich entspannend sind diese Dinge selten. Oft sind wir hinterher noch erschöpfter und zerstreuter als zuvor. Entspannend ist vielmehr das, was uns hilft, äußerlich und innerlich völlig loszulassen: eine Massage, ein Saunabesuch, eine Meditation, ein Spaziergang in der Natur ... alles Möglichkeiten, die Zeit intensiv zu erleben. Und wer Zeit intensiv erlebt, verspürt nicht das Bedürfnis, sie zu vertreiben!

MYTHOS 7
»KULTUR BEKOMME ICH IM FERNSEHEN GEBOTEN«

Im Fernsehen werden zwar durchaus niveauvolle Kultursendungen geboten, doch allzu oft hält uns der Flimmerkasten nur davon ab, uns vom Sofa zu erheben und Kultur live zu erleben. Natürlich ist es daheim bequemer, doch die Erlebnisintensität eines Konzert-, Theater- oder Kinobesuchs kann auch vom teuersten Fernsehgerät nicht ersetzt werden. Fernsehen ist und bleibt Erleben »second hand«! Und die besten Kulturreportagen oder Kunstsendungen sind keine Alternative zu einer eigenen Reise, einem Museumsbesuch oder dem Gang durch eine gotische Kathedrale. Kultur mag sicher auch durch das Fernsehen kommen, doch ohne Zweifel gilt: Live erlebte Kultur schlägt jede Fernsehkultur!

Und Sie? Denken Sie in manchen der genannten Punkte ähnlich? Was ergibt Ihr Mythen-Check?

Mythos	Das denke ich ...				
	nie	ganz selten	manch- mal	häufig	sehr häufig
1. »Die Frage nach dem Sinn des Lebens kann ich auch noch später klären«					
2. »Werte gelten heute nichts mehr«					
3. »Positives Denken macht krank«					
4. »Religion und Glaube sind nichts für aufgeklärte Menschen«					
5. »Nichtstun ist Zeitverschwendung«					
6. »Zeitvertreib entspannt«					
7. »Kultur bekomme ich im Fernsehen geboten«					

Die vier Säulen von Sinn und Kultur

Bisher ging es um die berufliche, die zwischenmenschliche und die gesundheitliche Balance. Mindestens genauso wichtig (wenn nicht am wichtigsten) ist die innere Balance eines Menschen. Sie bildet das eigentliche Fundament unseres Lebensgebäudes: einen *Sinn und eine Vision* in unserem Leben zu haben, *Werte*, an denen wir uns ausrichten können, die Fähigkeit, immer wieder *innerlich aufzutanken* und schließlich uns *kulturell und persönlich ständig weiterzuentwickeln*. Je lebendiger unser »Innenleben«, desto reicher wird unser Leben insgesamt.

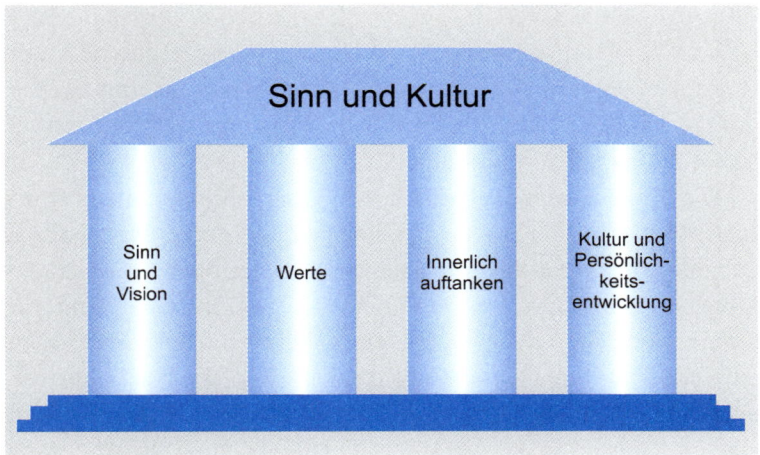

Sinn und Kultur

Sinn und Vision | Werte | Innerlich auftanken | Kultur und Persönlichkeitsentwicklung

1. Lebenssinn und Lebensvision

Wie schaffte es Christoph Kolumbus nur, den spanischen König dazu zu bringen, ihm drei Schiffe zur Verfügung zu stellen? Wie schaffte er es später, bei allen Widrigkeiten, bei Hunger und Durst, Krankheiten an Bord und Windflauten, seine Mannschaft immer wieder zum Durchhalten zu motivieren? Wie hätte er jemals Amerika entdeckt – ohne seine klare Vision? Die Frage nach dem Sinn unseres Lebens und die Entwicklung unserer persönlichen Lebensvision sind die zentralen und wichtigsten Faktoren unserer Lebensbalance. Untersuchungen bei Menschen, die eine Kriegsgefangenschaft oder eine Entführung überlebt haben, belegen, dass nicht ihre körperliche Verfassung entscheidend für ihr Durchhaltevermögen war, sondern ob sie in ihren Entbehrungen noch einen Sinn finden konnten und eine Vision von einem Leben nach der ersehnten Befreiung hatten. Wer hingegen keinen Sinn entdeckt und ohne Vision ist, gibt schnell auf.

Was will ich wirklich?

Das ist die maßgebliche Frage schlechthin, die Sie sich nicht oft genug im Leben stellen können! *Was will ich mit meinem Leben anfangen?« – »Worum geht es mir?« – »Was ist der Sinn meines Lebens?«*

Die Sinnfrage ist die Grundlage all Ihres Handelns und Ihrer Lebensbalance. Die Frage nach dem »Warum« und »Wozu« Ihres Lebens. Warum Sie das tun, was Sie tun. Eine Frage, die sich die Menschen seit Urzeiten immer wieder gestellt haben und auf die es wohl so viele verschiedene Antworten wie Menschen gibt. Die Frage nach dem Sinn Ihres Lebens kann Ihnen kein anderer beantworten. Genauso wenig ergibt sie sich automatisch aus der Tatsache, dass Sie leben. Sie taucht auch nicht einfach auf wie ein Blitz am Himmel. Vielmehr müssen Sie die Sinnfindung in Ihrem Leben selbst herbeiführen, indem Sie sich die Frage »Was will ich wirklich?« immer wieder stellen. Nur so werden Sie Ihr eigenes statt ein »geliehenes« Leben leben. Nur dann leben Sie selbstbestimmt. Also:

Welchen Sinn sehe ich in meinem Leben? – Was will ich wirklich?

Unterbrechen Sie an dieser Stelle ruhig für ein paar Minuten die Lektüre, um die Frage spontan zu beantworten. Schreiben Sie einfach das auf, was Ihnen *jetzt* dazu einfällt. Auch wenn es nach meiner Überzeugung die wichtigste Frage Ihres Lebens ist, befreien Sie sich von dem Anspruch, sie perfekt und endgültig zu beantworten. Entweder ist Ihnen die Antwort sowieso schon relativ klar oder Sie erlauben sich zunächst eine »provisorische« (auf die Sie niemand festlegen wird!), um daran immer wieder »herumzufeilen« oder gar im Lauf der Zeit eine neue zu finden. Entscheidend ist allein, dass Sie 1. *überhaupt* eine möglichst klare Vorstellung vom Sinn Ihres Lebens haben und dass es 2. wirklich Ihre *ureigenste* Antwort ist.

»Das lässt sich nicht so einfach sagen!«, »Der Sinn meines Lebens – welch eine Frage!« – verständliche Einwände! Dann fragen Sie sich halt, was Sie auf jeden Fall mit Ihrem Leben angefangen haben möchten, wenn Sie eines Tages diesen Planeten verlassen werden. Welche Spuren möchten Sie hinterlassen, was möchten Sie für sich und andere be- und gewirkt haben. Und für die existenzialistischen Hardliner gibt es zumindest eine kreativitätsstimulierende Variante: »Angenommen, es könnte einen Sinn für mein Leben geben, welcher könnte das sein?«

Natürlich gilt auch hier: Je konkreter Ihre Antwort, umso geringer werden die »Umwege« sein, die Sie im Leben gehen. Doch genauso gut können Sie eine allgemeine Formulierung wählen wie beispielsweise: »Ich möchte dieses Leben so intensiv wie möglich genießen und mit meinen Fähigkeiten und Ressourcen so gut ich kann für andere Menschen da sein.«

Ein hilfreicher Tipp: Schreiben Sie diese zentrale Frage auf eine DIN-A6-Karte, und führen Sie sie eine Zeit lang in Ihrer Hand- oder Sakkotasche bei sich, um ab und zu an der Antwort zu feilen.

Die zentrale Bedeutung der Lebensvision

Vision ist zum Schlagwort geworden. Fast jeder führt dieses »neue« alte Wort in seinem Mund: Manager wie Politiker, Esoteriker wie Werbefachleute, Friedenskämpfer wie Erfolgsstrategen. Warum? Was ist die fast magische Bedeutung und Wirkung von Visionen?

Ursprünglich kommt Vision vom lateinischen Wort »videre« = sehen und bedeutet an sich nichts anderes als ein inneres Bild. Heute steht Vision für ein inneres Bild von etwas Zukünftigem, das es zu verwirklichen gilt. So ist eine Unternehmensvision – also die bildhafte Vorstellung des Unternehmenszwecks und -ziels – Voraussetzung für jede erfolgreiche Unternehmensstrategie. Und dies gilt genauso für den persönlichen Lebensbereich.

Warum ist es so wichtig, eine Vision, ein klares Bild von der Zukunft zu haben? Dies hat vor allem *drei Gründe*:

1. Die Arbeitsweise unseres Gehirns, also der Steuerungszentrale unseres Lebens: *Unser Geist arbeitet über Bilder*. Um ein Ziel zu erreichen, muss man es sich vorstellen können. Fast jeder wird die Erfahrung gemacht haben, dass eine Sache, die man sich nicht vorstellen kann, nicht realisierbar ist.

> **Nur was wir uns bildhaft vorstellen können,**
> **werden wir auch erreichen.**

Und außerdem gilt: Je klarer ich meine Vision vor Augen habe, umso größer ist die Wahrscheinlichkeit, sie zu verwirklichen und die richtigen Mittel und Wege zu finden. Bilder haben in unserem Gehirn eine viel stärkere molekularbiologische Wirkung als Worte, Zahlen oder Begriffe und werden zehn- bis hundertmal so schnell verarbeitet. Unsere mentalen Bilder beeinflussen unsere Gefühle und unsere Handlungen. Daher gilt:

**Je klarer und stärker das Bild,
desto größer ist seine Anziehungskraft.**

Vor diesem Hintergrund ist auch der Satz »Glaube kann Berge versetzen« zu verstehen. Und egal wie hoch die Berge sind, die Sie in Ihrem Leben versetzen wollen: Gelingen wird es Ihnen nur mit einer starken Vision und Ihrer Vorstellungskraft!

2. Visionen wirken auf unsere gedanklichen Energien wie ein Magnet: Sie wecken und *bündeln unsere Energie*. Und nur gebündelte Energie hat durchschlagende Kraft. Genauso wie Sonnenstrahlen, die mit einer Lupe gebündelt werden, binnen weniger Sekunden ein Blatt zum Brennen bringen können. Fehlende Visionen dagegen führen zur Zerstreuung der Energie, bis hin zu völligem Energieverlust.

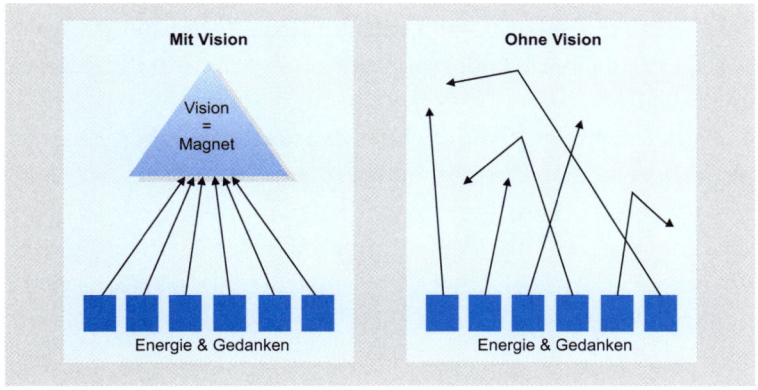

3. *Jeder Veränderungsprozess beginnt im geistigen Bereich.* In seinem Buch »Ab heute erfolgreich« schreibt der bekannte Autor Alfred R. Stielau-Pallas: »Die Ursache allen Geschehens ist ein Gedanke – eine geistige Kraft.« Die *Vision* aktiviert in uns *Energie und Motivation*, hierdurch setzen wir uns in *Bewegung* und bewirken *schrittweise eine Veränderung* im konkreten (materiellen) Leben. Daher der Satz: »Geist bewegt Materie!«

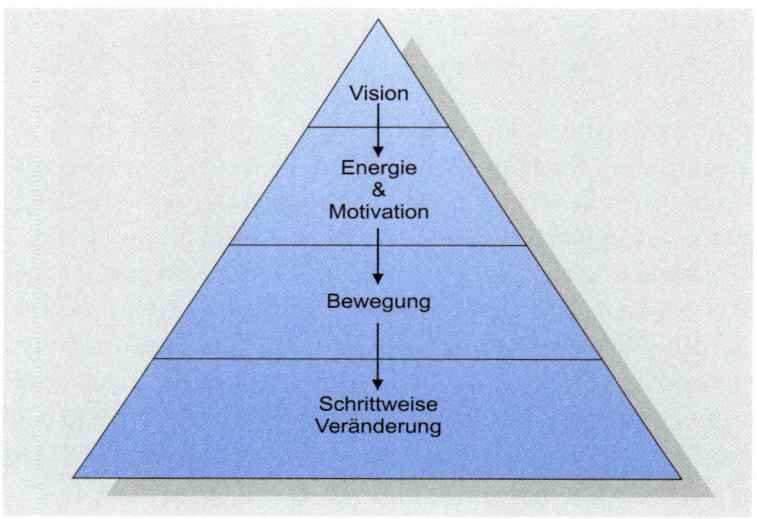

Zwei Aspekte sind also von zentraler Bedeutung:
■ Jede sinnvolle Veränderung beginnt im geistigen Bereich mit einer Vision.
■ Echte taugliche Visionen bewirken materielle Veränderungen, indem sie schrittweise realisiert werden.

Erkennen Sie, was Ihr Leben durch eine starke Vision gewinnen würde? Hier noch einmal acht entscheidende Vorteile einer klaren Vision:

■ Sie wird zur Quelle von Inspiration und Stimulation.
■ Sie setzt in Ihnen emotionale Energie frei.
■ Sie gibt Ihnen das Gefühl, an einer wichtigen Sache zu arbeiten.
■ Sie vermittelt innere Identifikation, sodass Sie nun wissen, wofür Sie aufstehen, wofür Sie kämpfen, wofür Sie sich anstrengen.
■ Sie gibt Ihren Handlungen Sinn, denn diese sind Teil Ihres Bildes.
■ Sie gibt Ihnen die Richtung und hilft Ihnen, sich in schwierigen Situationen zu orientieren.
■ Sie relativiert die Bedeutung so mancher Alltagsprobleme.
■ Sie wirkt wie ein Sog, der Sie zum Handeln aktiviert.

Wie Sie Ihre Vision entwickeln

Die folgenden Hinweise sollen Sie auf dem Weg zu Ihrer persönlichen Vision unterstützen und Ihnen Hilfestellungen bei deren Entwicklung geben. Bitte bedenken Sie dabei immer:

■ Die Entwicklung Ihrer Vision ist eine der *vorrangigsten Aufgaben* für die Verwirklichung Ihrer Lebensbalance.

■ Es geht nur um Ihre *ganz persönliche* Vision, die sich an Ihren ganz eigenen Wünschen, Zielen und Präferenzen orientiert.

■ Auch der nun folgende »Entwicklungs-Fahrplan« ist nur eine von verschiedensten Möglichkeiten. Sehen Sie ihn als *Anregung*, experimentieren Sie und haben Sie den Mut, auch Ihren ganz eigenen Weg zur Entwicklung Ihrer Lebensvision zu entdecken.

In seinem Buch »Das ganzheitliche Unternehmen« empfiehlt Rudolf Mann unter Berufung auf Shaun de Warren eine vielfach erprobte Methode zur Entwicklung der eigenen Vision:

Entwicklung der persönlichen Vision in vier Phasen
Phase 1: Schaffen des passenden Rahmens und Entspannung
Phase 2: Sammeln von Gedanken in freier Assoziation (»Brainstorming-Verfahren«)
Phase 3: Fokussierung durch Formulierung, Präzisierung, Auswahl und Entscheidung
Phase 4: Ständige Weiterentwicklung und Verbesserung

Phase 1: Schaffen des passenden Rahmens und Entspannung

Ihre Vision entwickeln Sie am besten in einer Phase **äußerer und innerer Ruhe** – wenn Sie wirklich Lust verspüren, sich mit sich selbst auseinander zu setzen. Für den *äußeren* Rahmen ist es sinnvoll, eine **geistig anregende Atmosphäre** zu schaffen und **ausreichend Zeit** zu haben.

■ Nehmen Sie sich beim ersten Mal **mindestens einen halben, besser noch einen ganzen Tag** Zeit. Befassen Sie sich dabei möglichst auch schon mit der zweiten Säule, Ihren Werten. »Wo soll ich die Zeit hernehmen?«, werden Sie vielleicht fragen – die zahlreichen Vorteile einer klaren Vision rechtfertigen es aber wohl sogar, dafür einen Urlaubstag aufzuwenden.

■ Wählen Sie nach Möglichkeit ein **Umfeld außerhalb Ihres normalen Alltagslebens.** Eine neue Umgebung fördert neue Ideen, Sie können Ihr Leben durch räumlichen Abstand aus einer anderen Perspektive betrachten. Gehen Sie in die Natur, vielleicht auf einen Berg oder an einen See – viele neue Gedanken und Erkenntnisse werden dabei aus Ihrem Unterbewusstsein auftauchen.

■ **Überlegen Sie, in welcher Atmosphäre Sie am besten entspannen und zu sich finden.** Vielleicht ist es ein bestimmter Ort, zum Beispiel ein Café, oder eine längere Zugfahrt. Natürlich kann es **auch zu Hause** sein. Dann sollten Sie aber dafür sorgen, dass Sie für einige Zeit **ungestört** sein können, also **weder telefonisch noch sonst erreichbar** sind. Ein Telefonat zur falschen Zeit kann jeden Kreativitätsfluss abreißen lassen! Im Übrigen können Sie gerade zu Hause durch den Einsatz von Musik, gedämpftem Licht, einer Kerze und anregenden Düften eine entspannende Atmosphäre schaffen.

Lassen Sie sich am Anfang Zeit, um auch *innerlich* zu entspannen, bevor Sie konkret mit der Entwicklung Ihrer Vision starten. In der Natur werden Sie sowieso relativ schnell zu sich finden, ob Sie nun schon ein Stück gewandert sind oder sofort Ihren »Idealort« aufgesucht haben. Im Übrigen können Sie durch langsame Atmung, das Hören von Musik oder den Einsatz meditativer Techniken in einen innerlich ruhigen Zustand gelangen.

Phase 2: Sammeln von Gedanken in freier Assoziation (»Brainstorming-Verfahren«)
Nehmen Sie sich nun einen möglichst großen Bogen Papier und zeichnen Sie etwa zwanzig bis dreißig Minuten im »Brainstorming-Verfahren« alles auf, was Ihnen zum Thema Visionen, Wünsche, Lebensziele, Lebenssinn einfällt. Wenn Sie mit der Mind-Map-Methode arbeiten, können Sie diese hier einsetzen.

Folgende Fragen können Ihnen bei der Sammlung helfen:

- In welchen Bereichen finde ich persönlich Befriedigung und Erfüllung?
- Was sehe ich als meine Lebensaufgabe an beziehungsweise **welchen Sinn möchte ich meinem Leben geben?**
- Was ist mir wichtig?

Lassen Sie Ihre Gedanken frei fließen, ohne irgendeinen Zwang zur Ordnung oder Vollständigkeit und insbesondere ohne sofortige Analyse oder Bewertung. Denken Sie immer daran, dass Sie ein *einzigartiger* Mensch sind und es nur darum geht, dass Ihre Visionen, Wünsche und Ziele zu Ihnen passen.

Phase 3: Fokussierung durch Formulierung, Präzisierung, Auswahl und Entscheidung
Nach dieser Vorbereitung gelangen Sie zur wichtigsten Phase. Jetzt geht es darum, die gesammelten Gedanken **auszuformulieren** und zu **präzisieren**. Entscheiden Sie danach, was für Sie am wichtigsten ist und was Sie **auf jeden Fall verwirklichen** wollen.

Die folgenden Fragen können Ihnen bei der Formulierung und Entscheidung helfen. Vielleicht werden Sie so manches zum Leben erwecken, was unbewusst in Ihnen ruht und Ihnen jetzt durch die schriftliche Formulierung bewusst wird:

- Welche konkreten Träume und Wunschvorstellungen hatte ich schon einmal in meinem Leben?
- Was ist daraus geworden?
- Welche Visionen habe ich heute?
  - im beruflichen und finanziellen Bereich
  - im Bereich Familie und Kontakte
  - bei Gesundheit und Fitness
  - im Bereich Sinn und Kultur
- Inwieweit bin ich diesen Visionen bereits näher gekommen?
- Welche meiner Visionen ist mir die wichtigste?
- Welche möchte ich auf jeden Fall verwirklichen?
- Welchen Einsatz will ich für die Realisierung meiner Visionen bringen?

Phase 4: Ständige Weiterentwicklung und Verbesserung
Damit aus Ihrer Vision **mehr wird** als **eine bloße Absichtserklärung**, müssen Sie diese ständig weiterentwickeln und verbessern. **Visionen können sich wandeln**, und Ihre noch so klare, ehrliche Entscheidung von heute darf Ihnen morgen nicht zum Korsett werden. Ihre Vision wird Ihnen als Maßstab und Orientierung dienen, doch niemand kann und soll Sie daran hindern, Ihren Kurs zu ändern.

Hinterfragen Sie Ihre entwickelten Visionen in größeren Zeitabständen, am besten jährlich. Prüfen Sie, welche Motive hinter Ihrer Vision stehen, welche Bedürfnisse und Werte sie abdeckt und ob diese noch Gültigkeit haben. Nur durch ein solches stetiges Bemühen um Weiterentwicklung und Verbesserung wird Ihre Vision zum Leitbild und zu einem soliden Fundament Ihrer Lebensplanung.

2. Werte als Navigationsinstrumente

Ohne Werte haben wir keine *Orientierung* auf dem Weg zum Ziel. Sie sind die ethische Basis für Ihre persönliche Lebensbalance. Ihr individuelles Wertesystem beeinflusst sowohl die Wahl Ihrer Vision als auch die Frage, wie Sie Ihre Vision verwirklichen, das heißt, auf welchem Weg und auf welche Art Sie diese erreichen.

Bedeutung der Werte

Die Geschichte der Menschheit ist voller Beispiele, auf welch unterschiedlichen Wegen und Arten die gleiche Vision, der gleiche Zweck verfolgt werden kann. »Heiligt« der Zweck im Sinn Macchiavellis die Mittel? Kann es beispielsweise gerechtfertigt sein, zur Sicherung oder Wiederherstellung des Friedens Gewalt einzusetzen, oder kann Frieden im Sinn Mahatma Gandhis nur gewaltlos verwirklicht werden? Dies hängt einzig von den Werten ab, nach denen sich ein Mensch richtet.

- Werte sind *Entscheidungskriterien*.
- Werte bilden den *Handlungsrahmen*.
- Werte sind die Basis für *ganz unterschiedliche Lebensweisen*.
- Werte zeigen uns *Prioritäten*.
- Werte schaffen *Stabilität* in Zeiten großen Wandels.
- Werte sind *Voraussetzung für die Wert-Schätzung anderer*.
- Werte schaffen *Vorbilder*.

> **»Wenn du auf einem sehr steinigen Weg wandern musst, so kannst du nicht alle Steine aus dem Weg schaffen, doch gute Schuhe können dich gegen die Steine schützen.«**
> Buddhistisches Sprichwort

Das »Schuhwerk«, das Sie zu Ihren Visionen trägt, sind Ihre Werte. So wie in jedem Staat (idealerweise) ein Konsens über die maßgebenden Grundwerte besteht, so muss sich auch jeder Einzelne bewusst werden und für sich entscheiden, nach welchen Werten er sein Leben ausrichtet und seine Vision verwirklichen will. Daher ist es erforderlich, dass Sie die richtigen

Werte für sich erkennen. Dann haben Sie das nötige Rüstzeug, um Ihr Leben und Ihren Lebenserfolg selbst zu steuern.

Werte in einer Zeit des Wertewandels

Wir sind geprägt von Normen und Werten, die in unserem Elternhaus, in der schulischen und beruflichen Ausbildung maßgebend waren. Mit dem Heranwachsen reift unser Verständnis für Recht und Unrecht, ebenso entwickelt jeder für sich individuelle Vorstellungen darüber, was er ablehnt und was er für gut bepfindet. Dieser Prozess verlangsamt sich im Lauf des Lebens bei vielen, bei einigen hört er sogar ganz auf. Menschen, die nicht mehr bereit sind, ihre Wertvorstellungen kritisch zu überdenken und gegebenenfalls anzupassen, bezeichnen wir als Prinzipienreiter – sie erscheinen uns inflexibel. Andererseits vermittelt der häufige Wechsel des Wertesystems ein Gefühl von Sprunghaftigkeit und Beliebigkeit. Es ist ein echter Balanceakt: Was gestern richtig war, muss heute keine Gültigkeit mehr besitzen. Die Veränderungen unserer Umwelt bedingen Veränderungen in unserem Wertesystem – Werteverfall und Werteinflation sind die Folge:

■ Die traditionellen Werteschöpfer wie Kirche, Familie, Politiker haben an Bedeutung verloren. An die Stelle allgemein verbindlicher Werte ist ein **Werte-Vakuum** getreten.

■ Gleichzeitig wird, nicht zuletzt durch das zunehmende Ökologiebewusstsein und durch die Esoterikwelle bedingt, eine **Vielzahl neuer Werte** »angeboten«.

Diese Entwicklung hat sowohl ihre negative wie auch ihre positive Seite:

■ Für viele, insbesondere junge Menschen, stellt sich die wachsende Orientierungslosigkeit als *Nachteil* dar. Welche Werte sollen denn nun für sie verbindlich sein? Jeder sagt und lebt etwas anderes. Eine gezielte Anleitung für eine bewusste

Werteentscheidung bekommen die wenigsten. So leben die meisten mehr oder weniger ohne verbindliche Werte, ohne ethische Basis.

■ Für selbständige, bewusst lebende Menschen bietet die heutige Situation dagegen den *Vorteil*, dass sie ohne Bevormundung von außen ihre persönlichen Werte wählen können, die eine viel stärkere Verbindlichkeit haben. Diese Menschen tragen dann die Verantwortung für ihre Entscheidungen und Handlungen ganz bewusst.

Dieser »Vorteil« wird häufig mit großer Skepsis betrachtet, und viele befürchten, damit sei dem skrupellosen, »unethischen« Handeln Tür und Tor geöffnet. Aber haben nicht skrupellose Menschen zu allen Zeiten »unethisch« gehandelt? Interessanterweise deckt sich der ethische Konsens von Menschen, die bewusst eine Entscheidung über Werte treffen, zu achtzig bis neunzig Prozent – so jedenfalls bestätigen es Umfragen und zahlreiche Seminarübungen zum Thema Werte.

»Der Blick ins Innere« – Die Wertefindung

Wertefindung bedeutet, wie das Wort schon ausdrückt, Ihr Wertesystem (das schon in Ihnen verankert ist) zu »finden«. Es geht hier also nicht um die Entwicklung des Wertesystems, sondern darum, dass Sie sich Ihrer Werte *bewusst werden,* diese dann *überprüfen* und hinterfragen und so die für sich richtigen Werte *erkennen*.

Für die Wertefindung hat sich die folgende 4-Phasen-Methode als sinnvoll erwiesen:

Phase 1: Wertespiegel nach der so genannten Inselmethode
Phase 2: Die Werte-Checkliste
Phase 3: Auswahl und Entscheidung
Phase 4: Überprüfung und Weiterentwicklung

Phase 1: Wertespiegel nach der so genannten Inselmethode

Die bekannte Erfolgstrainerin und Autorin Vera F. Birkenbihl empfiehlt Menschen, die sich ihrer Werte bewusst werden wollen, folgende Methode: Stellen Sie sich vor, Sie müssten für fünf Jahre auf eine einsame Insel ziehen. Welche Personen würden Sie gern als Begleiter mitnehmen und welche würden Sie auf keinen Fall mitnehmen wollen? Nennen Sie jeweils fünf, wobei für die Auswahl Freunde und Bekannte, lebende oder historische Persönlichkeiten, real existierende oder fiktive Personen wie Roman- oder Märchengestalten in Betracht kommen können. Bitte schreiben Sie diese zunächst hier auf.

Als Begleiter auf die Insel wünsche ich mir:
1.
2.
3.
4.
5.

Keinesfalls möchte ich Begleiter haben wie:
1.
2.
3.

4.

5.

Und nun fragen Sie sich bitte, warum Sie sich für oder gegen diese Personen entschieden haben. Welche Eigenschaften haben diese Menschen, die Ihnen gefallen oder missfallen? Notieren Sie sich zu jeder Person jeweils die entsprechenden Eigenschaften. Natürlich kann es dabei vorkommen, dass Ihnen zu einer bevorzugten Person auch negative Eigenschaften einfallen und umgekehrt. Sie können diese »Ausnahmeeigenschaften« gesondert vermerken oder im Rahmen dieser Methode auch ganz weglassen.

Diese Aufzählung von Eigenschaften ist Ihr erster »Spiegel« Ihres Wertesystems: Was Sie bei diesen Personen schätzen oder ablehnen, sind Ihre Werte!

Phase 2: Die Werte-Checkliste
Kreuzen Sie nun auf der folgenden Checkliste die Werte an, die für Sie wichtig sind. Vergleichen Sie diese Liste mit den in Phase 1 ermittelten Werten. Sollten Werte fehlen, die für Sie wichtig sind, können Sie sie ergänzen.

Diese Werte sind für mich wichtig	
❏ Aggression	❏ Fitness (körperlich)
❏ Aufmerksamkeit	❏ Flexibilität/Mobilität
❏ Ausdauer	❏ Friedensfähigkeit
❏ Begeisterungsfähigkeit	❏ Führungsqualitäten
❏ Dominanzstreben	❏ Geborgenheit
❏ Durchsetzungsvermögen	❏ Geduld
❏ Egoismus (gesunder)	❏ Glaubwürdigkeit
❏ Einsatzbereitschaft	❏ Genauigkeit
❏ Fairness	❏ Gerechtigkeit

- ❒ Großzügigkeit
- ❒ Güte
- ❒ Hilfsbereitschaft
- ❒ Höflichkeit
- ❒ Humor
- ❒ Kampfbereitschaft
  (sich nichts gefallen lassen)
- ❒ Kreativität
- ❒ Liebe
- ❒ Nachsicht/Verzeihen
- ❒ Ökologiebewusstsein
- ❒ Offenheit (für neue Wege und
  Gedanken, für noch Fremdes)
- ❒ Problemlösungsfähigkeit
- ❒ Pünktlichkeit

- ❒ Respekt vor anderen
- ❒ Selbstwertgefühl
- ❒ Sicherheit
- ❒ Sparsamkeit (mit allen
  Ressourcen unseres Planeten)
- ❒ Teamfähigkeit
- ❒ Toleranz
- ❒ Verschwiegenheit
- ❒ Vertrauen
- ❒ Wärme
  (zwischenmenschliche)
- ❒ Wir-Gefühl/Du-Gefühl
- ❒ Zielklarheit
- ❒ Zielorientiertheit
- ❒ Zuverlässigkeit

Außerdem sind folgende Werte für mich von Bedeutung:
1.
2.
3.
4.
5.

Phase 3: Auswahl und Entscheidung

Wählen Sie nun die zehn für Sie wichtigsten Werte bzw. Prinzipien und entscheiden Sie über deren Priorität für Ihr Leben. Welche Werte sind für Sie am wichtigsten?

Meine zehn wichtigsten Werte:
1.
2.
3.
4.
5.
6.
7.
8.
9.
10.

Phase 4: Überprüfung und Weiterentwicklung

Das in Phase 3 gefundene Ergebnis sollten Sie nun mit folgenden Fragen überprüfen:

1. Was fällt Ihnen beim Vergleich Ihrer Prioritätenliste mit den Eigenschaften der fünf bevorzugten »Inselbegleiter« auf?
2. Stimmen eigentlich Ihre beruflichen und persönlichen Wertvorstellungen überein, oder gibt es Werte, die für Sie nur im beruflichen Bereich, und andere, die für Sie nur im persönlichen Bereich Gültigkeit haben? – Welche sind das?
3. Falls für Sie unterschiedliche Werte gelten, warum?

Was für Ihre Vision gilt, gilt natürlich auch für Ihre Werte: Auch Ihr Wertesystem wird sich im Lauf der Zeit verändern. Überprüfen Sie es etwa einmal im Jahr. Es wird Ihre Selbsterkenntnis fördern, wenn Sie sich bewusst werden, welche Werte für Sie an Bedeutung verlieren oder gar ganz weggefallen sind und welche an Bedeutung gewinnen oder neu dazugekommen sind. Überlegen Sie sich auch, aus welchen Gründen es zu den Veränderungen in Ihrem Wertesystem gekommen ist.

Und bedenken Sie immer: Der Zeitaufwand, sich bewusst und immer wieder mit seinen Visionen und Werten zu beschäftigen, lohnt sich, denn: Sie sind die entscheidenden Faktoren Ihrer persönlichen Lebensbalance – Ihres Lebens!

3. Innerlich auftanken

> »Es ist ein riesiger Unterschied,
> ob man im Wohlstand lebt oder im Wohlbefinden.«
> Robin S. Sharma

Seit über fünfzig Jahren werden in der Forschung Zufriedenheit und Wohlstand verglichen. Eine Statistik aus dem Allensbacher Archiv, veröffentlicht im *Focus*, Ausgabe 10/2002, belegt, dass trotz kontinuierlich gestiegenen Lebensstandards Zufriedenheit und Glücklichsein keineswegs zugenommen haben. – Im Gegenteil: infolge der rapiden Beschleunigung aller Lebensprozesse sind immer mehr Menschen ausgepowert und unzufrieden. Viele klagen darüber, dass sie trotz beruflichen Erfolgs und Wohlstands keine Erfüllung finden. Woran liegt das? Alle Erfolge im Außen verlieren ihren Wert, wenn die Verankerung im Inneren fehlt. Und gerade Letzteres entscheidet über unser Wohlbefinden. Wohlstand und Wohlbefinden müssen sich aber keineswegs ausschließen, genauso wie äußerer und innerer Reichtum nicht unvereinbar sind.

■ *Äußerer Reichtum und Wohlstand bewirken allein weder inneren Reichtum noch Wohlbefinden.* Im Gegenteil: Oft lenken sie sogar so sehr ab und machen uns so abhängig, dass unser inneres Leben auf der Strecke bleibt – ja gewissermaßen ein inneres Vakuum entsteht.

■ Vielmehr geht es auch hier um die richtige Balance: *Je größer der äußere Reichtum, desto stärker muss der Halt im Inneren sein.* Wie bei einem Baum: Je größer seine Krone, desto tiefer oder breiter muss sein Wurzelwerk in die Erde reichen – sonst weht ihn der erste Sturm um.

Wenn wir diese Balance verloren haben, gilt es, *die inneren Ressourcen bewusst zu reaktivieren* und innerlich wieder aufzutanken.

Was macht Ihr inneres Wohlbefinden aus? Was bedingt Ihre innere Zufriedenheit? Und vor allem: Bei welchen Gelegenheiten können Sie wirklich innerlich auftanken? – Notieren Sie sich diese Situationen – und versuchen Sie sie so oft wie möglich herzustellen! (Das spart im Übrigen viel, viel Geld für Frustkäufe.)

Gelegenheiten, bei denen ich innerlich auftanken kann, die mich innerlich erfüllen:

Natürlich stellt sich hier die Frage: Tanken Sie »Normal« oder
»Super«? – Normal ist die Art, wie viele Menschen ihre Freizeit
verbringen: mit Zeitvertreib, »Zerstreuungen«, Ablenkungen
und sonstigen Freizeitaktivitäten – insbesondere mit Fernsehen, lauter Musik, Geschwindigkeitssportarten und Entertain-
mentveranstaltungen. Das kann ja alles ganz amüsant, kurz-
weilig und unterhaltsam sein, nur: Innerlich aufzutanken, zu
uns selbst zu finden, unsere inneren Ressourcen zu reaktivieren dürfte dabei sehr schwierig sein. Wer Super tanken will,
wird dies kaum mit Ablenkung und Zerstreuung erreichen.
Hier nun zwölf Möglichkeiten, Super zu tanken. Wie immer
sind es keine Patentrezepte, und nicht alle sind für jeden geeignet. Nehmen Sie sie als Anregungen und finden Sie heraus, welche Ihnen persönlich als innere »Tankstellen« dienen können.

Der Segen der Natur

Ein paar Stunden in einem Wald, ein Strandspaziergang, eine Berg-
wanderung oder auch nur dreißig Minuten im Stadtpark – viele Menschen machen die Erfahrung, wie beruhigend und innerlich erfri-
schend der Kontakt mit der Natur sein kann. Je künstlicher unser
Leben wird, je mehr wir uns den Rhythmen der Natur entziehen, je
schnelllebiger und lauter unser Alltag wird, umso mehr bringt es uns
wieder in Balance, wenn wir *in die Natur gehen und das tanken, was
sie uns bietet*: die Stille des Waldes oder das Rauschen eines Baches,
die Schönheit einer Gebirgskulisse oder das Glitzern einer Wasserflä-
che, das Wehen des Windes oder die Wärme der Sonnenstrahlen auf
der Haut ... Auch hier gilt: Je weniger Sie sich durch Geräusche und
Gespräche ablenken lassen, umso intensiver werden Sie die Kraft der
Natur um sich herum wahrnehmen und aufnehmen können. Schalten
Sie wenn möglich Ihr Handy aus, meiden Sie überlaufene Wege und
Plätze; und so schön eine Wanderung in Gesellschaft sein kann: Allein
erleben Sie die Natur in der Regel in einer anderen Dimension. Wobei
es sehr verbindend sein kann, mit einem anderen Menschen schwei-
gend durch eine schöne Gegend zu wandern! – Bleiben Sie ab und an
stehen und erlauben Sie sich, die Natur mit möglichst vielen Sinnen
aufzunehmen: Lauschen Sie den verschiedenen Lauten, schauen Sie

sich um, riechen Sie an den Pflanzen, fühlen Sie Steine, Baumrinden und Blätter, und vielleicht finden Sie sogar ein paar Früchte oder Beeren zum Schmecken. Je häufiger Sie einfach innehalten und je weniger Sie sich mit Ihren Alltagssorgen beschäftigen, umso schneller werden Sie innerlich auftanken und die Quellen Ihrer inneren Ruhe wieder zum Fließen bringen.

Die Macht von Musik und Theater

Sich und die Zeit in einem Konzert oder Schauspiel zu vergessen, *einzutauchen in den Zauber der Klänge oder in das Geschehen eines Bühnenstücks* kann etwas sehr Bereicherndes sein, das möglicherweise noch tagelang nachschwingt. Doch auch zu Hause oder in der Arbeitspause können Sie diese Tankstelle aktivieren: Über Ihre Musikanlage oder einen CD-Player können Sie sich Musikstücke gönnen, die Sie aufbauen, beruhigen oder positiv stimmen. Sammeln Sie die Werke und Interpretationen, die Sie erfüllen und beleben – und tanken Sie mit ihrer Hilfe immer wieder auf!

Die Magie des Feuers (und des Wassers)

Warum sitzen so viele Menschen gern vor einem offenen Kaminfeuer oder umgeben sich mit dem Licht von Kerzen? Einer der Gründe ist, dass *das lebendige Flackern einer Flamme* auf unser Inneres eine beruhigende Wirkung hat. Eine halbe Stunde am Kamin zu sitzen oder auch nur eine viertel Stunde in das Licht einer Kerze zu schauen kann Ihnen helfen, schnell zu sich zu finden, ruhig zu werden und innerlich aufzutanken. Natürlich lässt sich dies mit anderen Elementen kombinieren, indem Sie beispielsweise mit schöner Musik, einem guten Buch und einem Glas Rotwein vor dem Kamin sitzen. Doch manchmal ist weniger mehr: Wenn Sie Ihre Aufmerksamkeit bewusst nur auf eine Sache lenken (wie hier auf das Feuer), erleben Sie sie möglicherweise intensiver – zumal wir im Alltag ja meist sowieso mit mehreren Sachen gleichzeitig beschäftigt sind. Ebenso kann Wasser eine faszinierende und beruhigende Wirkung zugleich haben. An einem rauschenden Bach sitzen oder vor der glänzenden Fläche eines Sees oder des Meeres gehört für viele Menschen zu den kraftvollsten Quellen ihrer Seele.

Das Bad in der Wärme

Wohlige Wärme hilft uns nicht nur körperlich, sondern auch innerlich zu entspannen. Ob in der Sauna, einem Dampfbad oder in der häuslichen Badewanne – manchmal können schon dreißig bis sechzig Minuten ausreichen, um unseren Alltagsstress loszulassen und innerlich zu uns zu kommen. Und je ruhiger dabei die Umgebung und je geringer die Ablenkungen, umso besser. – Sie mögen's nicht gern so heiß? Dann gönnen Sie sich ab und an eine Massage.

Die Kraft der Stille

Stille ist eine der stärksten und intensivsten Möglichkeiten, innerlich zu regenerieren. Je lauter und geräuschvoller unser Alltag, umso mehr bedürfen wir der Qualität der Stille, um wieder in Balance zu kommen. Schwer ist es allerdings nicht nur, Orte der Stille zu finden (fast überall umgibt uns eine Geräuschkulisse), sondern auch, Stille auszuhalten. Denn sobald der äußere Lärm versiegt, beginnt der innere Lärm der Gedanken und Sorgen zu toben. Und doch lohnt es sich, *immer wieder ein Bad in der Stille zu nehmen*. Beginnen Sie behutsam. Sie brauchen ja nicht gleich mit einem Meditationsmarathon zu starten. Suchen Sie einen ruhigen Raum auf, eventuell eine Kirche (selbst wenn Sie konfessionell ungebunden sein sollten – der Stille ist das egal), setzen Sie sich mit geschlossenen Augen hin und achten Sie nur auf Ihren Atem. Zuerst vielleicht nur fünf, dann mal zehn, später fünfzehn oder gar zwanzig Minuten. Wenn Sie merken, dass Ihre Gedanken abschweifen, dass Sie wieder Ihren Alltagssorgen nachhängen, dann setzen Sie sich deswegen bitte nicht unter Stress, das geht allen so, nehmen Sie es lediglich zur Kenntnis und kehren Sie mit Ihrer Aufmerksamkeit zu Ihrem Atem zurück. Dieses *einfache Sitzen in Stille* (ob im Bürosessel, in einer Kirche oder in der Natur) ist die unspektakulärste, schlichteste, aber zugleich intensivste Art, innerlich aufzutanken. Holen Sie sich diese Ressource, sooft Sie nur können, in Ihren Alltag (in kleinen oder großen Dosierungen) – Ihre Seele lebt davon!

Der Zauber des Lesens

Wenn wir uns in die Lektüre eines Buches vertiefen, unsere Augen Zeile um Zeile weiterwandern lassen, so kann es leicht passieren, dass wir dabei den Alltag vergessen und innerlich ruhig werden. Diese *fokussierte Aufmerksamkeit* auf einen geschriebenen Text, bei der wir gleichzeitig (unsichtbar) nach außen abgeschirmt sind, erlaubt es uns, bei uns (und unserem Buch) zu sein. Wie intensiv Sie dabei auftanken, hängt natürlich vom Inhalt Ihrer Lektüre ab: Philosophische, religiöse oder literarisch anspruchsvolle Texte sind für Ihre innere Ökologie aber höchstwahrscheinlich bekömmlicher als Krimis, Actionthriller oder Comics. Letztere lenken uns eher ab, als dass sie uns zu uns führen. Doch auch hier geht es nur um Sie. Experimentieren Sie und finden Sie heraus, welche Art von Lektüre Sie innerlich bereichert, und versuchen Sie täglich etwas Zeit damit zu verbringen – und seien es nur fünf Minuten am Morgen mit ein paar aufbauenden Gedanken.

Mehr Spiel und Spaß

Paradoxerweise schränken viele Menschen, wenn ihre Zeit knapp wird, genau das ein, was ihnen eigentlich Spaß macht, insbesondere spielerische Tätigkeiten, bei denen sie die Zeit vergessen könnten. Mit vollem Einsatz an einem Tennis-, Schach- oder Fußballspiel teilzunehmen – und zwar nicht primär, um zu gewinnen, sondern um zu spielen (also nicht ergebnis-, sondern prozessorientiert) –, lässt uns für eine gewisse Dauer wieder werden wie die Kinder. Kinder sind Meister des Spiels und des Lebens im gegenwärtigen Augenblick. Sie leben uns etliche Qualitäten vor, die bei uns Erwachsenen oft zu kurz kommen. Von ihnen können wir *den Spaß am Spielerischen und vor allem das Lachen wieder lernen* – nicht im Sinn einer oberflächlichen fröhlichen Ausgelassenheit, sondern in dem Sinn, dass wir den kindlichen Teil in uns wieder beleben und dort auftanken. – Übrigens, was dem einen das Spiel bieten kann, findet der andere im Tanz.

Ordnung schaffen – außen wie innen

Aufräumen und Ordnung schaffen ist eine der wirksamsten Möglichkeiten, zu sich zu finden, und für viele Menschen eine äußerst befriedigende Tätigkeit. Und nicht nur, weil es hinterher ordentlich ist, sondern weil *der Prozess des Ordnens* im Außen sich gleichzeitig auf Ihre Gemütslage auswirkt – egal ob Sie die Wohnung putzen, Ihren Keller entrümpeln oder Ihren Schreibtisch aufräumen. Hinterher machen Sie selbst, wie der Volksmund sagt, »einen aufgeräumten Eindruck«. Außerdem schleppen Sie in der Regel alles Ungeordnete unbewusst als Ballast mit sich herum. Aufräumen und Entrümpeln befreit Sie von nicht unerheblichen Energieblockaden. Also: Wenn Sie einmal stimmungsmäßig down sind: Räumen Sie einfach etwas auf, es wirkt – außen wie innen.

Im Gespräch versinken

Die meisten Gespräche, die wir führen, dienen entweder irgendeinem Zweck, den wir erreichen wollen, oder wir tauschen im weit verbreiteten Smalltalk mehr oder weniger belanglose Informationen aus. Mit einem oder mehreren Menschen *über Themen zu sprechen, die uns wirklich (auch innerlich) bewegen*, kann dagegen eine äußerst erfüllende Erfahrung sein, bei der Sie innerlich auftanken. Zwar lassen sich diese Gespräche selten steuern oder gar erzwingen, und in der Regel führen wir sie mit Menschen, die uns vertraut oder »seelenverwandt« sind, doch die Gelegenheit ergibt sich auch, wenn wir bei anderen Personen den Mut haben, uns zu öffnen.

Lebensnot-wendige Auszeiten

»Die AUSZEIT ist der AUSWEG« aus so mancher (inneren) Lebens-Not, unter der viele heute leiden. Suchen Sie in Ihrem Leben immer wieder Zeiten, in denen Sie ganz für sich sein können, Zeiten ohne irgendeinen Anspruch (von außen oder innen), um genau das zu tun, was Ihnen gerade gut tut: faulenzen, nichts tun und einfach frei sein. Ob als größere Auszeit von einigen Wochen oder Tagen oder als kleinere Auszeit von Stunden oder auch nur Minuten: Das sind wertvolle Zeitoasen, in denen Sie innerlich auftanken können. Sie können sich im wahrsten Sinn des Wortes als (innere) »die Lebensnot wendende« Zeiten erweisen.

Die Kraftquelle Dank

Innere Zufriedenheit kommt selten aus dem, was wir an neuen Bereicherungen in unser Leben einbauen, sondern aus dem wiederholten *Bewusstwerden dessen, was wir schon alles haben.* Wir alle leben in diesem Kulturkreis in einer Art Schlaraffenland – egal wie viel wir verdienen. Solange wir Arbeit haben und gesund sind, geht es uns objektiv meist besser, als wir uns subjektiv fühlen – leider vergessen wir dies im Alltag durch Gewöhnung und fokussieren uns auf das, was gerade nicht stimmt. Verändern Sie Ihren Fokus, und sei es nur für ein paar Minuten am Tag, am besten am Morgen, um Ihr Bewusstsein positiv zu »imprägnieren«! Zählen Sie sich mindestens zehn Sachen auf, für die Sie an diesem Tag dankbar sein können. Egal ob Sie Ihren Dank an eine »höhere Instanz« oder an das Leben an sich richten oder ob Sie nur innerlich dankbar werden. Entscheidend ist das Gefühl der Dankbarkeit, eine der einfachsten und effektivsten Kraftquellen. – Tipp: Bei Bedarf mehrmals am Tag wiederholen!

Etwas für andere tun

Last but not least: Eine der wirksamsten Möglichkeiten, sich innerlich zu bereichern, besteht im Engagement für andere – im Kleinen wie im Großen. Wie viel Freude bereitet es doch Kindern, ihren Eltern etwas Selbstgebasteltes zu schenken – und genauso beschenken wir uns, wenn wir etwas für andere tun. Wir brauchen dafür nicht etwas zurückzubekommen, denn unser Inneres lebt allein dadurch auf, dass wir anderen helfen oder ihnen eine Freude bereiten. Es ist nicht erforderlich, dass wir (irgendwann später) *für* unsere »guten Taten« belohnt werden – wir werden (augenblicklich) *von* unseren guten Taten belohnt! Je mehr ein Mensch geben kann, umso reicher wird er innerlich. Auch hier geht es um die richtige Balance: Wie viel brauche ich für mich und wie viel kann ich geben?

Selbstverständlich sind dies bei weitem nicht alle Möglichkeiten, um innerlich aufzutanken. Insbesondere werden Sie, wenn Sie ein religiös orientierter Mensch sind, unter den genannten »Auftank-Gelegenheiten« die kirchlichen Rituale und die Kraft des Gebets vermissen. Sie wurden bewusst außen vor gelassen, da die zwölf »Tankstellen« Möglichkeiten für jeden Leser darstellen sollen, unabhängig von einer weltanschaulichen oder religiösen Überzeugung. Wenn Sie selbst weitere (religiöse) Quellen für Ihr Leben als bereichernd erfahren haben, umso besser: Tanken Sie dort innerlich auf, sooft Sie können. Prüfen Sie im Übrigen, welche weiteren Möglichkeiten Ihnen helfen können, Ihre inneren Ressourcen zu reaktivieren. Je mehr Sie sich Ihrer Kraftquellen bewusst werden und sie nutzen, umso besser wird Ihre innere Lebensbalance und umso größer Ihre Lebensqualität sein!

Der Schlüssel zum Himmel

In Indien erzählt man sich folgende Geschichte: In seiner Allmacht erschuf Gott die Welt aus sich selbst heraus, um damit spielen zu können. Ihm war allein langweilig geworden. Die ersten Wesen, die er schuf, kehrten jedoch sehr schnell von der Erde zurück in den Himmel zu Gott, da es ihnen hier besser gefiel. Dies war für Gott nicht so unterhaltend und er überlegte, dass er den Himmel abschließen und den Schlüssel verstecken wollte. Was war nun aber ein gutes Versteck? Vielleicht der höchste Gipfel der Berge oder der Mond oder ein anderes der Gestirne? Gott schaute in die Zukunft und sah voraus, dass der Mensch all dies erforschen und ergründen würde. Dann wurde ihm auf einmal klar, wo der Mensch ihn und den Himmelsschlüssel am wenigsten suchen würde: Lieber würde der Mensch alle Strapazen auf sich nehmen, um die entferntesten Winkel zu erforschen, als dass er den kleinen Weg in sich selbst hineinginge, um sein eigenes inneres Sein zu ergründen. Seit dieser Zeit hat Gott ein himmlisches Vergnügen, die Menschen zu beobachten, wie sie nach Zufriedenheit, wahrem Erfolg und Glück suchen.

4. Kultur und Persönlichkeitsentwicklung

Vor ein paar Wochen erzählte mir ein Manager nach einem meiner Vorträge zum Thema Lebensbalance, er könne sich gar nicht mehr erinnern, wann er zum letzten Mal ein Buch ohne wirtschaftlichen Bezug gelesen habe. Geschweige denn, dass er in den letzten Jahren Zeit gehabt hätte, ins Theater, in ein Konzert oder ins Kino zu gehen. Allenfalls am späteren Abend ab und zu ein paar Stunden Fernsehen. Mehr sei kulturell einfach nicht drin! – Und wie sieht es mit Ihrer kulturellen »Verpflegung« aus? Es mag wohl der Bereich sein, bei dem viele am ehesten einsparen, ohne das Gefühl zu bekommen, die Balance in ihrem Leben zu verlieren. Natürlich sind Gesundheit, Familie und soziale Kontakte sowie die Klärung der Sinn- und Wertefragen von vorrangiger Bedeutung. Und doch bietet gerade der kulturelle Bereich eine Möglichkeit, aus dem gewohnten Lebenskontext herauszutreten und *den eigenen Horizont zu erweitern*, sei dies nun durch die Lektüre eines Romans, einen Theater- oder Museumsbesuch oder die Teilnahme an einem persönlichkeitsbildenden Seminar. Hier geht es um die Balance zwischen Bekanntem und Neuem im eigenen Leben.

Je weiter unser Horizont, desto mehr Berührungspunkte haben wir mit anderen Menschen, desto mehr Austauschmöglichkeiten können sich ergeben und desto größer wird unser Verständnis für andere, für uns selbst und für das Leben an sich. Zu einer ausgeglichenen Lebensbalance gehört also auch ein gewisses Maß an kultureller und persönlicher Weiterbildung – als Investition in Ihre kontinuierliche Horizonterweiterung. Eine Investition in Sie selbst ist eine der besten, die Sie in Ihrem Leben machen können. Niemand kann sie Ihnen wieder nehmen und sie verbessert nicht nur Ihre Lebensqualität, sondern auch diejenige der Menschen, die Ihnen begegnen.

Das folgende Mind-map zeigt Ihnen einige wichtige kulturelle und persönliche Bildungsquellen.

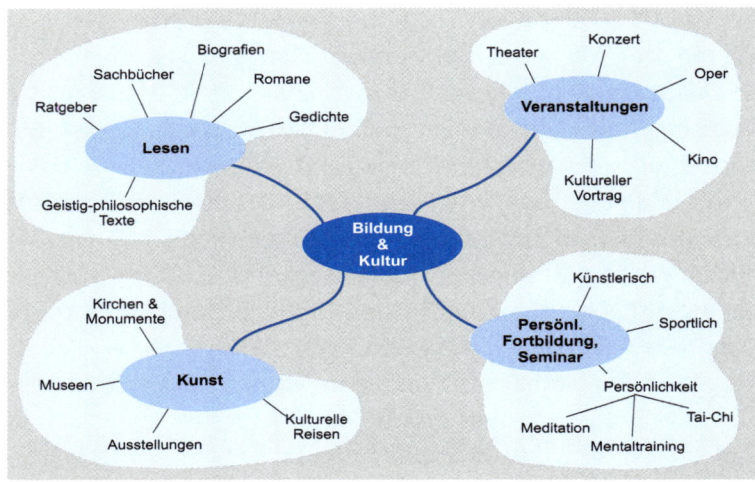

Und nun haben Sie Gelegenheit für Ihre persönliche Kultur-inventur. Bitte füllen Sie zunächst nur die erste Spalte aus (Ihr Bildungsinvestment der letzten zwölf Monate). Tragen Sie erst

Inventur von Kultur und Persönlichkeitsentwicklung		
Gelesen/besucht	In den letzten 12 Monaten	Wunsch für nächstes Jahr
Bücher		
Konzerte/Opern		
Theater		
Kino		
Vorträge		
Museen/Ausstellungen		
Besichtigungen (auch auf Reisen)		
Persönliche Fortbildungsseminare		

anschließend ein, was Ihr kulturelles Wunschprogramm für das nächste Jahr wäre.

In den meisten meiner Work-Life-Balance-Seminare taucht an dieser Stelle der Einwand auf: »Ja, den Wunsch hätte ich schon, nur leider keine Zeit!« Wirklich? Gilt das für Sie ebenfalls? Haben Sie für Ihr Bildungsinvestment auch nicht genügend Zeit? – Viele Seminarteilnehmer entdecken anhand der folgenden Fernsehinventur, wer in Ihrem Leben der »Frei-Zeit-Dieb« Nummer eins ist. Schreiben Sie doch bitte einmal auf, wie viele Stunden Sie pro Woche durchschnittlich vor dem Fernseher verbringen:

> **Mein durchschnittliches Fernsehpensum beträgt etwa
> _____ Stunden pro Woche.**

Wussten Sie, dass Sie – bei einem Lesepensum von fünfzehn Seiten pro Stunde – jährlich etwa dreizehn Bücher mit jeweils zweihundert Seiten lesen könnten, wenn Sie täglich nur eine halbe Stunde Fernsehen einsparen würden? Bei zwei eingesparten Stunden täglich wären es über fünfzig Bücher, bei drei Stunden schon achtzig! Und mit nur der Hälfte davon könnten Sie schon zufrieden sein!

Ihr Fernseh-pensum pro Tag	Davon vermeidbar	= ca. Std. im Jahr	Stattdessen lesen Sie ca. Seiten	= ca. Bücher à 200 Seiten
	3	1095	16 425	82
	2,5	912	13 680	68
	2	730	10 950	55
	1,5	547	8 205	41
	1	365	5 475	27
	0,5	182	2 730	13

Aber wer sieht schon so viel fern, fragen Sie sich vielleicht. Nun, es mag kaum vorstellbar sein, aber nach aktuellen sozialwissenschaftlichen Studien verbringt jeder Deutsche durchschnittlich hundertsechsundneunzig Minuten täglich vor dem Fernseher – das sind über drei Stunden! Könnte es sein, dass auch in Ihrem Leben in diesem Bereich Zeit-Einsparmöglichkeiten schlummern, sodass Sie mehr Kultur live erleben könnten?

Der strategische Ansatzpunkt, um mehr Bildung und Kultur in Ihr Leben zu integrieren, ist Ihre Planung (mehr dazu in Teil 6): Berücksichtigen Sie Bildungsreisen und Seminarbesuche bei der Jahresplanung und Theater, Konzerte sowie sonstige Veranstaltungen am besten bei der Monatsplanung. Einen wichtigen Ansatz zur Planung Ihrer Lektüre finden Sie im Kapitel »Ein Jahr, das Ihr Leben verändern kann« (siehe Seite 226).

Und zuletzt noch zwei Zusatztipps, falls Ihnen im Leben zu viel Zeit vor dem Fernseher abhanden kommt:

■ Gönnen Sie sich einmal eine *fernsehfreie Periode* von vier bis acht Wochen. Es ist erstaunlich, was Sie dabei alles entdecken werden. Nicht nur, was Sie in der Zeit alles andere machen können (und wie wenig Sie wirklich »verpassen«!), Sie werden anschließend sehr wahrscheinlich viel bewusster mit diesem flimmernden Medium umgehen. – Einige meiner Freunde nutzen jährlich die Fastenzeit von Aschermittwoch bis Ostern, um sich eine TV-Reinigungskur zu gewähren.

■ Experimentieren Sie einige Monate damit, *nicht mehr direkt* fernzusehen. Das bedeutet, dass Sie nur noch aufgenommene Sendungen anschauen. Einmal pro Woche wählen Sie aus dem Fernsehprogramm die Sendungen aus, die Sie *wirklich* interessieren, und nehmen sie auf. Mit der Zeit wächst ein persönliches Videoarchiv heran, das Ihnen nicht nur ermöglicht, zu *den* Zeiten eine Sendung zu sehen, die *Sie* wählen, sondern auch, genau *das* anzuschauen, wonach Ihnen gerade ist, unabhängig vom jeweiligen Tagesprogramm. Das hat noch den kleinen Zusatzvorteil, dass Sie Werbeblöcke entweder schon bei der Aufnahme herausfiltern oder später im Schnelllauf übergehen können. Natürlich lassen sich auch die täglichen Nachrichten aufnehmen. Dann liegt es an Ihnen, ob Sie sie um 20.25 Uhr oder erst um 21.10 Uhr anschauen.

Teil 6

Die Umsetzung – Von der Vision zur Wirklichkeit

Nichts ändert sich, außer ich ändere mich.

Alles verändert sich, sobald ich mich verändere.

Ulrich Pramann

Voller Begeisterung kehrte Michael R., Prokurist eines großen Handelsunternehmens, von einem dreitägigen Selbstmanagement-Seminar zurück. Er brachte wertvolle Tipps, Strategien und Checklisten mit nach Hause und, was viel wichtiger war, entscheidende neue Erkenntnisse und viele gute Vorsätze. Der Ordner mit den Unterlagen wanderte ins Regal und die Vorsätze gerieten im hektischen Alltagsleben bald in Vergessenheit. Einmal noch meldeten sie sich aus der Vergangenheit zurück, als ihm zwei Jahre später, bei einem Umzug, der Seminarordner wieder in die Finger geriet. Kurz hielt er inne und spürte eine Mischung aus Wehmut und schlechtem Gewissen. Doch dann packte er die erkenntnisreichen Unterlagen in die Umzugskiste und beschloss, bald wieder auf ein ähnliches Seminar zu gehen. Diesmal wollte er es anders machen. – Was meinen Sie? Mit Erfolg?

Das *Hauptproblem* bei allen Seminaren, die wir besuchen, und bei allen Ratgeberbüchern, die wir lesen, ist die *praktische Umsetzung* der Tipps und der Anweisungen in unserem konkreten Alltagsleben. So kostbar und einleuchtend all diese Strategien und Ratschläge sein mögen, die besten Vorsätze sind wertlos, wenn sie nicht in Taten umgesetzt werden. »Es gibt nichts Gutes, es sei denn, man tut es«, sagte Erich Kästner. Doch auch diese Erkenntnis lässt die Frage offen, *wie* man es denn tut. Eingehend setzt sich mit dieser Problematik mein Buch »So zähmen Sie Ihren inneren Schweinehund« auseinander. Und damit es Ihnen mit den Erkenntnissen und den Tipps dieses Lebensbalance-Buches nicht ergeht wie Michael R. und so vielen anderen, finden Sie hier das nötige Rüstzeug, um Ihre Wünsche Wirklichkeit werden zu lassen. – Hierzu, wie immer, vorab ein Blick auf gängige Einstellungen, die so mancher Realisierung von Vorhaben im Weg stehen.

Sieben umsetzungshindernde Mythen

MYTHOS 1 »ERKENNTNIS HEILT«

»Heureka! Ich hab's!« – »Jetzt weiß ich, wo's langgeht!« – »Ja, das stimmt, ich sollte …« und so weiter. Alles schön und gut. Und es mag sein, dass »Erkenntnis der erste Schritt zur Besserung« ist. Aber eben nur der erste, und wenn der zweite ausbleibt und man sich auf den Lorbeeren der Erkenntnis ausruht, so wird dies allenfalls den Spruch bestätigen, dass »der Weg zur Hölle von guten Vorsätzen gepflastert ist«. – Erkenntnis allein heilt eben nicht! »Es ist nicht genug, zu wissen, man muss es auch anwenden. Es ist nicht genug, zu wollen, man muss es auch tun«, formulierte schon Altmeister Goethe. Das einzige Wissen, das Sie als Ergänzung Ihrer Erkenntnisse benötigen, ist das Know-how, *wie* Sie Umsetzungshindernisse meistern und Ihren inneren Schweinehund überwinden.

MYTHOS 2 »ICH BRAUCHE NOCH DIE RICHTIGE METHODE«

Viele Menschen schieben ein Vorhaben über Jahre auf, weil sie noch auf der Suche nach dem besten und richtigen Weg sind. Bevor sie ihre Ernährung umstellen, lesen sie lieber noch den fünften Ratgeber zum Thema, und wer weiß, ob die Diät, die in der aktuellen Monatszeitschrift angepriesen wird, wirklich die richtige ist? Da hat einer schon acht Bücher über Meditation gelesen, aber noch keine zehn Minuten still gesessen. Es könnte ja eine noch einfachere und intensivere Meditationsform geben! Und so mancher Experte im Aufschieben schafft es, einen Finanzratgeber nach dem anderen zu verschlingen, bevor er einfach anfängt, zu sparen und einen Finanzplan zu erstellen. – Vergessen Sie die Illusion von der »richtigen Methode«! Patentrezepte gibt es sowieso nicht. »Viele Wege führen nach Rom«, doch wenn Sie nur Landkarten studieren und auf keinem der vielen Wege die Reise antreten, werden Sie Rom nie sehen. Fangen Sie einfach an und machen Sie unterwegs Ihre eigenen Erfahrungen! Dies ist der einzige Weg herauszufinden, welche Methode die *für Sie* richtige ist!

MYTHOS 3 »ES IST ALLES NUR EINE FRAGE DES WILLENS!«

»… und der Disziplin!« – »Du musst dich nur richtig anstrengen, dann schaffst du es schon!« – »Beiß die Zähne zusammen und durch!« Mit diesen und ähnlichen Sprüchen wurde so mancher von uns in seiner Kindheit »motiviert«, und nicht wenige versuchen sich heute noch auf diese Weise anzutreiben. Nichts gegen einen starken Willen und Disziplin. Beide sind wesentliche Faktoren zur Zielerreichung. Und doch ist eben nicht alles nur eine Frage des Willens, sondern in vielen Fällen auch des Gespürs. Des Gespürs dafür, was uns wirklich gut tut, des Gespürs dafür, wann es gilt, Pausen einzulegen und einen Gang herunterzuschalten. Anstrengung mag in Ausnahmefällen erforderlich sein, aber auf Dauer ist sie kaum das richtige Mittel. Davon abgesehen, dass dabei die Lebensfreude leicht auf der Strecke bleibt. Wie schon Mihaly Csikszentmihalyi in seinem Buch »Flow. Das Geheimnis des Glücks« aufzeigt, können Höchstleistung und Erfolg durchaus mit Leichtigkeit und Freude erreicht werden. Anstrengung und Mühe sind allenfalls die zweitbesten Mittel. Besonders im dritten Abschnitt dieses Teils werden Sie Möglichkeiten finden, schwierige Vorhaben auf leichte Weise zu verwirklichen, ohne einen ständigen Kampf gegen sich und Ihren inneren Schweinehund führen zu müssen.

MYTHOS 4 »AB MORGEN MACHE ICH ALLES ANDERS!«

»Ab morgen werde ich ein neuer Mensch!« – Wie groß ist doch die Sehnsucht in uns, endlich unser Leben auf die Reihe zu kriegen, endlich unsere vielen Schwächen in den Griff zu bekommen und endlich alles ganz anders und natürlich besser zu machen. Möglichst perfekt, ab morgen! So mancher hat es schon versucht. An Silvester, nach einem Seminar oder nach der Lektüre eines mitreißenden Ratgeberbuchs. Und einige haben vielleicht sogar ein paar Tage oder Wochen durchgehalten – bis sie von ihren Strukturen und Gewohnheiten eingeholt wurden. Nicht selten herrschen dann Frust und Resignation. – Zu Unrecht! Dieser Prozess ist völlig normal und natürlich. Denn es ist grundsätzlich nicht möglich, das ganze Leben im Hauruck-Verfahren völlig umzukrempeln, das Ruder des Lebensschiffs in voller Fahrt herumzureißen und ab morgen alles ganz anders zu machen. Sie müssten gegen Ihr gesamtes Nervensystem ankämpfen, würden sich völlig überfordern und den Kampf am Ende doch verlieren. – Lassen Sie sich Zeit! Veränderungsprozesse sind möglich, sofern wir sie behutsam und nach den natürlichen Gesetzen unseres Nervensystems angehen. Wenn Sie diese beachten, können Sie viel erreichen – nur nicht alles ab morgen!

MYTHOS 5 »DIE UMSTÄNDE ERLAUBEN ES NICHT«

»Ich hätte ja schon längst abgenommen, aber die ständigen Geschäftsessen machen mich dick.« – »Aufhören zu rauchen? Undenkbar! Bei uns im Büro hast du als Nichtraucher keine Chance!« Mit solchen und ähnlichen Aussagen wird die Widrigkeit der Umstände beschworen und als Ausrede missbraucht. Leider ist diese Haltung so weit verbreitet, dass sie kaum hinterfragt, sondern einfach akzeptiert wird – ihr sogar Verständnis entgegengebracht wird! Daher ist es so schwer, zu erkennen, dass wir uns so nur in die eigene Tasche lügen.

Es ist eine alte Weisheit, dass »nicht die Dinge uns hindern, sondern wir selber …, indem wir uns falsch zu ihnen verhalten« (Meister Eckart). Es ist möglich, in diesem Wirtschaftssystem, in der konkreten eigenen Berufssituation und mit den persönlich verfügbaren Mitteln eine gesunde Lebensbalance zu verwirklichen. Und auch wenn einen die Umstände dabei nicht unterstützen mögen, so hindern sie einen zumindest nicht: Sie erlauben es! Vorausgesetzt, Sie erlauben es sich selbst ebenfalls!

MYTHOS 6 »DAFÜR HABE ICH KEINE ZEIT!«

Zu den soeben genannten widrigen Umständen gehört die Behauptung, keine Zeit zu haben. Es ist die häufigste Ausrede, der Sie im Alltag begegnen. Sie wird überall eingesetzt, überall geglaubt und ist überall falsch. Falsch, weil jeder von uns Zeit hat, und zwar jeden Tag genau vierundzwanzig Stunden. Von diesem Zeitbudget müssen wir uns die Zeit nehmen, um die Dinge umzusetzen, die uns wichtig sind. Sonst zeigen wir nur, dass wir anderen Dingen (bewusst oder unbewusst) Vorrang geben. Es ist schon verwunderlich, dass Menschen über Zeitnot jammern, aber dann, wenn sie Zeit haben, diese »totschlagen«, mit »Zeitvertreib« verbringen oder sich von anderen »rauben lassen« (zum Beispiel am Telefon). – Es geht in Wirklichkeit gar nicht darum, mehr Zeit zu haben, sondern darum, die vorhandene Zeit anders einzuteilen, Prioritäten zu setzen und Zeitoasen für sich selbst zu reservieren.

MYTHOS 7
»ALTE GEWOHNHEITEN LASSEN SICH NICHT ÄNDERN«

»Das war schon immer so!«… und so wird es immer bleiben, wenn man überzeugt ist, dass es unmöglich ist, gewachsene Strukturen zu verändern. Sicherlich ist es für viele nicht leicht, alte Gewohnheiten aufzugeben und neue anzunehmen. Doch meistens ist es nur schwer, weil wir nicht wissen, wie Veränderungsprozesse im Leben auf behutsame Weise zu erreichen sind. Alte Gewohnheiten lassen sich durchaus ändern, und wenn Sie sie nicht sofort ganz über Bord werfen können, so erlauben Sie sich halt, sie erst nur zu modifizieren. Veränderung muss nicht mühsam sein, und unmöglich ist sie schon gar nicht. Die folgenden Abschnitte werden Ihnen zeigen, wie Sie sie am leichtesten und effektivsten schaffen können!

Doch vorher noch der letzte Mythen-Check. Lassen Sie diese Denkmuster in Zukunft der Realisierung Ihrer Vorhaben nicht mehr im Weg stehen!

Mythos	Das denke ich ...				
	nie	ganz selten	manch- mal	häufig	sehr häufig
1. »Erkenntnis heilt«					
2. »Ich brauche noch die richtige Methode«					
3. »Es ist alles nur eine Frage des Willens!«					
4. »Ab morgen mache ich alles anders!«					
5. »Die Umstände erlauben es nicht«					
6. »Dafür habe ich keine Zeit!«					
7. »Alte Gewohnheiten lassen sich nicht ändern«					

Die vier Säulen der Umsetzung

Der Wille allein genügt also nicht, um Ihre Vorhaben in die Tat umzusetzen. Wie bei etlichen technischen Geräten eine Gebrauchsanweisung, so brauchen Sie für Ihre Zielerreichung das nötige *Know-how*, wie Sie Ihre Steuerungszentrale im Kopf und

Ihr Nervensystem optimal bedienen. Die Verwirklichung Ihrer Vorhaben ruht darüber hinaus auf einer *Analyse und Auswahl* Ihrer Ziele, deren *Planung* und schließlich der *Ausführung und Kontrolle*.

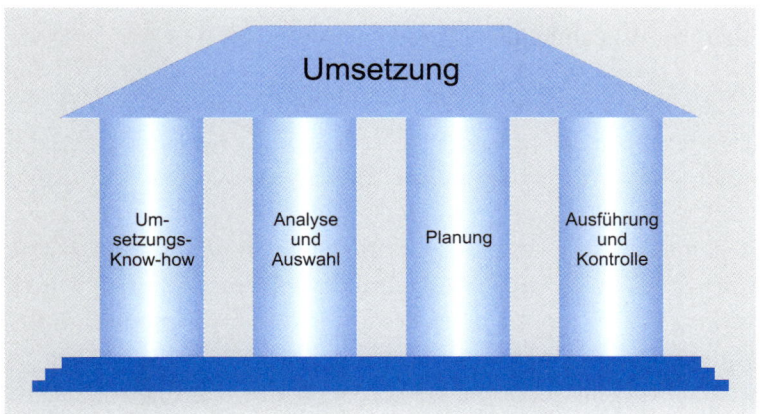

1. Das nötige Umsetzungs-Know-how

Warum ist es nur so schwer, sein Leben zu verändern? Warum sind so viele unserer guten Neujahrsvorsätze schon Mitte Januar Schnee von gestern? Und warum bleiben so viele Ratgeberbücher und Seminare ohne erkennbare Wirkung? – Einer der Hauptgründe ist wohl, dass wir uns der Schwierigkeiten, die sich bei der Umsetzung von Vorhaben in die Praxis ergeben, gar nicht bewusst sind. Erst wenn Sie wissen, wo das Problem steckt, können Sie es angehen – und: Ein erkannter Gegner ist nur noch halb so gefährlich.

Der Transfer in den Alltag

Sie lesen ein Buch, füllen womöglich einige Checklisten aus, unterstreichen viele Tipps und Einsichten und versehen sie mit Ausrufezeichen – dann ist das Buch zu Ende. Und nun? Wie schaffen Sie es jetzt, die Erkenntnisse in Ihr Alltagsleben zu übertragen? Was meistens fehlt, ist ein geeignetes »*Transportmittel*« für den Wissenstransfer, damit Sie im entscheidenden Moment daran denken. Viele Tipps wären gar nicht so schwer zu befolgen, wenn wir sie nur im richtigen Augenblick zur Verfügung hätten. So hatte ich wohl erkannt, dass ich viel zu wenig Wasser trank, und mir vorgenommen, nun täglich mindestens zwei Liter zu trinken. Doch immer wieder vergaß ich es in der Alltagsroutine. Der Gegner ist in diesem Fall gar nicht mal der innere Schweinehund, sondern das Vergessen! – *Was können Sie tun?*

■ *Vermerken* Sie sich in Zukunft schon bei der ersten Lektüre eines Buches die für Sie wichtigen Informationen und Ratschläge beziehungsweise notieren Sie diese während eines Seminars.

■ Nach Beendigung der Lektüre oder des Seminars *schreiben Sie sich die wichtigsten Tipps und Vorhaben gesondert auf*, am besten auf kleinen Kärtchen im Format DIN A6 oder A7.

■ Diese für Sie wichtigsten Punkte *berücksichtigen* Sie bei Ihrer zukünftigen Zeitplanung (siehe hierzu Seite 209 ff.). Stecken Sie außerdem die Kärtchen in Ihren Timer, in die Sakko- oder Handtasche, um sich *immer wieder ins Gedächtnis zu rufen*, was Sie realisieren wollen.

■ Schaffen Sie Ihren Vorsätzen auch sonst mit allen möglichen Mitteln *Präsenz* in Ihrem Leben. So hatte ich mir beispielsweise eine Zeit lang an die verschiedensten Stellen kleine Post-its mit den Worten »Wasser trinken!« geklebt: in meinen Timer, an den Laptop und die Schreibtischlampe, ans Armaturenbrett im Auto, in meine Brieftasche und zu Hause an den Badezimmerspiegel, in die Küche und an den Wecker auf dem Nachttisch. Außerdem standen auf meinem Schreibtisch immer eine große Wasserflasche und ein Glas. So wurde ich ständig ans Wassertrinken erinnert – bis es schließlich zur Gewohnheit geworden war.

Die Gefahr der Überforderung

Viele Verbesserungsaktionen scheitern, weil wir uns zu viel auf einmal vornehmen. Wenn wir uns überfordern, wird am Schluss meist gar nichts daraus. Und häufig liegt es nicht nur daran, dass wir uns *objektiv* zu viel vorgenommen haben, weil wir zeitliche und körperliche Möglichkeiten unrealistisch eingeschätzt haben, sondern daran, dass wir *subjektiv* das Gefühl haben: »Das kann ich gar nicht schaffen.« Um sich zu überwinden, brauchen Sie das Gefühl der Machbarkeit, sonst haben Sie gegen Ihren inneren Schweinehund kaum eine Chance. *Was bedeutet das für die Praxis?*

■ *Verteilen Sie Ihre Vorhaben über einen längeren Zeitraum.* Sie müssen (und können!) Ihr Leben nicht in einem Monat völlig umkrempeln. Erledigen Sie die Dinge nacheinander. Sie haben festgestellt, dass sechs ärztliche Vorsorgeuntersuchungen anstehen? Ihre innere Stimme ruft: »O weh, wann soll ich die alle unterbringen?« Halt! Nicht alles auf einmal! Planen Sie im nächsten Halbjahr pro Monat eine Visite ein, dann überfordern Sie sich zeitlich nicht. – Ihr Briefschuldenkonto steht mit dreizehn im Minus? Dann planen Sie bitte keinen Schreibmarathon für das nächste Wochenende, sondern nehmen Sie sich im kommenden Quartal jede Woche einen Brief vor – und schreiben Sie ihn schon am Montag, dann haben Sie es hinter sich!

■ *Teilen Sie größere Vorhaben in kleine Einheiten.* Sie wissen ja, wie man einen Elefanten isst? – Sie schneiden ihn in kleine Häppchen und verspeisen diese Stück für Stück. Die Lektüre eines dreihundert Seiten dicken Buches? Bei aller Beanspruchung in Ihrem auch sonst voll gepackten Leben? Unmöglich! Wirklich? – Auf einmal ja, aber nehmen Sie sich täglich nur zehn Seiten vor, dann sind Sie nach einem Monat durch und werden, wenn Sie Spaß am Lesen gefunden haben, gleich das nächste Buch angehen. Und wenn Ihnen zehn Seiten zu viel erscheinen, ist es auch okay, dann reduzieren Sie Ihre Lesehäppchen eben auf fünf Seiten und genießen die Lektüre über zwei

Monate hinweg. Mit sechs gelesenen Büchern pro Jahr liegen Sie statistisch im kulturellen Spitzenfeld! – Also: *Häppchen machen und notfalls nochmals zerkleinern!* – eines der wichtigsten Rezepte der Umsetzungs-»Meisterköche«.

Die Kunst dauerhafter Verhaltensänderung

Ingrid L., Marketingleiterin eines Versicherungskonzerns, hatte nach einem Wochenende in einem Wellnesshotel mit Konditions- und Lauftraining beschlossen, nun täglich zu joggen, um etwas mehr Bewegung in ihr sonst von Büroarbeit geprägtes Leben zu bringen. Beflügelt von der Begeisterung des Neuanfangs stand sie nun jeden Morgen eine dreiviertel Stunde früher auf, um mindestens dreißig Minuten zu laufen. Doch schon nach wenigen Tagen schlug ihre Stimmung um. Ihre Gelenke schmerzten, der erste Muskelkater stellte sich ein, und obwohl sie meinte, alles vorschriftsmäßig zu machen, blieben doch die verheißenen Endorphinausschüttungen aus. Eine Woche hielt sie durch, dann musste sie berufsbedingt ihr Laufprogramm unterbrechen; ein paar Tage später ließ sie es nach einer langen Nacht wieder ausfallen. Bald wurden die Ausnahmen zur Regel und schließlich gab sie resigniert ganz auf, da das Thema Laufen ihr immer mehr Frust als Freude bereitete.

Warum ist es nur so schwer, unser Verhalten zu ändern, eine neue Gewohnheit anzunehmen? Alle Einsicht in die Sinnhaftigkeit einer Sache und alle Starteuphorie scheinen nicht zu genügen und schmelzen binnen kurzer Zeit wie Eis in der Sonne. – Der Hauptgrund, den die meisten nicht berücksichtigen, ist die ungeheure Widerstandskraft unserer bisherigen Gewohnheiten und damit verbunden die erforderliche Zeit, bis ein neues Verhalten in unserem Leben »greift« und zu einer neuen Gewohnheit wird. Unser ganzes Nervensystem scheint mit seinen alten Verhaltensmustern jede Umprogrammierung zu verhindern. Wer etwas Neues dauerhaft in sein Leben einbauen will, wird nicht selten das Gefühl haben, gegen den Strom zu schwimmen, eben gegen den Fluss der alten Gewohnheiten. Und so ist es durchaus verständlich, dass viele das Handtuch werfen und aufgeben.

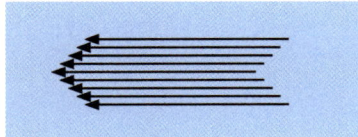 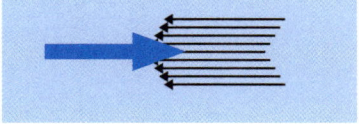

Der Strom unserer vertrauten Gewohnheiten (d.h. unsere Programme und Konditionierungen)

Neues Verhalten, mit dem man zunächst gegen den Strom der alten Gewohnheiten schwimmen muss

Wer aber über einen längeren Zeitraum die neue Praxis durchhält, es gewissermaßen schafft, gegen den Fluss all seiner inneren Widerstände anzuschwimmen, der wird reichlich belohnt: Nach einiger Zeit fällt es ihm immer leichter, die tägliche Überwindung wird immer geringer und der Profit für das eigene Wohlergehen immer größer – nun schwimmt er im Fluss der neuen Gewohnheit.

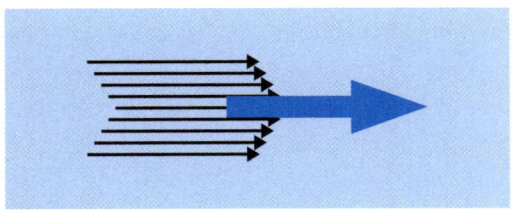

Das Verhältnis von persönlicher Überwindungskraft zu spürbarer Rendite zeigt die folgende Grafik. Am Anfang ist der Aufwand in der Regel sehr hoch, während der Return an »Wohlfühleinheiten« nur langsam steigt. Der »Return on Investment« scheint also zunächst mehr als ungünstig. Doch nach vier, sechs oder acht Wochen erreichen Sie den »magischen Punkt«, an dem sich das Verhältnis von Investment zu Rendite umkehrt. Nun kostet das neue Verhalten Sie nicht mehr so viel Überwindung, während der spürbare Profit für Ihr Leben stetig zunimmt. Jetzt werden Sie vom Fluss der neuen Gewohnheit getragen, und es ist kaum anzunehmen, dass Sie sie wieder aufgeben. Sie haben gewissermaßen für die neue Gewohnheit den »Point of no Return« überschritten.

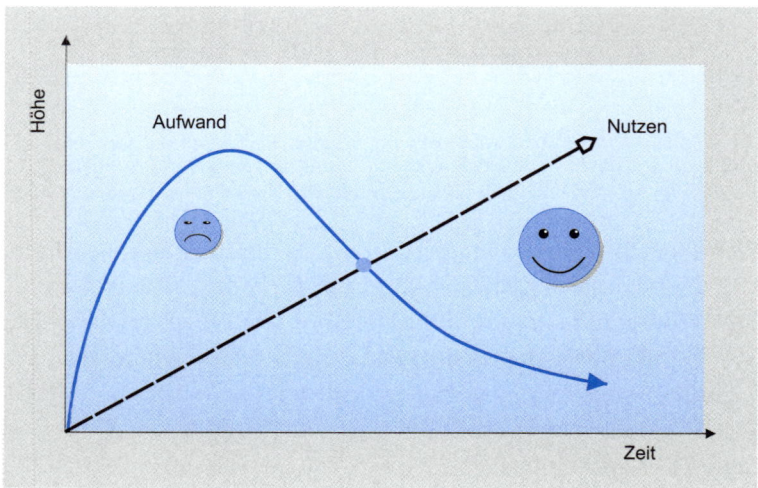

Das Entscheidende ist also, die Anfangsphase richtig anzugehen und durchzuhalten. Wenn Sie die folgenden drei Regeln beachten, dann haben Vorhaben in Ihrem zukünftigen Leben eine viel höhere Realisierungschance:

Die drei goldenen Regeln der Anfangsphase

1. Immer nur eine einzige neue Sache auf einmal angehen!
2. Klein anfangen und langsam steigern!
3. Ohne Ausnahmen am Ball bleiben!

■ Weil Verhaltensänderungen so schwierig sind, sollten Sie all Ihre Kraft *einer einzigen neuen Angelegenheit* widmen, sonst kämpfen Sie an verschiedenen Fronten gegen Ihre alten Gewohnheiten und überfordern sich. Also nicht ab morgen anfangen zu laufen, aufhören zu rauchen, täglich zwanzig Minuten meditieren und vielleicht auch noch eine Diät machen. Eine der beliebtesten Silvestervorsatz-Fallen! Gehen Sie die Dinge nacheinander an. Wenn Sie nach ein oder zwei Monaten Lauftraining den »magischen Punkt« überschritten haben, dann können Sie sich getrost der nächsten Sache widmen.

■ *Machen Sie sich den Anfang so leicht wie möglich!* Fangen Sie klein an! Legen Sie die Latte erst einmal niedrig, sodass Sie das Gefühl der Machbarkeit haben. Laufen Sie unter Umständen anfangs nur fünf Minuten pro Tag und steigern Sie sich nach einer Woche auf zehn, dann auf fünfzehn Minuten usw. Es ist besser, Sie erreichen die anvisierten dreißig Minuten erst nach sechs Wochen oder noch später, als dass Sie sich am Anfang so überfordern, dass Sie nach kurzer Zeit aufgeben.

■ Um eine neue Gewohnheit zu schaffen, bedarf es der *ständigen rhythmischen Wiederholung* der betreffenden Tätigkeit, und zwar möglichst *zur gleichen Zeit, am gleichen Ort* und *in der gleichen Art und Weise.* Das ist das Geheimnis der Programmierung unseres Nervensystems. Es ist mit einer Spur vergleichbar, die Sie auf einer taubedeckten Wiese hinterlassen. Nach kurzer Zeit ist sie wieder verschwunden, es sei denn, Sie gehen auf genau derselben Linie immer wieder hin und her. Dann entsteht mit der Zeit ein schmaler Trampelpfad. Durch die tägliche rhythmische Wiederholung schaffen Sie gewissermaßen einen »Verhaltenstrampelpfad« in Ihrem Nervensystem. In dieser Anfangsphase sollten Sie möglichst *keine Ausnahme zulassen.* Sonst tappen Sie zu leicht in die berühmte Ausnahmefalle: ausfallen lassen, schleifen lassen, sein lassen. Die Gefahr liegt in der ersten Ausnahme, die der zweiten meistens schon die Tür öffnet. Der psychologische Trick: Wenn Sie wirklich einmal zu einer Ausnahme gezwungen sind und Ihr morgendliches Laufprogramm nicht absolvieren können, weil Sie schon um halb sechs Uhr morgens zum Flughafen müssen, dann holen Sie es am kommenden Wochenende

einfach nach, indem Sie am Samstag zweimal laufen – oder
aber Sie gönnen sich am Ausnahmetag eine »Minieinheit« von
fünf Minuten: Laufschuhe anziehen, einmal um den Häuser-
block laufen und dann erst duschen. Es mag für Ihre Kondi-
tion nicht allzu viel bringen, aber wenigstens haben Sie keine
Ausnahme gemacht. So bleiben Sie am Ball! – Und im Übrigen
gilt das nur für die Anfangsphase, denn wenn Sie den magischen Punkt überschritten haben, sind Ausnahmen nicht
mehr gefährlich. Dann ruft Sie Ihre neue Gewohnheit von
selbst zu sich zurück.

Soweit das Basis-Know-how für die Umsetzung neuer Vorhaben in Ihrem Leben. Wenn Sie es beachten, werden Sie Ihre
Wünsche und Ihre Ziele in Zukunft einfacher und effektiver erreichen. Dies hilft Ihnen auch zu einer guten Balance zwischen
Anstrengung und Leichtigkeit. Natürlich ist es damit noch
nicht getan. Weiteres hilfreiches Know-how zur Umsetzung Ihrer Lebensbalance-Ziele finden Sie in den folgenden Abschnit-
ten.

2. Analyse und Auswahl

Der erste Schritt zur Umsetzung ist immer, mir klar zu werden,
was ich tun will, in welchen Lebensbereichen ich etwas verändern möchte und was ich dort verändern möchte. Hierzu hilft
es zu analysieren, wie es in meinem Leben um die einzelnen
Bausteine der Lebensbalance bestellt ist. Die Checkliste auf
Seite 210 f. ermöglicht Ihnen eine Art Schnellinventur Ihrer
persönlichen Situation. Fragen Sie sich, wie Sie mit den einzelnen Punkten in Ihrem Leben zufrieden sind, und bewerten Sie
Ihre Zufriedenheit auf einer Skala von 1 (= überhaupt nicht
zufrieden) bis 5 (= sehr zufrieden).

Wählen Sie nun die Punkte aus, die Sie definitiv verbessern oder einführen wollen, und schreiben Sie sie auf eine eigene Liste. Hierbei können Sie die Frage, ob Sie Ihre Vorhaben sofort, im nächsten Jahr oder erst viel später umsetzen wollen, noch völlig offen lassen. Das entscheiden Sie erst im nächsten Schritt, bei der Planung. Schieben Sie also jetzt getrost alle Bedenken beiseite, die da lauten: »Das schaffe ich ja sowieso nie« oder »Das ist doch viel zu viel«. Mit dem neu gewonnenen Umsetzungs-Know-how und der richtigen Planung schaffen Sie es!

3. Die richtige Planung

Die richtige Planung ist das entscheidende Steuerungsinstrument zur Erreichung und kontinuierlichen Aufrechterhaltung Ihrer Lebensbalance. Nehmen Sie sich gerade am Anfang genügend Zeit dafür. Je sorgfältiger Sie langfristig und auch kurzfristig planen, desto leichter wird Ihnen die Ausführung Ihrer Vorhaben fallen und desto eher werden Sie Umwege und unnötige Zeitverschwendung vermeiden. Reservieren Sie sich für Ihre erste eingehende Planung ein bis zwei Tage, möglichst an einem ungestörten Ort mit einem gewissen Abstand zu Ihrem Alltagsgeschehen, im Gebirge, am Meer, in einem Wellnesshotel oder gar in einem Kloster. Hauptsache, Sie finden eine Atmosphäre, die Ihnen erlaubt, sich in Ruhe einer der wohl wichtigsten Fragen in Ihrem Leben zu widmen: Wann und wie kann ich die Dinge realisieren, die mir wirklich wichtig sind?

Planung mit 7 Zeithorizonten

Das Konzept der 7 Zeithorizonte findet sich im Buch »Lebensstrategie« von Dr. Cay von Fournier. Es liefert ein anschauliches Modell für das Zusammenwirken langfristiger,

Lebensbereiche und Elemente	Bewertung				
Beruf & Finanzen	1	2	3	4	5
Beruf als Berufung					
Fokus auf eigene Stärken					
Herausfordernde Tätigkeit					
Keine Überforderung					
Spaß an der Arbeit					
Konzentration bei der Arbeit					
Regeneration während der Arbeit					
Berufliche Fortbildung					
Finanz-Know-how					
Schuldenfreiheit					
Finanztransparenz					
Vermögensbildung					
Finanzielles Engagement für Dritte					
Familie & soziale Kontakte	1	2	3	4	5
Sorge für sich selbst					
Unterstützung des Partners					
Gemeinsame Planungszeiten					
Gemeinsame Gesprächszeiten					
Gemeinsame »Hoch«-Zeiten					
Zeit für und mit Kindern					
Gute Kommunikation mit Kindern					
Begabungsförderung der Kinder					
Zeit für Eltern und Verwandte					
Zeit für und mit Freunden					
Networking					
Soziales und politisches Engagement					

Lebensbereiche und Elemente	Bewertung				
Gesundheit & Fitness	1	2	3	4	5
Gesundheits-Know-how					
Gesundheits-Checks					
Viel Wasser trinken					
Viel Obst und Gemüse					
Ausreichend Eiweiß					
Vollwerternährung					
Wenig gesättigte Fette					
Wichtigste Vitalstoffe					
Wenig Alkohol und Nikotin					
Regelmäßige Bewegung					
Umgang mit Stress					
Genügend Entspannung					
Gesundheitskuren					
Sinn & Kultur	1	2	3	4	5
Klarheit über Lebenssinn					
Persönliche Lebensvision					
Klarheit über eigene Werte					
Möglichkeiten, innerlich aufzutanken					
Zeiten in der Natur					
Zeiten der Stille					
Notwendige Auszeiten					
Danken und Dankbarkeit					
Zeit für Spiel und Hobbys					
Zeit zum Lesen					
Theater, Opern, Konzerte, Kino					
Reisen und Besichtigungen					
Persönliche Fortbildungsseminare					

mittelfristiger und kurzfristiger Planung. Die »7 Horizonte« beschreiben dabei die Zeiträume unserer Ziele auf dem Weg durchs Leben. Sie sind (leicht modifiziert) so zu verstehen:

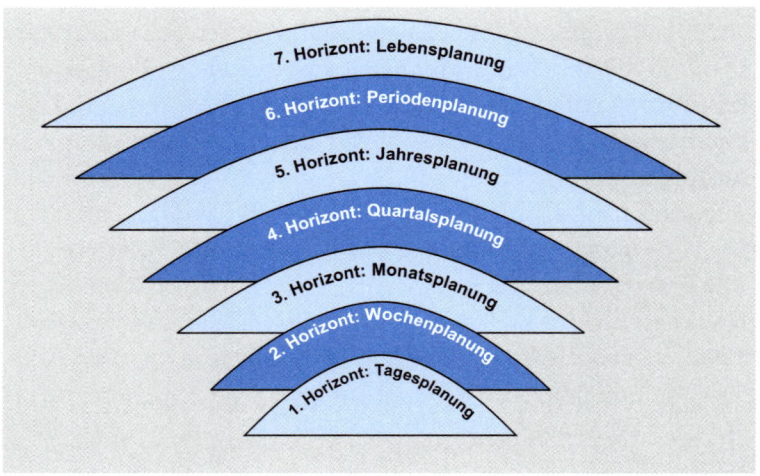

7. Horizont: Lebensplanung
6. Horizont: Periodenplanung
5. Horizont: Jahresplanung
4. Horizont: Quartalsplanung
3. Horizont: Monatsplanung
2. Horizont: Wochenplanung
1. Horizont: Tagesplanung

Der 7. Horizont: Die Lebensvision

Vielleicht haben Sie sich hierzu schon in Teil 5 Zeit genommen. Sonst ist es wirklich ratsam, dass Sie hierfür in den nächsten Wochen ein bis zwei oder sogar drei Tage reservieren. Ihre persönliche Lebensvision und Ihre Lebensziele bilden den maßgeblichen Orientierungspunkt für Ihre Planung in jedem untergeordneten Zeithorizont. Je konkreter und detaillierter Ihr Gesamtlebensentwurf ist, umso besser. Und damit sind Sie keineswegs festgelegt, da Sie mindestens einmal jährlich, sinnvollerweise bei Ihrer Jahresplanung, Ihre Zukunftswünsche und Ihre Lebensziele neu überdenken werden.

Der 6. Horizont: Die nächste Lebensperiode

Die Periodenplanung betrifft den nächsten größeren Lebensabschnitt, in der Regel die Zeit *bis zur nächsten absehbaren »Schwelle«* (also beispielsweise bis zum Ende des Studiums, bis zum nächsten absehbaren Karriereschritt oder Berufswechsel, bis die Kinder aus dem Haus sind oder bis zum Eintritt in den Ruhestand). Wenn in den nächsten fünf bis zehn Jahren eine solche Schwelle nicht absehbar ist, dann wählen Sie eine *Zehn-Jahres-Periode*. Wie soll Ihr Leben in zehn Jahren aussehen? Wo wollen Sie beruflich und finanziell stehen, wie wollen Sie bis dahin Ihr Familienleben, Ihre Freundschaften und sozialen Kontakte gestaltet haben, was haben Sie bis dahin für Ihre Gesundheit und Fitness getan und wie steht es mit dem Lebensbereich Sinn und Kultur? Als Orientierung dient Ihnen Ihre schriftlich formulierte Lebensvision (siehe Seite 169 ff.).

Doch bevor Sie in die Zukunft schauen, nehmen Sie sich bitte zuerst eine halbe Stunde Zeit für einen *Zehn-Jahres-Rückblick*: Wo standen Sie vor zehn Jahren? Wo waren Sie damals in Ihrer persönlichen Entwicklung? Wie sahen Ihre vier zentralen Lebensbereiche aus? Welche Erfolge, Erfahrungen und Lernprozesse haben Ihnen die letzten zehn Jahre gebracht? – Oft ist uns gar nicht bewusst, wie viel wir in den letzten zehn Jahren erreicht haben. Wenn wir uns dies vor Augen führen, können wir gleichzeitig das große Entwicklungspotenzial erkennen, das in der nächsten Zehn-Jahres-Periode liegt. Zu Recht sagt der Persönlichkeitscoach Alexander Christiani: »Die meisten Menschen überschätzen, was man in einem Jahr schaffen kann, und sie unterschätzen, was man in zehn Jahren erreichen kann.« – Sobald Sie Ihre Ziele für die kommende Lebensperiode festgelegt haben, planen Sie auch, wann und mit welchen Schritten Sie diese erreichen wollen.

Der 5. Horizont: Das kommende Jahr

Nach der Visions- und der langfristigen Periodenplanung betreffen die Jahres- und die Quartalsplanung Ihre mittelfristigen Ziele. Nehmen Sie sich einmal im Jahr mindestens einen halben, besser jedoch einen ganzen Tag Zeit für Ihre Jahresplanung. Am besten Ende Dezember vor dem Jahreswechsel, spätestens in den ersten Januartagen. Auch hierfür ist es hilfreich, eine Umgebung zu wählen, die es Ihnen ermöglicht, Ihr normales Leben aus einer gewissen Distanz zu betrachten. Beginnen Sie mit einem Jahresrückblick. Führen Sie sich anschließend erneut Ihre Lebensvision und Ihre Periodenplanung vor Augen und revidieren Sie diese nach Bedarf. Dann legen Sie Ihre Ziele für das neue Jahr nach den vier Lebensbereichen fest. Prüfen Sie, ob eine angemessene Balance zwischen den Bereichen besteht, und entscheiden Sie schließlich, in welchen Quartalen Sie die einzelnen Ziele verwirklichen wollen.

Der 4. Horizont: Das nächste Quartal

Es hat sich als äußerst hilfreich erwiesen, die Quartalsplanung als weiteres strategisches Steuerungsinstrument zwischen Jahres- und Monatsplanung einzusetzen. Sie befreit die Jahresplanung vom Anspruch einer umfassend präzisen Terminierung und ermöglicht eine genauere und aktuelle Planung für den überschaubaren Zeithorizont von drei Monaten. Das erste Quartal gehen Sie sinnvollerweise gleichzeitig mit Ihrer Jahresplanung an, die folgenden jeweils in den letzten März-, Juni- und Septembertagen. Reservieren Sie sich hierfür zwei bis drei Stunden am Wochenende oder einen Abend.

Der 3. Horizont: Der kommende Monat

Für die Monatsplanung, die Sie in den letzten Tagen des vorhergehenden Monats vornehmen sollten, brauchen Sie in der Regel nicht mehr als eine Stunde. Ziehen Sie eine Bilanz des ablaufenden Monats, orientieren Sie sich an Ihrer Quartals-, aber auch an der Jahresplanung, bestimmen Sie Ihre Monatsziele der vier Lebensbereiche und terminieren Sie diese. Es ist sehr hilfreich, sich bei dieser Gelegenheit immer wieder die Lebensvision, die Werte und die Periodenziele vor Augen zu führen, da diese in der Hektik unseres Alltagslebens zu leicht in Vergessenheit geraten. Machen Sie sich also mindestens einmal im

Monat bewusst, was Sie eigentlich wirklich wollen und was Ihnen wichtig ist; das erleichtert es Ihnen, Prioritäten zu setzen und ein Leben in Balance zu planen ... und zu führen!

Der 2. Horizont: Diese Woche

»Die Woche als zweiter Horizont ist die beste strategische Planungseinheit«, so Cay von Fournier. Sie bietet die größte Gelegenheit, im konkreten Alltag für die Umsetzung unserer Lebensbalance zu sorgen, insbesondere die uns wichtigen Dinge einzuplanen, um nicht vom Alltagsgeschehen regiert und gelebt zu werden. Hier lassen sich noch Zeiträume für die Lebensbereiche reservieren, die von Beruf und Routine nur zu häufig verdrängt werden. Die Tagesplanung lässt dafür in der Regel schon zu wenig Spielraum. – Planen Sie die kommende Woche am besten am Wochenende, spätestens am Montagmorgen. Die halbe Stunde, die Sie hierfür investieren, amortisiert sich mehrfach, wenn Sie dadurch wirklich zu den Dingen kommen, die zu Ihrer Lebensbalance beitragen. Also: kurzer Wochenrückblick, Wochenziele wählen, Prioritäten setzen und planen. Ziehen Sie dafür den Monatsplan und die Quartalsziele als Orientierung heran!

Der 1. Horizont: Der heutige Tag

Wer seinen Tag nicht plant, geht im Alltagsgeschehen unter, wird fast nur noch fremdbestimmt reagieren, statt selbstbestimmt zu agieren, und seine eigenen Ziele nur schwer verwirklichen. Der Tag ist plötzlich vorbei, wir sind völlig geschafft, haben aber praktisch nichts geschafft. Nehmen Sie sich also fünfzehn bis zwanzig Minuten, idealerweise schon am Vorabend, ansonsten früh am Morgen, checken Sie Erreichtes und Unerledigtes des letzten Tages, wählen Sie anhand des Wochenplans Ihre Tagesziele und terminieren Sie sie mit ausreichend Spielräumen. Achten Sie darauf, dass Sie jeden Tag einen zumindest kleinen Beitrag für jeden Lebensbereich leisten. Der heutige Tag bildet die kleinste, aber pragmatischste Plattform zur Verwirklichung Ihrer Lebensbalance!

Für jeden Zeithorizont (mit Ausnahme der Lebensvision) erfolgt die Planung am besten in folgenden drei Schritten:

Schritte	Inhalte
1. Rückblick	■ Erfolge und Erreichtes nach den vier Lebensbereichen ■ Nicht-Erreichtes und Gründe dafür ■ Lebensbalance-Check ■ Gelerntes ■ Gesamtzufriedenheit in Prozent
2. Orientierung	■ Am Plan des nächsten Horizonts ■ Gegebenenfalls auch an den Zielen des übernächsten Horizonts
3. Ziele und Termine	■ Ziele nach den vier Lebensbereichen wählen ■ Termine setzen ■ Gesamtbild machen

Um Ihre Ziele besser zu erreichen und einen guten Überblick über den jeweiligen Zeithorizont zu haben, empfiehlt es sich, sich jeweils ein Gesamtbild von der Planung zu machen: in Form einer kolorierten Tabelle oder eines Mind-maps, sei dies nun auf Papier oder in elektronischer Form. Je bunter, desto besser. Alles, was wir als farbiges Bild vor Augen haben, hilft unserem Gehirn und unserem Nervensystem, es zu realisieren. Und: Je klarer die Bilder in Ihrem Kopf von dem, was Sie erreichen wollen, desto größer die Wahrscheinlichkeit, dass es in Ihrem Leben Wirklichkeit wird. Es gilt das aus der Computerentwicklung stammende WYSIWYG-Prinzip: »What you see is what you get.« Was Sie (auf dem Bildschirm) sehen, ist das, was Sie (ausgedruckt) bekommen. Und so ist es auch im Leben: Was wir auf unserem inneren Bildschirm sehen, ist das, was wir als Ergebnis im Alltag bekommen. – Und in diesem Sinn hier nochmals ein Gesamtbild der Planung in 7 Zeithorizonten.

Zeithorizont			Planungsdauer + Zeitpunkt	Inhalte
langfristig	❼	Lebensvision	**1–3 Tage** so bald wie möglich innerhalb der nächsten 3 Monate (+ jährliche Korrektur)	■ Lebenssinn und Werte ■ Wünsche und Träume ■ Lebensziele und Gesamtlebensplanung
	❻	Periodenplanung	**1 Tag** zusammen mit der Lebensvision (+ jährliche Korrektur)	■ Periodenrückblick ■ Lebensvision ■ Periodenziele und Planung
mittelfristig	❺	Jahresplanung	**1 Tag** Ende Dezember (vor 31.12.), allenfalls erste Tage im Januar	■ Jahresrückblick ■ Lebensvision und Periodenplan ■ Ziele des neuen Jahres nach Lebensbereichen ■ Planung
	❹	Quartalsplanung	**2–3 Stunden** Abend, Wochenende, $^{1}/_{2}$ Tag in der Woche ca. 21.3./6./9./12. jedenfalls vor Monatsende	■ Quartalsrückblick ■ Jahresplan ■ Quartalsziele nach Lebensbereichen und Planung
kurzfristig	❸	Monatsplanung	**ca. 1 Stunde** am Monatsende (29./30./31.)	■ Monatsrückblick ■ Quartalsplan und Jahresziele ■ Monatsziele nach Lebensbereichen und Planung
	❷	Wochenplanung	**$^{1}/_{2}$ Stunde** Wochenende, Sonntagabend, spätestens Montag als erste Tätigkeit	■ Wochenrückblick ■ Monatsplan (ev. auch Quartalsziele) ■ Wochenziele und Planung
	❶	Tagesplanung	**ca. 10–15 Minuten** idealerweise am Vorabend, spätestens morgens als erste Tätigkeit	■ Tagesrückblick ■ Wochenplan und Monatsziele ■ Tagesziele und Planung

Ihr Zeitaufwand beträgt also:

> Jährlich 2 bis 3 Tage
> Monatlich 2 bis 3 Stunden
> Täglich 10 bis 15 Minuten

Ein Investment, das sich vielfach amortisiert und mit dem Sie es schaffen können, mehr von dem zu realisieren, wovon Sie sonst immer nur träumen, insbesondere, eine gewisse Balance in Ihrem Leben zu erreichen. Voraussetzung ist allerdings, dass Sie die folgenden Planungsgrundsätze berücksichtigen.

Balancefördernde Planungsgrundsätze

Kreation statt Reaktion

»Der Schlüssel zu einem erfolgreichen Zeitmanagement liegt in der *Konzentration auf* die wirklich wichtigen *Prioritäten*. Es gibt in der Realität keine Zeitprobleme, sondern nur Prioritätenprobleme«, so der Zeitmanagementexperte Lothar J. Seiwert. Warum diese Aussage so richtig und ihre Berücksichtigung für uns so wichtig ist, lässt sich anhand der bekannten Prioritäten-Matrix des amerikanischen Generals Dwight D. Eisenhower veranschaulichen. Sie zeigt den Zusammenhang von Wichtigkeit und Dringlichkeit in Bezug auf unsere täglichen Aufgaben.

■ **A-Aufgaben** sind wichtig und dringend, haben also die höchste Priorität und müssen sofort, in der Regel von uns selbst, angegangen werden.

■ **B-Aufgaben** sind wichtig, aber noch nicht dringend, und da sie eben noch nicht drängen, werden sie meistens aufgeschoben. Die Gefahr ist, dass wir sie erst angehen, wenn sie dringlich geworden sind, oder dass wir gar nicht mehr dazu kommen.

■ **C-Aufgaben** sind zwar nicht wichtig, aber dringend. Mit ihnen beschäftigen wir uns fast die meiste Zeit des Tages und sie

sind unsere eigentlichen *Zeitfresser*. Somit liegt hier das größte Potenzial zur Wiedergewinnung wertvoller Zeit für die eigentlich wichtigen Dinge in unserem Leben. Diese Zeitfresser gilt es zu rationalisieren, zu delegieren oder gar zu eliminieren.

■ Alle übrigen Aufgaben, also alle, die weder wichtig noch dringend sind, gehören in den **Papierkorb**!

Das entscheidende Problem liegt in der täglichen Vorherrschaft dringlicher C-Aufgaben, die uns keine Zeit mehr für das Wichtige lassen! Sie zwingen sich uns auf und bestimmen unser Leben, sodass wir meistens nur noch reagieren, statt unser Leben aktiv zu gestalten.

Der einzige Ausweg: *Kreation statt Reaktion!* Zeit für die wichtigen Dinge müssen wir uns aktiv durch rechtzeitige Planung kreieren. Mit all unserer Kreativität gilt es, Zeitreserven für das Wichtige zu mobilisieren, die ewig von außen drängenden Anforderungen zu reduzieren, abzugeben oder gar entschieden abzuwehren. Wir müssen unseren Lebensschwerpunkt aus dem bloß reaktiven Dringlichkeitsbereich in den kreativen Bereich der uns wichtigen Dinge verlagern. – Interessanterweise besteht das Wort KREATION aus den gleichen Buchstaben wie das Wort REAKTION. *Entscheidend ist, wo Sie das K setzen!* Das K hat gewissermaßen die Kontrolle über Ihr Leben. Setzen Sie das K an den Anfang! Denn Kontrolle ist nur am Anfang möglich (vorher), später verlieren Sie sie in der Hektik ständiger Reaktion. Das K steht auch für Ihr Können, Ihr (Zeit-)Kapital, Ihren Kurs. Investieren Sie diese beizeiten!

> **Das Wichtige in Ihrem Leben müssen Sie bewusst k r e i e r e n , sonst werden Sie unbewusst nur auf Dringendes r e a g i e r e n !**

Und wie ist es bei Ihnen? Für welche Aussagen entscheiden Sie sich in Zukunft?

reaktiv	kreativ
Ich erledige ständig Dringendes (egal wie wichtig es ist) und werde von Terminen, Telefonaten und Türmen unerledigter Aufgaben bestimmt.	Ich plane Zeit für Wichtiges ein und rationalisiere das Dringende (unter anderem durch Delegation und Nein-Sagen).
Ich nehme mir erst Zeit für Familie und Freunde, wenn mich das schlechte Gewissen plagt oder Probleme (in der Beziehung oder mit den Kindern) auftauchen.	Ich plane und gestalte die Zeit mit Lebenspartner, Kindern und Freunden. Ich lerne empathische Kommunikation (die nur anfangs mehr Zeit braucht).
Ich gehe erst zum Arzt, wenn´s zwickt und drückt, und verändere Ernährung oder Bewegungsverhalten erst, wenn´s fast zu spät ist.	Ich gehe vorbeugend übers Jahr verteilt zu Gesundheits-Checks, ernähre mich bewusst und bewege mich ausreichend.
Ich mache mir über das Leben erst Gedanken, wenn die Sinnkrise kommt. Auszeiten nehme ich mir erst nach dem Burnout. Werte bekomme ich von außen – und Kultur durchs Fernsehen.	Ich bestimme den Sinn im Leben, entwickle meine Vision und entscheide meine Werte. Ich nehme mir täglich eine Auszeit für mich und plane kulturellen Input durch Lesen und Theater- und Konzertbesuche.

Und wie können Sie das in der Praxis am besten verwirklichen, wie sieht es konkret aus, zu kreieren statt zu reagieren? Den strategisch günstigsten Ansatz bietet die *Wochenplanung*. Reservieren Sie jede Woche bestimmte Zeiteinheiten für jeden Lebensbereich. Nur wenn Sie diese Zeiten *terminieren* und diese Termine *einhalten*, haben Sie die Chance, dass Sie wirklich zu den Dingen kommen, die Ihnen wichtig sind. Und Sie brauchen auch nicht besorgt zu sein, dass Sie damit entscheidende Sachen vernachlässigen. Zwischen und neben den wichtigen Angelegenheiten bleibt noch viel Platz. Dies veranschaulicht Steven Coveys *Kieselsteinprinzip*: Angenommen, Sie wollen etliche große Kieselsteine und Sand in ein Glas füllen. Wenn Sie das Glas zuerst mit Sand fast bis zum Rand voll machen, haben anschließend nur noch wenige oder gar keine Kieselsteine Platz. Geben Sie dagegen die Kieselsteine als Erstes hinein, findet sich zwischen ihnen noch genügend Platz für den Sand. Beginnen Sie daher auch bei Ihrer Planung mit den »Kieselsteinen«, Ihren Prioritäten, und füllen Sie die übrige Zeit mit »Sand« (den weniger wichtigen Dingen).

Zeitinseln schaffen

Neben den Terminen für bestimmte wichtige Aktivitäten brauchen wir für unsere innere Balance Zeiten, die nicht mit etwas Bestimmtem gefüllt sind, *Zeitinseln*, die frei bleiben für uns selbst, für den Augenblick, zum Faulenzen oder einfach um das zu tun, wonach uns gerade zumute ist – aber eben ohne einen bestimmten inhaltlichen Plan. Mindestens einmal im Jahr sollten Sie sich eine Auszeit von ein paar Wochen, wenigstens aber einigen Tagen gönnen und *täglich eine Stunde*. Ja, Sie haben richtig gelesen: täglich! In ihrem Buch »Chefsache Privatleben« schreiben Joppe und Ganowski: »Ein Mensch braucht täglich eine Stunde für sich selbst. Sie können diese Anforderung drehen und wenden, wie Sie möchten. Sie können daraus auch fünfundvierzig oder dreißig Minuten machen. Der eine braucht mehr, die andere weniger. Doch wenn Sie sich diese Zeit für sich selber nicht nehmen, wird nach einigen Monaten oder Jahren nichts mehr von Ihnen selbst übrig bleiben.« Das mag zunächst überspitzt klingen, doch die meisten Sinnkrisen sind erfahrungsgemäß Spätfolgen von versäumter Zeit für sich selbst. Machen Sie also T.I.E.S.: *Termine in eigener Sache!* Zeitinseln für sich selbst. Lassen Sie die T.I.E.S.-Methode wie die vorgenannte Kieselsteinmethode zu den Eckpfeilern Ihrer Planung werden. Umso größer sind die Chancen für Ihre Lebensbalance! Vergessen Sie nicht:

Zeitreserven muss man reservieren!

Am besten Sie reservieren sich als T.I.E.S. größere und kleinere Auszeiten – optimalerweise:

Wann?	Was?	Wofür?
Alle 1 bis 2 Jahre	Eine große Auszeit von 2 bis 6 Wochen	Raus aus der gewohnten Umgebung, etwas ganz anderes machen, Neuorientierung
Am Jahresende	2 Tage	Revisions- und Planungszeit
Monatlich	1 Tag	Zeit für sich allein, *ohne* etwas Bestimmtes tun zu *müssen*
Wöchentlich	3 bis 4 Stunden	Auftanken, tun, was Sie wollen
Täglich	30 Minuten oder gar 1 Stunde	Entspannen und Regenerieren

Das Ganze scheint Ihnen ein Idealzustand? Vielleicht! – Unerreichbar? Keineswegs! Vielleicht nicht immer erreichbar, aber immer wieder. Es ist besser, Sie versuchen wenigstens, diese Auszeiten zu verwirklichen und schaffen dann vielleicht nur sechzig oder achtzig Prozent davon, als dass Sie sich erst gar keine vornehmen, denn Sie können sicher sein, dass sie sich nicht von selbst einstellen. Und ob Sie es glauben oder nicht: Ich kenne einige sehr erfolgreiche Menschen, die sich sogar noch mehr Auszeiten gönnen. Vielleicht ist das sogar einer der Gründe, warum sie so erfolgreich sind!

4. Ausführung und Kontrolle

Wenn Sie richtig geplant und terminiert und sich dabei nicht überfordert haben, dann ist die Ausführung in der Regel gar nicht mehr so schwer. Sie werden es leichter haben, wenn Sie noch folgende Tipps berücksichtigen:

■ Was auch immer Sie sich vornehmen, *machen Sie den ersten Schritt innerhalb der nächsten zweiundsiebzig Stunden*, und sei es nur die Anmeldung zum Sprachkurs, die Reservierung der Theaterkarten oder die Vereinbarung des Arzttermins. Es geht nicht darum, wie viel Ihres Vorhabens Sie in die Tat umsetzen, sondern *dass* Sie sich in Richtung Ihres Ziels in Bewegung setzen. Dies ist motivationspsychologisch von grundlegender Bedeutung. Der amerikanische Philosoph Ralph W. Emerson sagte:

> **Auch eine große Reise beginnt mit dem ersten Schritt.**

Und dieser erste Schritt ist oft der entscheidende. Der Rest geht dann häufig viel leichter, als man denkt. Beherzigen Sie also die von vielen Erfolgstrainern zu Recht gelehrte 72-Stunden-Regel!

■ Verzichten Sie auf den weit verbreiteten und krank machenden Anspruch des Perfektionismus. *Haben Sie den Mut zur Inperfektion.* Der Versuch, Dinge fehlerfrei und hundertprozentig zu machen, ist nicht nur vergeblich, sondern auch töricht. Er raubt uns Energie und macht auf Dauer unzufrieden, weil unser Leben nie perfekt sein wird. Perfektion macht uns nicht glücklich, sondern fertig! Machen Sie eine Sache lieber nur zu achtzig Prozent gut, als dass Sie sie zu hundert Prozent nicht machen! Erlauben Sie sich ruhig, Fehler zu machen, und nehmen

Sie sie an! Fehler sind »Zwischenergebnisse« auf dem Weg zum Erfolg, sie bergen wertvolle Lernerfahrungen und das nächste Mal haben Sie die Chance, es besser zu machen. Die Akzeptanz der eigenen Unvollkommenheit und eine gut dosierte Fehlerfreudigkeit werden Ihr Leben nicht nur wesentlich erleichtern, sondern dazu beitragen, dass Sie mehr umsetzen können! Also:

> **Wählen Sie lieber fröhliche Unvollkommenheit –
> statt unfrohen Perfektionismus!**

■ *Experimentieren Sie!* Probieren Sie neue Dinge aus! Versuchen Sie es mit Alternativen, wenn es auf die eine Weise nicht klappt. Es gibt nun mal keine Patentrezepte. Jeder Mensch ist anders strukturiert, jeder hat andere Veranlagungen und seine eigene Art, sein Leben zu organisieren. Was für den einen Menschen passt und ihm hilft, muss keineswegs auch für einen anderen gut sein. Finden Sie Ihre eigenen Lebensbalance-Strategien. Und haben Sie bei neuen Wegen ein wenig Geduld. Beherzigen Sie neben der oben genannten 72-Stunden-Regel auch die *Zwei-Wochen-Regel:* Probieren Sie eine neue Strategie oder Technik mindestens zwei Wochen lang aus, bevor Sie sie gegebenenfalls verwerfen. Geben Sie Ihrem Nervensystem und Ihrem Gewohnheitsmuster eine Chance, sich auf das Neue einzulassen. – Und auch dieses Experimentieren kann spannend sein und Spaß machen. Ja, es hilft Ihnen, sich nicht zu »verbiegen«, sondern Ihre authentische Lebensform zu entwickeln.

■ Geben Sie neuen Vorhaben in Ihrem Leben *Präsenz*. Versuchen Sie sich so oft Sie können im Lauf eines Tages daran zu erinnern. Kleben Sie sich beispielsweise kleine »Post-its« mit einem Stichwort an die verschiedensten Stellen: in Ihr Notebook, an den Badezimmerspiegel, an das Armaturenbrett im Auto, an Ihre Schreibtischlampe usw., um sich überall an das Neue zu erinnern, womit Sie Ihr Leben bereichern wollen. So verhindern Sie, dass so mancher gute Vorsatz in Vergessenheit gerät.

> **Je präsenter ein neues Anliegen,
> desto größer seine Umsetzungschancen.**

■ Unterstützen Sie Ihre Vorhaben, indem Sie sich mit anderen verabreden, zum Beispiel zum gemeinsamen Morgenlauf oder zum Besuch des Fitnessstudios. *Treffen Sie mit anderen Vereinbarungen* über das, was Sie in Ihrem Leben verändern wollen, und erlauben Sie ihnen, Sie daran zu erinnern und nachzufragen. Am besten, Sie machen das gegenseitig. Oder Sie engagieren einen *persönlichen Coach*, der Ihnen hilft, Ihren inneren Schweinehund auf Trab zu bringen, beispielsweise von der Health Performance Agentur. Das mag ein finanziell nicht unerhebliches Investment sein, doch ein allemal lohnendes, wenn Sie es allein nicht schaffen. Und höchstwahrscheinlich benötigen Sie den Impuls von außen nur in der Anfangsphase, bis Ihr Körper begriffen hat, wie gut Ihnen die Veränderung tut. Sie wissen ja: Die Anfangsphase ist die schwierigste, also holen Sie sich ruhig Hilfe – wie mit Stützrädern beim Kinderfahrrad – später fahren Sie allein weiter!

■ Und last but not least: *Kontrollieren Sie immer wieder Ihre Ergebnisse*, machen Sie vor allem regelmäßig Ihren persönlichen Balance-Check: Stimmt das Verhältnis Ihres Investments in die vier Bereiche der Lebensbalance? Einmal pro Woche fünf Minuten genügen schon! Je häufiger Sie checken, desto leichter können Sie Korrekturen vornehmen und Ihr Leben wieder in Balance bringen. – Das Bemühen um Lebensbalance wird Sie Ihr ganzes Leben begleiten, doch je häufiger Sie es angehen, desto leichter wird es Ihnen mit der Zeit fallen!

Ein Jahr, das Ihr Leben verändern kann

Nächstes Jahr: ein neues Leben! Das mag sehr hochtrabend klingen und vielleicht illusorisch, erinnert diese Formulierung doch an so manche Silvestervorsätze, die zwar ernst gemeint, in ihrer Gesamtheit aber undurchführbar sind. Alle Vorhaben auf einmal umzusetzen ist kaum zu schaffen – doch im Lauf eines Jahres, gut verteilt und wohl dosiert, können Sie mehr bewirken, als Sie ahnen. Die Grundidee ist folgende:

Wählen Sie pro Quartal beziehungsweise pro Jahreszeit einen Lebensbereich und geben Sie ihm in diesen drei Monaten erste Priorität. Investieren Sie täglich etwa zehn Minuten in die Lektüre eines Buches zu diesem Lebensbereich (drei Seiten am Tag genügen vollkommen, so schaffen Sie in neunzig Tagen locker ein zweihundertsiebzig Seiten dickes Buch!) und besuchen Sie ein Wochenendseminar zum Thema. Viele Dinge werden Sie ganz leicht verändern können, andere integrieren Sie behutsam in Ihre mittel- und langfristige Planung. Die Veränderung muss nicht nach einem Jahr abgeschlossen sein. Entscheidend ist, dass sie in diesem Jahr für jeden der vier Lebensbereiche in Gang kommt. Und dafür ist schon die Aneignung des jeweils essenziellen Know-hows richtungsweisend.

Im Frühling könnten Sie den Bereich Gesundheit und Fitness wählen, im Sommer Familie und Kontakte, im Herbst Beruf und Finanzen und im Winter Sinn und Kultur.

Und so könnte es sein, dass Sie zuerst ein Buch über Ernährung und Bewegung von Dr. Spitzbart oder Dr. Müller-Wohlfahrt lesen, dann einen Kommunikationsratgeber von Dr. Rosenberg oder Professor Schulz von Thun, gefolgt von einem Finanzbuch von André Kostolany, Bodo Schäfer oder Matthias Uelschen und schließlich ein Werk des Dalai Lama oder des Benediktinerpaters David Steindl-Rast. Informieren Sie sich, blättern Sie in einer Buchhandlung und wählen Sie ein Buch, das

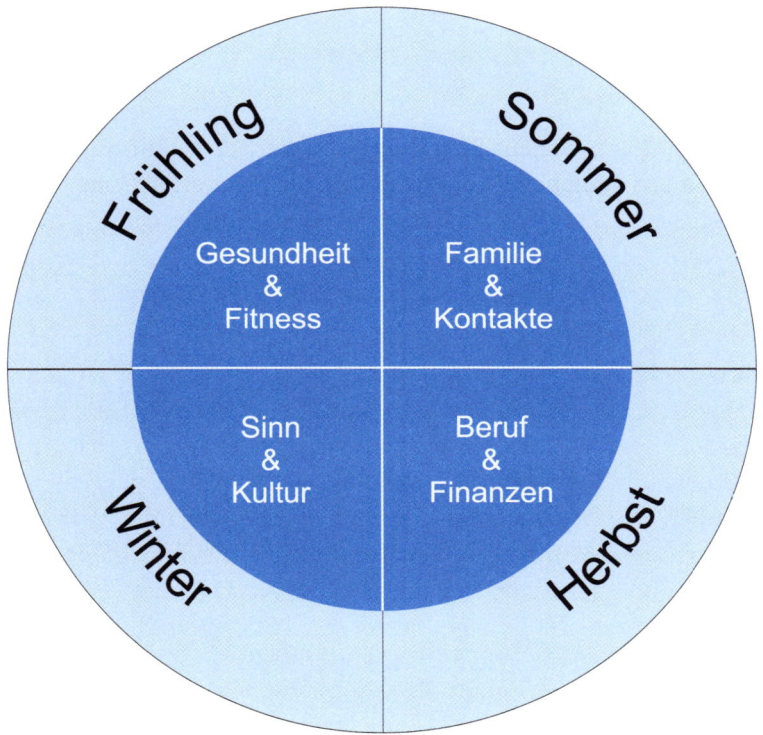

Ihnen nicht nur von der Thematik, sondern auch von Stil und Aufmachung her zusagt. Einige Empfehlungen hierzu finden Sie im Anhang. Und wenn Sie später ein besseres Buch entdecken: Im nächsten Jahr ist ja Zeit für eine weitere »Runde«. – Jedenfalls wird es Ihr Bewusstsein verändern und infolgedessen schrittweise auch Ihr Leben!

Was Unternehmen für die Work-Life-Balance ihrer Mitarbeiter tun können

Eine weltweite Umfrage der Unternehmensberatung Gemini Consulting bei mehr als zehntausend Personen ergab, dass jeder fünfte Europäer von seinem Chef ein Balancing-Programm erwartet, um Beruf und Privatleben unter einen Hut zu bekommen. Und den meisten Unternehmen ist bewusst, dass nur Mitarbeiter, die auch körperlich und mental ausgeglichen sind, gute Arbeitsergebnisse liefern können, dass Work-Life-Balance-Programme also nicht nur den Mitarbeitern zugute kommen, sondern ebenso dem Unternehmen. Allerdings weicht diese theoretische Erkenntnis erheblich von der praktischen Umsetzung ab. Die Initiative »Beruf und Familie« der Hertie-Stiftung beurteilt seit sieben Jahren die Familienfreundlichkeit von Unternehmen anhand von hundertvierzig Kriterien und teilt als Anreiz Zertifikate aus. Beispiele familienfreundlichen Managements bieten Lufthansa, Hewlett-Packard, Siemens, Commerzbank, BASF und etliche andere. Doch sind Balance-Programme in Deutschland längst nicht so verbreitet wie in den USA. Das mag unter anderem daran liegen, dass in den USA der Kampf um Talente älter und härter ist und somit auch der Druck größer, gute Arbeitsbedingungen zu bieten. Aber deutsche Firmen werden zunehmend gefordert, denn trotz hoher Arbeitslosigkeit sind qualifizierte und leistungsfähige Mitarbeiter nach wie vor nicht leicht zu finden und zu halten.

Hier nun einige Beispiele, was Unternehmen für die Lebensbalance Ihrer Mitarbeiter tun können:

■ Zunächst können sie Informations- und Fortbildungsgelegenheiten bieten.

– An erster Stelle stehen hier *Seminare* zum Thema Work-Life-Balance, aber auch zu Zeit- und Selbstmanagement und Kommunikation.

– Im Programm »Boxenstopp« der Porsche AG können leitende Angestellte in einer Klinik *Nachhilfe* in Sachen Ernährung, Gesundheit, Stressbewältigung oder optimales Fitnesstraining bekommen.

– Bertelsmann bietet ein *Gesundheits-Portal* für gestresste Manager an. Hier gibt es nicht nur Tipps zu gesundem Schlaf oder richtiger Ernährung, sondern es besteht auch die Möglichkeit, mit Experten zum Thema Rückenschmerzen zu chatten oder sich mit anderen angespannten Leidensgenossen über die besten Entspannungsübungen im Büro auszutauschen.

■ Etliche Firmen sind flexibel, was **Arbeitszeit und Auszeiten** angeht.

– Beispiele *flexibler Arbeitszeit* bieten unter anderem Hewlett-Packard und BASF. Das Arbeitskontingent wird für einen längeren Zeitraum festgelegt und die Mitarbeiter können selbst bestimmen, wie sie die Stunden verteilen. Fast alle Firmen machen die Erfahrung, dass ihre Mitarbeiter umso effizienter und produktiver arbeiten, je flexibler sie ihren Tagesablauf gestalten können.

– Bei Lufthansa haben mehr als zwanzig Prozent der Angestellten eine *Teilzeitbeschäftigung*. Seit Einführung des neuen Teilzeitarbeitsgesetzes besteht übrigens in vielen Fällen sogar ein Recht des Arbeitnehmers darauf, seine Vollzeitstelle auf Teilzeit zu reduzieren. Informationen hierzu und zu verschiedenen Teilzeitmodellen finden Sie im Internet unter www.teilzeit-info.de (einer Webseite des Bundesministeriums für Arbeit und Soziales).

– Auch *Telearbeit* befreit von den Fesseln des Arbeitsortes und der Arbeitszeit. Allerdings haben viele Führungskräfte noch große Probleme damit, ihre Mitarbeiter in diese neue Freiheit zu entlassen und die Kontrolle vor Ort aufzugeben. Nur wenn sie lernen, »loszulassen« und »machen zu lassen«, werden sie den Nutzen dieses motivationsfördernden Konzepts erfahren.

– Etliche größere Unternehmen haben das Auszeitjahr, das so genannte *Sabbatical,* als geeignetes Balancing-Instrument entdeckt. Wie *FAZ-Net* vom 20. Oktober 2002 berichtete, gehört Siemens hierbei zu den Vorreitern. Mitarbeitern in zwei Geschäftsbereichen werden krisenbedingte Auszeiten angeboten. Bei drei Monaten Abwesenheit bekommen sie in dieser Zeit noch fünfzig Prozent ihres Bruttogehalts, bei sechs Monaten Auszeit vierzig Prozent. Im Übrigen bleibt alles wie vorher. So haben die Mitarbeiter die Chance, neue Kräfte zu tanken, eine längere Reise zu machen, sich fortzubilden und ihren inneren und äußeren Horizont zu erweitern.

– Schließlich bieten einige Firmen, wie zum Beispiel die Commerzbank, für Mitarbeiter im Erziehungsurlaub *Programme zur Wiedereingliederung.* So kann die Babypause zur Weiterbildung genutzt werden, mit der Folge, dass die meisten Frauen danach an ihren Arbeitsplatz zurückkehren.

■ Manche Unternehmen bieten **hilfreiche Entlastungsmaßnahmen** – *von Friseur- und Schuhputzservice* über *Wäschereinigungsdienste* bis hin zu *Kinderhorten* (IBM) oder der *Vermittlung von Kinderbetreuung.* Bei manchen Commerzbank-Niederlassungen können Eltern ihre Kinder in einem *Notfall-Kindergarten* abgeben, wenn die normale Betreuung einmal ausfällt. Gerade Familienfreundlichkeit steigert die Loyalität der Mitarbeiter und verbessert das Firmenimage.

■ Sehr bewährt haben sich **fitness- und gesundheitsfördernde Angebote.**

– Manche Firmen bieten eigene *Aerobic- und Fitnesskurse* an oder zahlen allen, die regelmäßig in ein Fitnesscenter gehen, einen *Zuschuss zum Jahresabo.*

– Andere Unternehmen bieten *kostenlose Entspannungs-programme*, von Rücken- und Fußreflexzonenmassage bis zu Akupunktur. Manche Banken lassen ihre Mitarbeiter durch einen Arbeitsmediziner mit einer *speziellen Gymnastik* fit für das Dauersitzen machen.

– Ein *firmeneigener Fußballplatz* kann nicht nur bewegungsmotivierend sein, sondern auch das Gemeinschaftsgefühl fördern.

– Um sich während der Arbeit mit gesunder Nahrung zu stärken ist es hilfreich, wenn in den Abteilungen für den regelmäßigen Vitaminschub *Körbe mit Obst* bereitstehen, ebenso *kostenfreies Mineralwasser* für den hohen Trinkbedarf. Und in der Betriebskantine sollte zumindest ein vegetarisches Vollwertgericht ernährungsbewusste Mitarbeiter unterstützen.

– Nicht zuletzt gibt es in größeren Unternehmen auch *Betriebsärzte und -zahnärzte* sowie die Gelegenheit zu kostenlosen *Gesundheits-Checks*.

■ Bei der **Arbeitsplatzgestaltung** sind ebenfalls balancefördernde Maßnahmen möglich. Hierzu gehören etwa *rauchfreie Büros, ergonomische Stühle, strahlungsarme Monitore* und *Pflanzen* (nicht nur am Empfang, sondern an jedem Arbeitsplatz!). Ein kürzlich veröffentlichter Feldversuch bei BMW hat ergeben, dass sich Mitarbeiter in Büros mit vielen Pflanzen wesentlich wohler fühlen und aufgrund der erhöhten Luftfeuchtigkeit auch in Wintermonaten wesentlich seltener unter Schnupfen und den üblichen Schleimhautreizungen leiden. Außerdem schlucken viele Pflanzen den Schall genau im Frequenzbereich unserer Sprache und viele Angestellte empfinden den Blick auf das Grün hinter dem Bildschirm als beruhigend für gereizte Augen (*Die Zeit* vom 12. Dezember 2002).

All diese Maßnahmen sind nur exemplarisch und keineswegs abschließend. Viele weitere Möglichkeiten finden sich im Internet unter dem Stichwort »Work-Life-Balance« oder über die Initiative »Beruf und Familie« der Hertie-Stiftung. Mit Sicherheit gilt: Je mehr sich Unternehmer mit balancefördernden Maßnahmen für das Wohl ihrer Mitarbeiter engagieren, desto motivierter, ausgeglichener und effektiver werden diese arbeiten. Ein lohnendes Investment mit einem guten Return. Ebenso sollten Bewerber bei der Auswahl eines neuen Arbeitsplatzes auf die Work-Life-Balance-Angebote der Firmen achten. – Auch wenn derzeit die Entwicklung in diesem Bereich noch in den Kinderschuhen steckt, bleibt zu hoffen, dass sich in den nächsten Jahren trotz aller Wirtschaftsprobleme hier einiges tut!

Zum Schluss:
99 + 1 Tipp für Ihre persönliche Lebensbalance

TIPP 1

Widmen Sie sich rechtzeitig dem Thema Lebensbalance – umso schneller bringen Sie Ihr Leben wieder ins Gleichgewicht.

TIPP 2

Auch wenn Sie wenig Zeit zum Lesen haben: Verteilen Sie die Lektüre des Buches auf einen längeren Zeitraum. Schon fünf bis zehn Minuten täglich genügen, um das Buch in zwei Monaten zu lesen.

TIPP 3

Noch besser: Sie gönnen sich eine Auszeit von einigen Tagen, um sich intensiv Ihrer persönlichen Work-Life-Balance zu widmen.

TIPP 4

Räumen Sie mit gängigen Fehleinstellungen und Mythen auf, insbesondere solchen, die neben Beruf, Geld und Karriere wenig Raum für Ihr Privatleben lassen.

TIPP 5

Nur weil viele in balancegefährdender Weise leben, ist dies weder harmlos noch richtig.

TIPP 6

Sie leben jetzt! Täuschen Sie sich nicht: Vieles lässt sich später nicht mehr nachholen.

TIPP 7

Bei Balance geht es nicht um ein quantitatives Gleich-Gewicht der Lebensbereiche, sondern um eine qualitative Ausgewogenheit.

TIPP 8

Balance ist nicht statisch, sondern dynamisch. Entscheidend ist, eine verhältnismäßige Ausgewogenheit über einen längeren Zeitraum herzustellen.

TIPP 9

Die Frage nach dem Lebenssinn und den persönlichen Werten sollte auch für junge Menschen immer an erster Stelle stehen: Was will ich in meinem Leben und wie will ich es erreichen?

TIPP 10

Überprüfen Sie immer wieder, ob die vier entscheidenden Lebensbereiche bei Ihnen in Balance sind.

TIPP 11

Trennen Sie Berufliches und Privates klar – umso besser und intensiver können Sie sich jedem Bereich widmen.

TIPP 12

Machen Sie sich klar, ob Ihr Beruf – wenigstens zu einem überwiegenden Teil – auch Berufung ist. Geben Sie es ansonsten nicht auf, Ihren Traumberuf zu suchen und zu realisieren.

TIPP 13

Konzentrieren Sie sich primär auf Ihre Stärken, statt gegen Ihre Schwächen anzukämpfen.

TIPP 14

Wenn Sie mehr Spaß an der Arbeit haben wollen, achten Sie darauf, dass die konkreten Herausforderungen mit Ihren Fähigkeiten in Balance sind.

TIPP 15

Fordern Sie sich immer wieder neu, ohne sich allerdings auf Dauer zu überfordern.

TIPP 16

Schaffen Sie durch klare Zielsetzung und Abschirmung von Störungen immer wieder die Voraussetzungen für konzentrierte Arbeit.

TIPP 17

Notieren Sie sich eine Woche lang jede Störung, um Ihre Konzentrationskiller zu entlarven.

TIPP 18

Versuchen Sie sich zumindest für gewisse Zeiten am Tag abzuschotten, in denen Sie weder telefonisch noch sonst erreichbar sind.

TIPP 19

Achten Sie während der Arbeit immer wieder auf Regenerationspausen. Optimal sind zehn Minuten je Stunde. Umso effektiver und konzentrierter werden Sie arbeiten.

TIPP 20

Sorgen Sie während der Arbeit für ausreichend Bewegung, zum Beispiel durch Schultergymnastik, Schulterrollen oder progressive Muskelentspannung.

TIPP 21

Den optimalen Arbeitsmodus Ihres Gehirns können Sie sehr schnell durch Hemisphärensynchronisation und Alpha-Musik wiederherstellen.

TIPP 22

Durch Kurzmeditation und Ausgleichsatmen kommen Sie (nicht nur) während Ihrer Arbeit sehr schnell wieder in Balance.

TIPP 23

Eine Minute Lächeln (auch wenn Ihnen nicht danach zumute ist) kann Ihre Gemütslage maßgeblich ins Positive verändern.

TIPP 24

Experimentieren Sie, ob Ihnen die Kurzschlaftechnik hilft, sich schnell zu erholen und zu regenerieren.

TIPP 25

Machen Sie in der Mittagspause einen Spaziergang von mindestens fünf bis zehn Minuten.

TIPP 26

Achten Sie auf ständige berufliche Weiterbildung: fachspezifisch, berufsergänzend und mit Auslandsbezug.

TIPP 27

Machen Sie sich rechtzeitig mit dem grundlegenden Finanz-Know-how vertraut – am besten durch Lektüre eines entsprechenden Ratgebers.

TIPP 28

Geben Sie negative Fehleinstellungen zum Thema Geld auf.

TIPP 29

Vermeiden Sie Konsumschulden. Diese führen häufig auf direktem Weg in die Schuldenfalle.

TIPP 30

Bauen Sie Ihre Schulden ab, allerdings nur mit der Hälfte des Geldes, das Sie erübrigen können. Die andere Hälfte sparen Sie.

TIPP 31

Schaffen Sie Finanztransparenz, indem Sie Ihre monatlichen Einnahmen und Ausgaben notieren.

TIPP 32

Der beste Weg zur Vermögensbildung ist, am Monatsanfang einen festen Betrag zu sparen. Ebenso die Hälfte jeder Gehaltserhöhung.

TIPP 33

Lassen Sie sich bei Ihrer Finanzplanung und Ihrer Geldanlage von einem Profi beraten.

TIPP 34

Geben Sie von Ihrem Finanzwohlstand anderen ab, optimalerweise zehn Prozent.

TIPP 35

Berücksichtigen Sie in Ihrer Beziehung, dass Männer und Frauen ihrem Wesen nach grundverschieden sind und sich nicht nur auf unterschiedliche Art verständlich machen, sondern auch anders denken, lieben und sich freuen.

TIPP 36

Auch in einer Beziehung gilt: Sie haben die Verantwortung, dafür zu sorgen, dass es Ihnen gut geht.

TIPP 37

Sie können nicht die Probleme Ihres Partners lösen, aber Sie können ihn darin unterstützen, für sich zu sorgen.

TIPP 38

Planen Sie gemeinsam und konfrontieren Sie Ihren Partner nicht mit einem einseitig verplanten Terminkalender.

TIPP 39

Nutzen Sie die Möglichkeit von Gesprächszeiten nach einer festen Grundordnung, in der jeder über das sprechen kann, was ihn persönlich und in der Beziehung bewegt.

TIPP 40

Lassen Sie der Hochzeit immer wieder »Hoch-Zeiten« folgen, in denen Sie mit Ihrem Partner unbeschwert, allein und mit einem gewissen Abstand zum Alltag etwas erleben, genießen und Neues entdecken.

TIPP 41

Nehmen Sie sich so viel Zeit wie möglich für Ihre Kinder – zum Spielen, zum Vorlesen und für gemeinsame Unternehmungen. Diese Zeit ist nicht nur für Ihre Kinder essenziell, sondern auch für Sie, denn Sie können sie nicht nachholen.

TIPP 42

So schwer es am Anfang auch sein mag: Versuchen Sie die fünf Schritte empathischer Kommunikation mit Kindern umzusetzen.

TIPP 43

Entdecken Sie die Talente Ihrer Kinder, möglicherweise durch einen Begabungs-Check, und fördern Sie sie bestmöglich.

TIPP 44

Versuchen Sie (möglicherweise trotz aller »historischen Verstrickungen«) das Verhältnis zu Ihren Eltern und Ihren Verwandten zu entlasten und Zeit mit ihnen zu verbringen.

TIPP 45

Freunde gehören zu den wertvollsten Gütern in unserem Leben. Pflegen Sie diese Beziehungen.

TIPP 46

Verbessern Sie Ihr Beziehungsnetz, werden Sie ein Meister im Networking.

TIPP 47

Engagieren Sie sich im sozialen oder im politischen Bereich, dies kommt nicht nur anderen, sondern auch Ihnen zugute.

TIPP 48

Machen Sie sich mit dem lebensnotwendigen Wissen über Gesundheit vertraut, durch Lektüre eines entsprechenden Ratgebers oder durch Teilnahme an einem Seminar.

TIPP 49

Nehmen Sie sich regelmäßig die Zeit für vorbeugende Gesundheits-Checks. Warten Sie Ihr Auto nicht besser als Ihren Körper.

TIPP 50

Ernährung ist (fast) alles – die sukzessive Umstellung Ihrer Essgewohnheiten ist ein Schlüsselfaktor für Ihre Gesundheit.

TIPP 51

Trinken Sie viel Wasser, mindestens zwei bis drei Liter über den Tag verteilt.

TIPP 52

Essen Sie möglichst viel Obst und Gemüse. Es ist nicht nur gesund, sondern sättigt auch, ohne dick zu machen.

TIPP 53

Sorgen Sie für ausreichend Eiweiß, am besten durch die Kombination verschiedener tierischer und pflanzlicher Eiweißquellen.

TIPP 54

Bevorzugen Sie langkettige, langsame Kohlehydrate gegenüber kurzkettigen, bei denen der Blutzucker schnell ansteigt.

TIPP 55

Fett macht nicht satt, sondern dick. Ersetzen Sie tierische, gesättigte Fettsäuren durch pflanzliche, ungesättigte Fette.

TIPP 56

Ergänzen Sie Ihr Essen durch spezielle Vitamin- und Mineralpräparate.

TIPP 57

Sorgen Sie täglich für genügend Bewegung, optimalerweise durch mindestens dreißig Minuten Ausdauersport. Nutzen Sie auch sonst jede Gelegenheit, mehr Bewegung in Ihren Alltag zu bringen.

TIPP 58

Zu viel Stress macht krank. Ermitteln Sie Ihre häufigsten Stressauslöser.

TIPP 59

»Verbrennen« Sie Ihre Stresshormone durch Sport und Bewegung – »verdünnen« Sie diese durch alles, was Ihnen Freude bereitet.

TIPP 60

Nutzen Sie alle Möglichkeiten zur Entspannung und gönnen Sie Ihrem Körper einmal jährlich eine »reinigende« Kur.

TIPP 61

Stellen Sie sich immer wieder die wohl wichtigste Frage: Was ist der Sinn meines Leben, was will ich mit meinem Leben anfangen?

TIPP 62

Entwickeln Sie Ihre persönliche Lebensvision. Nehmen Sie sich hierfür ausreichend Zeit und sorgen Sie für die passende Atmosphäre.

TIPP 63

Auch eine Lebensvision ist nicht statisch, sondern bedarf der ständigen Weiterentwicklung und Verbesserung.

TIPP 64

Machen Sie sich bewusst, nach welchen Werten Sie leben wollen. Werte sind die Navigationsinstrumente Ihres Lebens.

TIPP 65

Finden Sie heraus, auf welche Weise Sie am einfachsten und wirksamsten innerlich auftanken können. Tanken Sie SUPER, nicht NORMAL.

TIPP 66

Suchen Sie (besonders als Stadtmensch) immer wieder die regenerierenden Kräfte der Natur – sei dies am Strand, im Gebirge oder im Park.

TIPP 67

Erlauben Sie sich immer wieder, in den Zauber der Musik oder eines Theaterstücks einzutauchen.

TIPP 68

Nutzen Sie die beruhigende Wirkung offenen Feuers – ob am Kamin oder vor einer Kerze.

TIPP 69

Gönnen Sie sich von Zeit zu Zeit einen Saunabesuch oder legen Sie sich in die Badewanne; wohlige Wärme entspannt körperlich und innerlich.

TIPP 70

Baden können Sie auch in der Stille. Sie ist eine der stärksten und intensivsten Möglichkeiten, innerlich zu regenerieren.

TIPP 71

Nutzen Sie den Zauber des Lesens. Fokussierte Aufmerksamkeit zentriert und beruhigt.

TIPP 72

Lernen Sie von den Kindern: den Spaß am Spielerischen und vor allem wieder das Lachen.

TIPP 73

Räumen Sie immer wieder auf. Wenn Sie Ordnung schaffen, so tun Sie das außen wie innen.

TIPP 74

Achten Sie auf lebens-not-wendige Auszeiten. Sie sind mit die wertvollsten Zeitoasen, um innerlich aufzutanken.

TIPP 75

Machen Sie sich täglich mindestens zehn Dinge bewusst, für die Sie dankbar sein können. Dankbarkeit ist der schnellste Weg zu innerer Zufriedenheit.

TIPP 76

Tun Sie etwas für andere: Sie werden nicht für, sondern von Ihren guten Taten belohnt.

TIPP 77

Erweitern Sie Ihren Horizont durch Bücher, kulturelle Veranstaltungen und Persönlichkeitsentwicklung.

TIPP 78

Machen Sie Ihre persönliche Fernsehinventur. Sie offenbart häufig Zeitpotenziale, Kultur aus erster Hand zu genießen.

TIPP 79

Reduzieren Sie Ihren Fernsehkonsum, experimentieren Sie mit fernsehfreien Perioden.

TIPP 80

Lesen Sie mehr Bücher. Durchschnittlich fünfzehn Minuten täglich genügen, um ein Buch in zwei Monaten zu lesen.

TIPP 81

Buchen Sie rechtzeitig Konzert-, Opern-, Theaterbesuche. Wenn die Karten da sind, gehen Sie auch hin.

TIPP 82

Bereichern Sie Ihre Bildung durch Museums- und Ausstellungsbesuche und sonstige Besichtigungen – daheim und auf Reisen.

TIPP 83

Gönnen Sie sich mindestens einmal im Jahr ein Seminar zur persönlichen Fortbildung.

TIPP 84

Wenn Sie Ihre Erkenntnisse erfolgreich in die Tat umsetzen wollen, machen Sie sich mit den Regeln der Umsetzung vertraut.

TIPP 85

Notieren Sie, was Sie verändern wollen, rufen Sie sich dies immer wieder ins Gedächtnis und verschaffen Sie Ihren neuen Vorsätzen mit allen möglichen Mitteln Präsenz in Ihrem Leben.

TIPP 86

Verteilen Sie Ihre Vorhaben über einen längeren Zeitraum und teilen Sie größere Ziele in kleine Einheiten. In kleinen Häppchen geht es leichter.

TIPP 87

Beachten Sie für Verhaltensänderungen in der Anfangsphase die goldenen Regeln: Immer nur eine einzige Sache angehen, klein anfangen, langsam steigern und ohne Ausnahme am Ball bleiben.

TIPP 88

Analysieren Sie immer wieder Ihre Lebensbereiche und notieren Sie Ihre Veränderungswünsche auf einer Liste.

TIPP 89

Planen Sie in sieben Zeithorizonten – von der Lebensvision bis zum heutigen Tag.

TIPP 90

Beginnen Sie in jedem Planungshorizont mit einem Rückblick, orientieren Sie sich primär am nächsten Horizont und wählen Sie Ihre Ziele und Termine nach den vier Lebensbereichen.

TIPP 91

Mit einem Zeitinvestment von jährlich zwei bis drei Tagen, monatlich zwei bis drei Stunden und täglich zehn bis fünfzehn Minuten erzielen Sie einen optimalen Planungserfolg.

TIPP 92

Konzentrieren Sie sich auf Prioritäten: Kreieren Sie vorab die wichtigen Dinge, statt im Alltag nur auf die dringlichen zu reagieren.

TIPP 93

Schaffen Sie Zeitinseln: Termine in eigener Sache (TIES). Zeitreserven müssen Sie reservieren.

TIPP 94

Machen Sie den ersten Schritt innerhalb der nächsten zweiundsiebzig Stunden und haben Sie Mut zur Inperfektion. Wählen Sie lieber fröhliche Unvollkommenheit als unfrohen Perfektionismus.

TIPP 95

Experimentieren Sie, treffen Sie Vereinbarungen mit anderen oder engagieren Sie einen persönlichen Coach.

TIPP 96

Wenn Sie in einem Jahr Ihr Leben verändern wollen, so widmen Sie jedem Lebensbereich ein Quartal: durch ein entsprechendes Buch oder einen Seminarbesuch.

TIPP 97

Je mehr Sie als Unternehmer Ihre Mitarbeiter durch Work-Life-Balance-fördernde Maßnahmen unterstützen, desto ausgeglichener und motivierter werden diese arbeiten.

TIPP 98

Informieren Sie sich als Arbeitnehmer über die lebensbalancefördernden Angebote Ihres Unternehmens und nutzen Sie diese bestmöglich.

TIPP 99

Versuchen Sie keinesfalls, alle diese Tipps auf einmal zu verwirklichen, sonst gerät Ihr Leben aus der Balance. Haben Sie den Mut, nur diejenigen Ratschläge zu wählen, die Sie persönlich betreffen, und lassen Sie sich bei der Umsetzung Zeit.

+ 1

Wenn Sie noch Freunde oder Kollegen zum Thema Lebensbalance inspirieren wollen, so empfehlen Sie dieses Buch bitte weiter – natürlich nur, wenn es Ihnen selbst von Nutzen war.

Danksagung

An erster Stelle danke ich meiner Frau und meiner Familie für die Geduld in einer Zeit, in der mein Leben einseitig zugunsten dieses Buches aus der Balance geriet. Des Weiteren geht mein Dank an Herrn Jens Schadendorf und Frau Sabine Wünsch für die intensive Betreuung vonseiten des Econ Verlags, an die Herren Matthias Uelschen, Ulrich Pramann und Dr. Michael Spitzbart für die Unterstützung in den Themenbereichen Finanzen, Familie und Kontakte sowie Gesundheit und an Herrn Ingo P. Püschel für die Gestaltung der Grafiken.

Anhang

Nützliche Adressen und Hinweise

Work-Life-Balance-Seminare und Vorträge bieten:
- Sabine Asgodom, www.asgodom.de
- Dr. Marco von Münchhausen, www.vonmuenchhausen.de
- Professor Dr. Lothar Seiwert, www.seiwert.de

»Call a massage«-Dienste ins Büro finden Sie unter
www.jobfit-online.de

Seminare zum Thema Finanzen veranstaltet die finwis gmbh,
www.finwis.de

Den Multimedia-Finanzplaner »Ausgesorgt! mit System« (acht CDs
inklusive umfangreicher Rechensoftware) erhalten Sie über
www.uelschen.de

Seminare und Trainings in gewaltfreier Kommunikation nach der
Methode von Marshall B. Rosenberg veranstaltet CONEX
Infos hierzu unter www.gewaltfrei.de

Begabungstests und Begabungsförderung für Kinder und Jugendliche
finden Sie bei www.youngworld-institut.de

Gesundheits-Checks und Vitaluntersuchungen können Sie bei
der Medical Consultants GmbH durchführen lassen
www.medical-consultants.de

Ihren persönlichen Fitness-Coach vermittelt Ihnen The Health
Performance Group
www.healthperformance.de

Nahrungsergänzung (u. a. Vitaldrink, Eiweiß, Vitamin C,
Magnesium) kann über die Firma CADION bezogen werden
www.cadion.de

Literaturempfehlungen

Allgemein zum Thema Lebensbalance

ASGODOM, SABINE, Balancing, Econ, München 2001

ASGODOM, SABINE, Leben macht die Arbeit süß, Econ, München 2002

BISCHOF, ANITA/BISCHOF, KLAUS, Balancing, Karriere und Privatleben im Gleichgewicht, Haufe, Planegg 2002

FOURNIER, CAY VON, Lebensstrategie, Schmidt, Stockheim 2001

JOPPE, JOHANNA/GANOWSKI, CHRISTIAN/GANOWSKI, FRANZ-JOSEF, Chefsache Privatleben, Campus, Frankfurt/New York 2001

KÜSTENMACHER, WERNER TIKI/SEIWERT, LOTHAR, simplify your life, Campus, Frankfurt/New York 2002

PESESCHKIAN, NOSSRAT, Auf der Suche nach Sinn, Fischer Taschenbuch, Frankfurt 2000

PFEIFER, HELMUT, Völlig losgelöst, mvg, Landsberg 2002

SEIWERT, LOTHAR J., Das Bumerangprinzip, Gräfe und Unzer, München 2002

SEIWERT, LOTHAR J., Life-Leadership, Campus, Frankfurt/New York 2001

Zum Thema effektiver und gelassener arbeiten

BRAIG, AXEL/RENZ, ULRICH, Die Kunst weniger zu arbeiten, Fischer Taschenbuch, Frankfurt 2003

CSIKSZENTMIHALYI, MIHALY, Flow. Das Geheimnis des Glücks, Klett-Cotta, Stuttgart 1998

JELLOUSCHEK, HANS, Mit dem Beruf verheiratet, Mosaik/Goldmann, München 2003

Zum Thema Finanzen

KOSTOLANY, ANDRÉ, Die Kunst über Geld nachzudenken, Econ, München 2000

ORMAN, SUZE, Trau dich, reich zu werden, Campus, Frankfurt/New York 2000

SCHÄFER, BODO, Der Weg zur finanziellen Freiheit, Campus, Frankfurt/New York 2000

UELSCHEN, MATTHIAS, Ausgesorgt, Econ, München 2001
WHITE, JENNIFER, Work Less, Make More, John Wiley & Sons, New York 1999

Zum Thema Familie und Beziehung

GRAY, JOHN, Männer sind anders, Frauen auch, Goldmann Taschenbuch, München 1993
GROSS, GÜNTHER F., Beruflich Profi, privat Amateur?, moderne industrie, Landsberg 2000
JOHNSON, SPENCER, Eine Minute für mich, Rowohlt, Reinbek 1993
KLEIN, STEFAN, Die Glücksformel, Rowohlt, Reinbek 2002
MOELLER, MICHAEL LUKAS, Die Wahrheit beginnt zu zweit, Rowohlt, Reinbek 2000
ROSENBERG, MARSHALL, Gewaltfreie Kommunikation, Junfermann, Paderborn 2001
SCHULTZ VON THUN, FRIEDEMANN, Miteinander reden, Band 1 + 2, Rowohlt Taschenbuch, Reinbek 1981 und 1989

Zum Thema Umgang mit Kindern und Talentförderung

CHRISTIANI, ALEXANDER/SCHEELEN, FRANK M., Stärken stärken, Redline Wirtschaft/moderne industrie, München 2002
GOTTMAN, JOHN, Kinder brauchen emotionale Intelligenz, Diana, München/Zürich 1997
KRAFFT, THOMAS VON/SEMKE, EDWIN, Der große Begabungstest, Moses, Kempen 2002

Zum Thema Gesundheit, Fitness, Stressmanagement

BAUR, EVA GESINE, Der Luxus des einfachen Lebens, Deutscher Taschenbuch Verlag, München 2000
BIRKENBIHL, VERA F., Freude durch Stress, mvg, Landsberg 2002
BURGER, DORIS, Fitness für Gestresste, BLV, München 2000
FEIL, WOLFGANG/WESSINGHAGE, THOMAS, Ernährung und Training fürs Leben, WESSP, Nürnberg 2000
GEISSELHART, ROLAND/HOFMANN-BURKART, CHRISTIANE, Stress ade, Haufe, Planegg 2002

LÖHR, JÖRG/SPITZBART, MICHAEL/PRAMANN, ULRICH, Mehr Energie fürs Leben, Südwest, München 2000

MÜLLER-WOHLFAHRT, HANS-WILHELM, So schützen Sie Ihre Gesundheit, Zabert Sandmann, München 2000

SCHONERT-HIRZ, SABINE, Energy, Gräfe und Unzer, München 2002

SPITZBART, MICHAEL, Fit Forever, WESSP, Nürnberg 2001

STEHLING, WOLFGANG, Ja zum Stress, Campus, Frankfurt/New York 2000

Zum Thema Sinn, Erfüllung und innerlich Auftanken

AXT, PETER/AXT-GADERMANN, MICHAELA, Vom Glück der Faulheit, Mosaik/Goldmann, München 2002

BAUR, EVA GESINE/SCHMID-BODE, WILHELM, Glück ist kein Zufall, Gräfe und Unzer, München 2000

DALAI LAMA, Der Weg zum Glück, Herder, Freiburg 2002

HÖHLER, GERTRUD, Die Sinn-Macher, Econ, München 2002

HOFMANN, INGE, Faulheit ist das halbe Leben, Mosaik, München 2000

RECHTSCHAFFEN, STEPHAN, Zeit zum Leben – Den Augenblick genießen, Goldmann, München 2001

ZELINSKI, ERNIE J., Die Kunst mühelos zu leben, Deutscher Taschenbuch Verlag, München 2002

Zum Thema Umsetzung

CHRISTIANI, ALEXANDER, Weck den Sieger in Dir, Gabler, Wiesbaden 2000

COVEY, STEPHEN R., Die sieben Wege zur Effektivität, Campus, Frankfurt/New York 2001

MÜNCHHAUSEN, MARCO VON, So zähmen Sie Ihren inneren Schweinehund, Campus, Frankfurt/New York 2002

REUTHER, HEIKE, Berufliche Auszeit, Gräfe und Unzer, München 2002

SEIWERT, LOTHAR J., Wenn Du es eilig hast, gehe langsam, Campus, Frankfurt/New York 2002

Stichwortverzeichnis

Alltag 9, 11, 13, 20, 25, 27, 39, 64, 66, 76,
  102, 104, 116, 144 f., 147 f., 166, 168,
  180–183, 165, 194, 198, 200 f., 208, 213 ff.,
  237, 239, 244
Angst 50
Arbeit / arbeiten 10, 13, 19, 21 f., 24 ff., 31,
  36 f., 40, 43 ff., 47–50, 52, 54, 56 f., 59–62,
  64, 66, 70, 92, 99, 140 f., 144 f., 185, 210,
  228, 230 f., 234 f., 245, 249
  – Arbeitstag 28
  – Arbeitswelt 24
Arm 63
Armut 19
Arzt 9, 25, 121, 127, 134, 137, 219
Atmen / Atmung 66 f., 168
Aufmerksamkeit 40, 66, 94, 110, 113, 115,
  125, 175, 181 ff., 241
Auftanken 26, 34, 36, 64, 100, 158, 161,
  178 f., 181, 183 f., 221, 240, 251
Ausdauer 175
Ausgewogenheit 27 f., 233
Ausruhen 42, 195
Auszeit 12, 45, 99, 140, 184, 211, 219–222,
  228 f., 232, 242, 251

Balance 9, 11 f., 17, 22 f., 25–29, 32 f., 35,
  37 ff., 44, 46, 48, 53 f., 61 f., 66, 75, 87, 92,
  98 f., 116, 123, 126 f., 142, 160, 179 f., 182,
  185, 187, 189, 207, 213 f., 217, 220, 224,
  227, 233 ff., 245 f.
  – Lebensbalance 10–13, 15, 17, 21, 23 f.,
  27, 29, 35, 39 f., 44, 54, 56, 70, 96, 136,
  161 f., 167, 178, 186 f., 194, 197, 207 f.,
  214 f., 221, 223 f., 227, 232, 245, 249
  – Work-Life-Balance 11 f., 25, 39, 48, 189,
  227, 231 f., 245, 248
  – balancegefährdend 17, 23, 232
Begabung 110 f., 210, 238, 248, 250
Bekannte 26, 37, 40, 74, 96, 105, 112 f.,
  174
Beruf 11 f., 17 f., 20, 22, 25 ff., 29 ff., 34–39,
  41, 48 ff., 52, 56, 71, 155, 210, 214, 225 ff.,
  231 ff., 249
  – Berufung 49, 52, 56, 167, 210, 233
  – Traumberuf 50, 233
Bewegung / bewegen 26, 34, 36 f., 62, 64,
  125, 127, 129, 140 ff., 144 f., 151, 165 f.,
  203, 211, 219, 225, 230, 234, 239 f.
Beziehung 37, 91 ff., 96 ff., 100, 102 ff.,
  113 f., 117, 219, 236 ff., 250
  – Beziehungsmanagement 98
Bilder 164, 215
Bildung 110, 188, 190, 243

– Fort-/Weiterbildung 26, 36 f., 46, 48,
  71–74, 187 f., 210 f., 227, 229, 235, 243
Blut / Blutwert 70, 128, 131 ff., 135–139,
  142 ff., 149, 239
Bücher / Lektüre / lesen 12 f., 21, 25, 44,
  70 f., 76, 106, 129, 183, 187 ff., 197,
  201 ff., 225, 235, 238, 242
Burnout 11, 55, 219

Cholesterin 132, 138 f.

Dank /danken / Dankbarkeit 87, 111, 115 f.,
  185, 211, 242
Disziplin 40, 99, 196
Durst / trinken 58, 135, 137, 161, 201,
  211

Effizienz 26, 37, 48, 57, 60 f., 228
Ehe 11, 26, 36 f., 91, 96 f.
Einkommen 19, 25, 46 ff., 75, 82
Einsamkeit / einsam 91, 174
Eiweiß 136 ff., 211, 239, 248
Eltern 37, 56, 76, 93 f., 96, 105 f., 108–111,
  122, 127, 185, 210, 229, 238
Empathie 105, 107 ff.
Energie 123, 125, 135, 139, 143, 165 f., 184,
  222, 250
Engagement 26, 36 f., 43, 96, 110, 115 ff.,
  185, 210
Entscheidung / entscheiden 20, 43, 68, 84 f.,
  88, 103, 134, 147, 156, 167, 169 ff., 173,
  176, 178, 208, 213, 219, 233
Entspannung 18, 25 f., 37, 63 ff., 67, 69 f.,
  126 f., 146, 151, 167, 211, 228, 230, 234,
  240
Erfahrung 44 f., 51, 61, 70, 81, 88, 98, 106,
  108, 116, 129, 164, 180, 184, 196, 212, 228
Erfolg / Lebenserfolg 17, 23, 25, 172, 244
Erfüllung 17 ff., 43, 48, 54, 156, 169, 178,
  251
Erholung 26, 36, 62
Ernährung 10, 26, 36 f., 93, 122 f., 126 f.,
  129, 134 f., 139, 195, 219, 225, 228, 238,
  250
Erziehung 94 f.
Essen / Hunger 58, 123, 134 ff., 140, 151,
  161, 239
Ethik / Moral 158, 170, 173

Fähigkeiten 48 f., 51, 53 f., 56, 72 f., 108,
  110 f., 147, 155, 160, 163, 234
Familie 9, 12, 17, 21 f., 25–28, 30 ff., 34,
  36–40, 89, 92, 95 f., 99 f., 105, 110 ff., 140,

150, 155, 170, 172, 187, 210, 212, 219,
225 ff., 229, 231, 250
Ferien 36, 44, 66, 73
Fernsehen / Fernseher 20, 39, 102, 105 f.,
125 f., 140 f., 155, 159 f., 180, 187, 189 f.,
219
Fertigkeit 72
Fett 133, 137 ff., 142 ff., 211, 239
Feuer 56, 181, 241
Finanzen / finanzielle Situation 12, 25 ff.,
34, 36–39, 41, 48, 75–78, 82, 84 f., 88, 101,
122, 170, 210, 225 f., 246, 248 f.
Finanzmanagement 48, 74 ff.
Finanzplanung 83, 136
Fitness 12, 25–28, 30 f., 34, 36–39, 63, 67, 70,
119, 122, 124, 127–130, 134, 139, 142, 151,
170, 175, 211 f., 224 ff., 228 f., 248, 250
Flow 52 ff., 196, 249
Frau / Frauen 20, 75, 92, 97, 99, 104, 130 f.,
229, 236, 254
Freizeit 24 f., 150, 159, 180
Freiräume 24
Freunde 9, 17, 21 f., 24, 26, 30 f., 34, 77, 93,
96, 99, 104, 112 f., 174, 190, 210, 219, 238,
245
Frühstück 136, 140 f., 144
Frust 19, 101, 179, 197, 203
Fürsorge 94, 127

Geborgenheit 111 f., 175
Geduld 94, 175, 223, 246
Gefühl / Emotion 20, 35, 40, 55, 66, 68, 79,
85, 87, 91, 93 f., 96, 102 f., 108 f., 111, 138,
147 f., 164, 166, 172, 176, 185, 187, 202,
206
Gehalt 76, 81 f., 85, 229, 236
Gehirn 56, 64 f., 68, 70, 128, 137 f., 143,
151, 164, 215, 235
Geld 10, 18 f., 23, 46, 49, 71, 75–79, 81 ff.,
85, 87 f., 112, 179, 232, 235, 249
Gesundheit 10, 12, 17 ff., 21 f., 24–28, 30 ff.,
34, 36–39, 44, 116, 119–125, 127–131,
134, 136, 139, 146 f., 149, 170, 187, 211,
212, 225 f., 228, 238, 246, 250 f.
Gleichgewicht 9, 26 f., 29, 64, 116, 232, 249
Glück 17 ff., 23, 25, 77, 81, 111, 115, 117,
155, 186, 251

Herausforderung 32, 45, 52 ff., 147, 234
Herz / Herzinfarkt 18, 21, 55, 88, 124,
132 f., 138 ff., 142, 149
Hobby 28, 30, 71, 155, 211
Hormone 67, 133, 148

Ich-AG 90
Innerer Schweinehund 70, 129, 141, 145,
194 ff., 201 f., 224, 251

Insolvenz 34

Job 20, 25, 35, 48 ff., 94, 99

Kind 17, 106–110
Kloster 12, 59, 208
Kohlehydrate 137 f., 144, 239
Kommunikation / kommunizieren 72 f., 103,
107, 210, 219, 225, 227, 237, 248, 250
Kompetenz 72, 116
Konflikt 92 f.
Kontrolle 128, 130, 139, 156, 200, 219, 222,
228
Konzentration 56 f., 59 ff., 64, 67, 106, 125,
135, 142, 210, 217, 234
Körper 10, 32, 45, 62 f., 66, 68, 123, 125,
127–130, 135, 137 f., 140 f., 146–149,
151 f., 224, 238, 240
Kraft 56, 107, 165, 180, 182, 185, 205
Krank / Krankheit 17 f., 32, 122, 130, 146 f.,
155
Kreation 65, 217 f.
Kreativität 45, 80, 111, 136, 176, 218
Kredit 74, 79
Kunden 34, 114
Kündigung 34
Kurzschlaftechnik 68, 235

Lächeln / lachen 19, 68, 141, 151, 183, 235,
241
Langeweile 53 f.
Laufen 24, 62, 124, 142 ff., 203, 206 f.
Lebensbereiche 28, 32 f., 37 ff., 96, 116, 164,
212, 214, 220, 225, 245
Lebensphasen 32 f.
Leistung 26
Leistungsfähigkeit 60 f., 128, 132 f., 136,
138, 143
Lernen 71, 73, 80, 91, 93, 100, 106, 151, 183,
228
Liebe 91 f., 96 f., 101, 106, 111 f., 151, 176

Management / Manager 9, 11, 18, 45, 51, 68,
98, 124, 164, 187, 227 f.
Mann / Männer 97, 130 f., 236, 250
Markt 45, 47, 83
Massage 70, 125, 159, 182
Meditation 66, 159, 188, 195
Mineralien 139
Missverständnis 27
Mitarbeiter 59, 70, 227–231, 245
Motivation 48, 165 f.
Musik 39, 64, 66, 110, 168, 180 f., 235,
241
Muße 19, 24
Mythen 17 f., 22 f., 43–47, 91, 95, 121 f.,
126, 155, 159 f., 195, 199, 232

Natur 12, 31, 39, 159, 168, 180, 182, 211, 241
Netzwerk / Networking 112 ff., 210, 238

Opfer 45, 93, 102
Ordnung 169, 184, 241
Orientierung 105, 170, 212, 214 f.

Partner / Partnerschaft 9, 11, 17, 28, 34, 37, 39, 91, 93, 95 f., 98, 101–104, 150, 210, 237
Perfektionismus 222 f., 244
Persönlichkeitsentwicklung 22, 36, 38, 161, 187 f., 242
Plan / planen 22, 73, 101 f., 104, 149, 176, 190, 200, 202, 208 f., 213–218, 220 f., 225, 237, 244
Positives Denken 156 f.
Potenzial 48, 51, 218
Privat / Privatleben 10, 17 f., 21 ff., 35, 39, 220, 227, 232, 249
Problem 56, 68, 109, 157, 200

Regeneration 26, 36 f., 48, 56, 60 f., 68, 125, 210
Reich / Reichtum 77 f., 86, 178 f.
Reisen 21, 24, 106, 188, 211, 243
Religion / Glaube 157 f., 160
Resignation 51, 197, 203
Ritual 40, 117, 158, 185

Schlaf 27, 37, 64, 69, 228
Schulden 47, 75, 78 ff., 236
Schuldenfalle 47, 75, 78, 80, 236
Schwächen 51, 109 f., 196, 233
Schweiß 18, 23
Selbstmanagement 72, 194, 227
Selbstverwirklichung 98
Seminare 25, 71, 114, 143, 189, 194, 200, 227, 248
Sicherheit 78, 110, 112, 130, 176
Sinn 12, 25 f., 28, 30 f., 34, 36, 38 f., 153 ff., 160–163, 169 ff., 187, 211, 212, 219, 225 f., 240, 249, 251
Solidarität 111, 116
Soll-Ist 84
Sorgen 48, 58, 60, 88, 182
Soziale Kontakte 12, 25 ff., 31, 36–39, 96, 187, 210, 212
Sparen / Sparsamkeit 46, 80, 82, 176
Spaß 21, 43, 47, 52 ff., 80, 115, 142, 183, 202, 210, 234, 241
Spiel / spielen 53, 183, 211
Sport 26, 36 f., 110, 124, 126 f., 137, 151, 240
Sprache 121, 230
Stärken 51 f., 56, 109 f., 210, 233, 250

Steuern 83
Stille 180, 182, 211, 241
Strategie 22, 223
Streit 95, 97
Stress / Stressmanagement 18, 25, 28, 34 f., 40, 53 f., 67, 124–127, 139, 146–149, 151, 182, 211, 239, 250f.

Talent 110
Teilen 75, 86, 91
Telefon / Telefonate / Handy 40, 44, 59, 103, 180, 198
Termin /Terminkalender 28, 60, 102, 141, 213, 215, 219 ff., 237, 244
Traum / Träume / träumen 21ff., 49, 170, 216 f.

Überforderung 11, 53–56, 202, 210
Umsetzung 35, 39, 192, 194, 199 f., 207, 214, 227, 243, 245, 251
Unterforderung 53 f., 110
Unternehmen 43, 68, 70, 164, 227, 229 f., 245
Urlaub 12, 24, 35 f., 39, 44, 107

Veränderung 50, 129, 157, 165 f., 198, 224 f.
Verantwortung 86, 92, 99, 173, 237
Vermögensbildung 36, 75 f., 81 f., 85, 210, 236
Verschnaufen 44, 47
Vertrauen 79, 99, 109, 114, 156, 176
Verzicht 96, 122
Vision / Lebensvision 10, 22, 26, 36, 38, 160f., 164–171, 178, 192, 209–213, 215 f., 219, 221, 240, 244
Vitamine 136, 139 f., 230, 239, 248
Vorsorge / Vorsorgemaßnahmen 26, 36 f., 83 ff., 122, 127 f., 130, 202

Wärme 176, 180, 182, 241
Wasser 135, 137, 181, 201, 211, 239
Wellness 12, 101, 203, 208
Werte / Grundwerte 26, 31, 36, 38, 133 f., 156, 160f., 170–178, 211, 213, 216, 219, 240
Wissen / Information / Know-how 12, 22, 46, 71 f., 73, 75 ff., 122, 126, 128 f., 184, 195, 199 f., 207–211, 235, 238
Wünsche 21f., 35, 50, 81, 103, 169, 194, 207, 216

Zeit / Zeitmanagement 217
Ziel 10, 29, 57, 66, 164, 170
Zufriedenheit 17, 19, 25, 37, 49, 116 f., 147, 156, 178 f., 185 f., 207, 242

Dr. Marco Freiherr von Münchhausen

ist renommierter Referent und Trainer im Bereich
Persönlichkeits- und Selbstmanagement.
Seine Vorträge und Seminare hält er europaweit
zu folgenden Themen:

Work-Life-Balance
Wie Sie Berufs- und Privatleben in
Einklang bringen

Motivation und Stressmanagement
Wie Sie Ihre Ziele effektiver und mit
weniger Reibungsverlusten erreichen

Selbstmanagement im Alltag
Wie Sie Ihren inneren Schweinehund
zähmen und zum Freund machen

Aktivierung innerer Ressourcen
Wie Sie Ihren inneren Akku immer
wieder aufladen können

Nähere Informationen hierzu
und Buchungsmöglichkeiten im Internet:

www.vonmuenchhausen.de